U0792788

安徽省互联网金融行业发展报告
(2021)

安徽省互联网金融协会
安 徽 大 学 经 济 学 院　编著
合肥工业大学经济学院

合肥工業大學出版社

图书在版编目(CIP)数据

安徽省互联网金融行业发展报告 . 2021/安徽省互联网金融协会,安徽大学经济学院,合肥工业大学经济学院编著 . —合肥:合肥工业大学出版社,2023. 1

ISBN 978-7-5650-5610-9

Ⅰ. ①安…　Ⅱ. ①安…　②安…　③合…　Ⅲ. ①互联网络—应用—金融业—研究报告—安徽—2021　Ⅳ. ①F832. 29

中国国家版本馆 CIP 数据核字(2023)第 015800 号

安徽省互联网金融行业发展报告(2021)

安徽省互联网金融协会
安徽大学经济学院　编著
合肥工业大学经济学院

责任编辑　赵　娜

出　版	合肥工业大学出版社	版　次	2023 年 1 月第 1 版
地　址	合肥市屯溪路 193 号	印　次	2023 年 1 月第 1 次印刷
邮　编	230009	开　本	889 毫米×1194 毫米　1/16
电　话	理工图书出版中心:0551-62903004	印　张	10. 5
	营销与储运管理中心:0551-62903198	字　数	242 千字
网　址	www. hfutpress. com. cn	印　刷	安徽联众印刷有限公司
E-mail	hfutpress@163. com	发　行	全国新华书店

ISBN 978-7-5650-5610-9　　定价: 52. 00 元

如果有影响阅读的印装质量问题,请与出版社营销与储运管理中心联系调换。

编 委 会

指 导 单 位　安徽省地方金融监督管理局　中国人民银行合肥中心支行

研 究 单 位　安徽省互联网金融协会　安徽大学经济学院
合肥工业大学经济学院

合作研究单位　徽商银行股份有限公司　国元证券股份有限公司
华安证券股份有限公司　中国银联股份有限公司安徽分公司
招商银行股份有限公司合肥分行
安徽国元互联网金融信息服务股份有限公司
中信银行股份有限公司合肥分行
中国农业发展银行安徽省分行
中国邮政储蓄银行股份有限公司安徽省分行
安徽省征信股份有限公司
中国人民财产保险股份有限公司安徽省分公司

名 誉 主 编　张居中

主　　　编　徐亚平　洪　进　刘庆太

执 行 主 编　陈燕玲　杨　璐　周志翔　张若阳　刘　帅　王　强
马　鑫　朱　斌

前　言

在安徽省地方金融监督管理局、中国人民银行合肥中心支行、中国银行保险监督管理委员会安徽监管局（以下简称“安徽银保监局”）、中国证券监督管理委员会安徽监管局（以下简称“安徽证监局”）等部门的指导下，由安徽省互联网金融协会牵头安徽大学经济学院和合肥工业大学经济学院，共同完成了《安徽省互联网金融行业发展报告（2021）》的编写工作。

受新冠肺炎疫情影响，编写组采用了线上线下结合的形式对会员单位进行调研走访，同时面向社会发放了千余份调查问卷，获得了丰富的资料。在报告撰写过程中，编写组也多次与安徽省地方金融监督管理局、中国人民银行合肥中心支行、安徽银保监局、安徽证监局等相关部门进行了沟通与探讨，以期能够全面展现出安徽省互联网金融行业2020年的市场发展状况。本报告在对安徽省互联网金融行业发展环境进行综合分析的基础上，立足行业整体的数字化转型背景，针对安徽省内的互联网银行业务、互联网证券业务、互联网保险业务、互联网支付业务、P2P网络借贷、互联网金融行业自律、数字普惠金融及金融行业直播等领域的现状及问题进行了归纳总结和深入分析，同时对行业未来发展趋势及前景进行了展望，希望能够为监管部门、从业机构和社会公众深入了解安徽省互联网金融行业发展情况提供决策支持和资料参考。

本报告各章的编写具体分工如下：第一章由陈燕玲、邓良钰撰写；第二章由陈燕玲、张娜、余启铭撰写；第三章由杨璐、鲍敏撰写；第四章由陈燕玲、邓良钰、武力撰写；第五章由杨璐、葛晶晶撰写；第六章由杨璐、陈锦撰写；第七章由张根文、白玉茹撰写；第八章由张根文、王颖撰写；第九章由陈燕玲、邓良钰、张娜撰写；第十章由陈燕玲、张娜撰写；第十一章由陈燕玲、邓良钰、胡文舒撰写；第十二章由杨璐、鲍敏撰写。

由于作者水平有限且编写时间匆忙，报告中不足和疏漏在所难免，敬请读者批评指正。

编　者

2022年7月

目　录

第一章　新冠肺炎疫情下的安徽省互联网金融业

第一节　新冠肺炎疫情回顾

2019 年 12 月中下旬，武汉市部分医疗机构陆续出现不明原因的肺炎病人。12 月 31 日，武汉市卫生健康委员会在其官网上公开通报了 27 例病例，均确诊为病毒性肺炎，但对病原的检测及感染原因的调查未有结论。2020 年 1 月 9 日，国家卫生健康委员会专家评估组对外发布武汉市不明原因的病毒性肺炎病原信息，病原体初步判断为新型冠状病毒。武汉市每天不断新增的感染病例开始引起社会各界的关注。1 月 20 日，国家卫生健康委员会发布公告，将新冠肺炎纳入传染病防治法规定的乙类传染病，实行甲类管理。由国家卫生健康委员会牵头，包括 30 多个部门的联防联控工作机制迅速成立。然而，新冠肺炎疫情的凶险程度超出了所有人的预料。处在风暴中心的武汉市被迫进入“战时”状态。1 月 20 日，武汉市成立新型冠状病毒感染肺炎疫情防控指挥部。1 月 22 日，湖北省启动重大突发公共卫生事件Ⅱ级应急响应，2 天后升级为Ⅰ级应急响应。与此同时，广东省、北京市、浙江省等地相继出现了疫情。1 月 22 日，国务院新闻办公室举行新闻发布会，介绍新型冠状病毒感染的肺炎防控工作有关情况。专家研判认为，病例主要与武汉市相关，已经出现了人传人和医务人员感染的现象，存在一定范围的社区传播。新型冠状病毒传染源尚未找到，疫情传播途径尚未完全掌握，病毒存在变异的可能，疫情存在进一步扩散的风险。1 月 23 日，武汉市落实党中央决策部署，关闭了离汉通道。随后，各省、市、区相继启动“重大突发公共卫生事件Ⅰ级响应”，制定落实社区的防控措施，实行网格化、地毯式管理。

作为新冠肺炎疫情暴发中心湖北省的近邻，安徽省不可避免地受到了疫情的猛烈冲击。2020 年 1 月 21 日安徽省首次报告病例，1 月下旬到 2 月中旬是疫情形势最严峻的时期，全省累计确诊病例数呈现高速增长态势。为了阻碍病毒传播、控制疫情形势，安徽省委省政府迅速采取了一系列严格而有效的全方位抗疫措施，控制传染源、加强医护力量、全民隔离等，在较短时间内遏制了疫情快速蔓延的势头。2 月 25 日起，安徽省将新冠肺炎疫情防控应急响应级别由省重大突发公共卫生事件Ⅰ级响应调整为省级Ⅱ级响应，防控措施全面升级。经过全省上下全力抗疫，3 月 8 日省内疫情基本得到控制，累计确诊 990 例，治愈 984 例，死亡 6 例。3 月 9 日，安徽省宣布 16 个市在院确诊病例实现全部“清零”。3 月 15 日起，安徽省新冠肺炎疫情防控应急响应级别由省级Ⅱ级响应调整为省级Ⅲ级响应，疫情防控进入“外防输入、内防反弹”的常态化阶段。通过全省人民的共同努力，仅在 11 月 10 日发现1例本地确诊病例，全年累计确诊病例991例，疫情防控取得了显著成效。

这场突如其来的疫情灾难给人民群众的生命安全和身体健康造成了重大的损失，也给社会生产生活和国家经济发展带来了严重影响。数据显示，2020年一季度受疫情严重冲击，我国经济增速同比下降6.8%，创1992年发布季度数据以来最低水平。可喜的是，在党中央领导下，全国疫情防控在较短时间内就取得了重大战略成果，各地区各部门科学统筹疫情防控和经济社会发展，复工、复产、复学有序进行，二季度开始经济增速由负转正，供需关系逐步改善，市场活力动力增强，就业民生得到较好的保障，国民经济延续稳定恢复态势，社会大局保持稳定，突显了我国的制度优势。2020年全年经济实际增长2.3%，成为全球唯一正增长的主要经济体。

2020年，安徽省经济发展同样取得了令人瞩目的成绩。一季度突如其来的新冠肺炎疫情，导致全省经济增速同比下降6.5%。随后不久，长达60天的梅雨期又给安徽省带来了历史罕见的洪涝灾害。面对如此严峻的考验，安徽人表现出了坚忍不拔的意志和顽强拼搏的精神，全省人民在省委省政府的坚强领导下，以习近平新时代中国特色社会主义思想为指导，认真贯彻落实习近平总书记考察安徽重要讲话指示精神，统筹疫情防控和经济社会发展，打了一场漂亮的攻坚战。2020年，安徽省全年经济增速达3.9%，高于全国1.7个百分点，主要指标增长快于全国，位次靠前，发展活力和动力不断增强，就业民生得到保障，社会大局和谐稳定，高质量发展取得重要进展，成绩来之不易。

第二节　新冠肺炎疫情对安徽省金融业的影响

回顾2020年，尽管新冠肺炎疫情的暴发在短期内迅速得到控制，但疫情带来的影响却十分显著。疫情不仅严重冲击了人们的正常生活秩序，重创了社会经济发展，也带来了一些新的发展机遇，比如线上交易、智能化服务等模式的迅速兴起。疫情对金融业的影响也同样如此，一方面，突如其来的疫情严重干扰了金融机构的正常经营，使之面临利润下滑、资产质量承压等不利局面；另一方面，疫情也像一个放大镜，将近年来金融业数字化转型成果和存在的不足展现出来，从而进一步推动金融业数字化转型的进程加速。接下来，本报告将重点关注疫情对安徽省银行业、保险业和证券业的影响。

一、银行业

疫情对安徽省银行业的负面影响主要集中在信贷需求严重受抑、资产质量承压大和中间业务收入明显减少等方面。每年一季度都是信贷需求的旺季，而由于疫情管控需要，省内旅游、住宿、文化娱乐等行业复工安排延迟，正常的企业生产和居民消费等信贷需求受到不同程度的抑制。不过，得益于货币政策和监管政策的迅速应对，相关部门推出了一系列金融抗疫措施，如设立抗疫专项再贷款引导银行重点支持防疫保供重点企业，引导银行机构提供优惠贷款利率支持企业复工复产、“六稳”、“六保”等。疫情控制后，信贷需求恢复增长，与经济增长趋势相同，全年信贷投放走出了一个“V”字形。截至 2020 年 12 月末，安徽省银行业各项贷款余额 5.2 万亿元，净增 7251.7 亿元，同比增长 16.1%，因此，总体来看，疫情对信贷需求的影响并不明显。在资产质量方面，疫情导致部分企业生产安排无法正常恢复，影响短期的现金流状况；收入的下降导致债务偿付能力削弱，形成银行逾期贷款。随着监管政策的调整，推出了临时性延期还本付息政策，再加上原有的无还本续贷政策等，极大地缓解了企业还贷压力，银行业资产质量整体维持了稳定态势。在中间业务方面，在疫情影响下，信用卡等与线下消费相关的业务收入受到冲击，新开户数出现较大回落，和资本市场相关的业务收入，如投行、公募基金和私募产品代销等也随资本市场成交下降而走弱。此外，外贸企业开工较晚，相应的贸易相关清算收入受到部分影响。因此，省内银行的线下业务、资本市场业务、贸易相关中收等均受到一定冲击，理财、支付等线上化程度较高的业务则受影响较小。

在疫情冲击下，安徽省银行业面临着上述一系列的挑战，也面临着大力发展“无接触”金融服务、实现数字化转型的战略机遇。2020 年 1 月，中国人民银行（以下简称“央行”）、财政部、中国银行保险监督管理委员会（以下简称“中国银保监会”）、中国证券监督管理委员会（以下简称“中国证监会”）和国家外汇管理局五部门联合印发了《关于进一步强化金融支持防控新型冠状病毒感染肺炎疫情的通知》，要求银行业等金融机构疫情期间可采用“远程视频、电话等方式办理商户准入审核和日常巡检”，这意味着监管对一向严格把控的远程开户逐渐放开了约束。2020 年 2 月出台的《中国银保监会办公厅关于进一步做好疫情防控金融服务的通知》要求“各银行保险机构要积极推广线上业务，强化网络银行、手机银行、小程序等电子渠道服务管理和保障，优化丰富‘非接触式服务’渠道，提供安全便捷的‘在家’金融服务。在有效防控风险的前提下，探索运用视频连线、远程认证等科技手段，探索发展非现场核查、核保、核签等方式，切实做到应贷尽贷快贷、应赔尽赔快赔”。毫无疑问，这一文件的政策导向加快了银行业运用金融科技转型的步伐，对打造“无接触”银行具有深远的意义。2 月 24 日在北京召开的国务院联防联控机制新闻发布会上，银保监会表示，这次疫情对金融科技的应用、对监管科技的应用具有很大的推动作用，提出了对电子签章等的合法性给予充分认同等政策导向，鼓励金融机构增强自身金融科技硬实力，增强研发投入，提升技术能力。在这样的背景下，大力发展“无接触金融”服务成为银行业应对疫情挑战、实现自身转型升级的当务之急，加速银行业务线上化成为金融机构的当务之急。

二、保险业

受疫情影响，安徽省保险业的正常业务经营受到一定冲击。在严格防控形势下，线下保险代理人难以开展面对面的销售服务，因此传统销售业务受到较大冲击。寿险销售以线下营销为主，加上其新单销售比较依赖年初“开门红”，第一季度占全年销售业务比重较高，因此受到的冲击最大。与此同时，受疫情及防控措施的影响，省内交通运输业、旅游业等行业经营业务短期内大幅萎缩，与之相关的保险销售额也迅速降低。在商业保险理赔方面，与此次疫情相关的可获得理赔险种包括医疗险、重疾险、寿险、营业中断险等。在疫情暴发初期，安徽省相关部门及时出台文件，明确表示对于确诊新型冠状病毒感染的肺炎患者发生的医疗费用，在基本医保、大病保险、医疗救助等按规定支付后，个人负担部分由财政给予补助，实施综合保障，因此商业医疗保险的赔付规模整体有限。此外，一些受疫情影响而中断营业的企业向保险公司申请损失赔偿，从而使营业中断险的赔付数量提升。

尽管此次疫情给安徽省保险业稳健经营带来了严峻的挑战，但也为其带来了新的发展机遇。在应对疫情的过程中，安徽省居民的健康风险意识得到提升，有助于健康险业务的发展。同时，受疫情及防控措施的影响，虽传统线下保险业务受到明显的抑制，但线上保险业务的快速发展有利于加快实现保险业向数字化模式的转变。与此同时，疫情的发生推动了保险科技的发展和应用，保险公司利用区块链、大数据、云计算、人工智能等现代技术，实时收集用户数据，科学分析保险消费者需求，完善产品研发和风险管理，提升服务能力。另外，在疫情形势下保险公司积极承担社会责任，有利于提升保险公司的口碑。

三、证券业

突如其来的疫情对市场情绪及投融资活动带来了负面影响，从而传导到证券公司主要业务线运营。交投情绪的回落对市场交易额形成短期压制，从而影响经济及“两融”业务的收入；市场情绪的低迷和许多差旅活动的暂停会影响投行业务的正常推进。但随着疫情受控，加上国家出台多项优惠政策，市场流动性增加，券商经营景气逐渐恢复。

与此同时，疫情也刺激了投资者对财富保值增值的多元化数字需求。资本市场短期剧烈波动对投资者信心造成了一定的打击，疫情之下投资者特别是高净值人群对于财富保值增值的愿望更加强烈，财富管理需求也变得更为多元化，除了家族财富保障和传承、家族资产的长期增值等较为常规和传统的业务外，还包括子女教育、高品质生活、家族税务规划和咨询、家族企业的投融资服务、境外大类资产的配置等，这都需要财富管理机构提供更高水准的服务。技术的飞速发展使得投资者可以通过在线方式更加高效地获取市场信息，他们因此可以更容易访问自己的账户，希望获得个性化、即时化和简单方便的全套金融解决方案。对技术熟悉的投资者更倾向于在线定制投资组合及利用社交网络平台来管理自身的财富和投资，投资者将寻求能够全面了解其财务的集成工具，并最大限度地减少实现目标所需要的单独接触点和应用程序数量。另外，随着金融科技的发展，证券业不断加速科技化程度，此次疫情进一步推进了线上化趋势，服务客户能力强和IT能力强的公司在此次疫情期间的服务优势体现得非常明显。疫情期间，证券业的线上策略会议更加频繁，分析师路演、业务培训、财富管理、投顾服务等均通过线上化的方式进行。

专栏 1-1 定义“无接触金融”

以银行业为代表的金融服务业，在经历了依赖物理网点的 Bank 1.0 时代，以自助服务、电子系统为主的 Bank 2.0 时代及网络支持下的银行服务无处不在的 Bank 3.0 时代后，银行和客户扮演的角色和合作模式均发生了较大转变，银行提供金融服务的接触方式也由此发生质的改变。通常来说，客户行为习惯的转变往往是渐进式的、缓慢的，银行往往需要付出巨大的技术和培训成本才能实现，但是疫情的冲击，倒逼客户和银行加速向网上转型，使得这种无接触式的服务迅速成为巨大的现实需求。

具体来说，所谓的“无接触金融”有广义和狭义的区分：

狭义的“无接触金融”是指金融机构通过远程办公、线上化操作，在向客户提供支付结算、财富管理、资金融资等金融服务时“无接触”。本质上是对传统金融渠道的变革，实现线上和线下业务的融合。

广义的“无接触金融”则是指运用金融科技实现金融机构的数字化转型。仍以银行为例，其为传统银行提供高效率、低成本、完成线上化迁徙的基础设施，并通过互联网、生物识别、大数据、人工智能、区块链等技术创新帮助银行机构不断提高交易效率、降低成本，进而在此基础上提升风险管理能力和资产配置能力。从目前的发展趋势看，未来银行服务将更加便捷、普惠、高效、安全。

“无接触金融”可以说是技术带动、客户需求推动下的金融服务创新，是银行由Bank 3.0 继续向 Bank 4.0 智能化银行转型的“催化剂”，疫情的冲击加速了这一转型的进程。在这种创新模式下，金融机构通过降低金融服务中对“人际接触（Person-to-Person Encounter）”的重视，将金融科技融入金融的核心功能，代表应用就是大数据征信、供应链金融、智能投顾、智能风控、智能客服等。

（来源：新浪财经，https://finance.sina.com.cn/money/bank/bank_hydt/2020-06-24/doc-iircuyvk0253320.shtml）

第三节 科技赋能金融抗疫

突如其来的疫情是一次危机，也是一次大考。安徽省互联网金融作为依托互联网技术实现资金融通、支付、投资和信息中介服务的新型金融业务模式，经过多年的发展与积淀，行业整体服务能力和运作效率已有较大提升，并在这次突发疫情环境下得到了严格的检验。为了更好地应对疫情对业务的影响，金融机构在抗击疫情期间纷纷加大了对金融科技开发的力度，增加了更多线上处理功能。新华财经国家金融信息平台、湾区国际金融科技实验室、中国银行业协会和中国证券投资基金业协会共同发布的问卷调查结果显示，在抗击疫情应用的金融科学技术中，41%在疫情前已上线，且已得到大规模普及和使用；28%疫情前已上线，但并非业务开展主要模式，针对疫情增加了新的功能；19%仍在研发过程中；12%在疫情期间开发上线。疫情期间，金融科技的价值主要体现在提供不间断金融服务、线上线下业务联动、金融产品快速创新、利用电子渠道及线上服务为公众提供抗击疫情延展服务及提供金融基础设施服务等方面①。总的来看，各从业机构提供的互联网金融服务经受住了考验，并在支持疫情防控和促进经济社会平稳发展方面发挥了独特作用。

一、移动支付为金融抗疫提供全方位支持

众所周知，支付是一切交易行为的最底层支持，从生产、分配到交换、消费，几乎所有的经济活动都离不开支付，它堪称是经济社会平稳运行的根基。若是这个根基的任何环节出了问题，势必会产生一系列负面影响。在此次疫情期间，移动支付的价值得到了前所未有的彰显。

澳大利亚疾病预防中心研究发现，在室温下，新冠病毒可以在钞票、玻璃等表面存活28天。因此，现金支付很可能会成为新冠病毒的重要传染源。相较于现金支付，移动支付可在线上或者线下完成所有的支付流程，完全不受时间和空间所限，既绕开了有可能成为病毒间接传播源的纸币，防止疫情通过一张张经过转手的钞票而扩散，又有效地避免了线下大规模聚集，还为广大消费者获得生活物资与办理相关业务带来了便利，保障了企业与企业之间的各种业务资金往来，继而保障经济的顺利重启。

值得关注的是，移动支付不仅有助于阻断疫情的传播，还在疫情平稳后的经济恢复过程中发挥了十分重要的作用。疫情导致经济低迷，为了提振消费，政府采取了发放“消费券”的有力举措。据北大光华-蚂蚁金服消费券研究团队的研究结果，政府1元钱的消费补贴能够带来平均3.5元以上的新增消费②。与以往不同的是，各地方政府纷纷通过数字平台发放数字消费券。与纸质消费券相比，数字消费券不仅能让政府平台的消费补贴措施可以精确到个人、商户、企事业单位及行业，瞬时完成，操作成本低，也解决了传统消费券发放渠道的资金、人力耗费和过程不透明的问题。此外，数字消费券的发放也推动了线上线下消费的深度融合。一方面，各支付类App作为消费券发放的入口，吸引了大量用户。微信支付、银联云闪付、美团等多家支付机构都参与到各地消费券的发放中，在一定程度上有助于特定线上支付渠道的推广。另一方面，线下实体商家特别是中小微商家成为消费券的受益者。调查数据显示，在消费券适用的商家中，九成是中小微商家。政府每发放1元消费券，就有0.87元流向年销售额30万元以下的小微商家。据统计，2020年合肥市累计投放四轮数字消费券，拉动消费金额超5亿元。因此，有人形容移动支付是拉动消费、刺激经济回暖的一支“奇兵”。

二、“无接触金融”确保金融抗疫服务不“打烊”

新冠病毒以呼吸道飞沫和密切接触为主要传播渠道，具有较强的传染性，从而使营业网点服务和现金支付交易这类近距离、接触式的线下金融服务具有更高的传染风险。而近年来

---

① 赵海伦，牛涛，张子阳，《抗击疫情，金融科技价值凸显调研报告》，2020年3月24日。

② 北大光华-蚂蚁金服消费券研究团队，《疫情下的消费重启：基于中国城市消费券发放的大数据分析及政策建议》，2020年4月27日。

兴起的线上化、移动化的互联网金融模式，恰恰满足了这次疫情期间社会各方对“无接触式”金融服务的特殊需求。得益于近年来安徽省网络基础设施不断完善，固定宽带和移动宽带网络下载持续提速，互联网普及率在 2019 年上半年已提升至 53.3%，为金融业务通过网络实现移动化服务创造了良好的条件。

疫情期间，安徽省内各金融机构纷纷通过门户网站、手机 App、小程序等网络服务渠道，依托人工智能、大数据、生物识别、视频连线等科技手段，全面提供“无接触金融”服务。根据客户需求，运用金融科技将更多的产品和服务转移到线上渠道，优化丰富“无接触”业务应用场景，在线开展身份核验、资质审查、风险管理、签约办理、客服咨询等业务，及时为客户提供互联网支付、互联网借贷、互联网保险、互联网理财、互联网征信查询等多元化金融服务；遵照特事特办、急事急办的原则，开通绿色通道，通过全流程线上化办理、“远程”服务、线上“代发”等服务高效解决企业资金短缺的燃眉之急；积极运用多渠道，提供 7×24 小时金融业务，努力让客户足不出户就能办好业务，保障广大客户不出门就能享受一站式线上金融服务，极大地提升了疫情期间金融服务的便捷性和可得性。例如，招商银行合肥分行持续优化网银专业版 App 性能，推进线上业务开展；中国邮政储蓄银行（以下简称“邮储银行”）安徽省分行利用金融科技助力疫情防控，推发网上金融服务系列操作指南，总阅读量超过 10 万人次；中国建设银行（以下简称“建行”）安徽省分行携手微医平台在“建行裕农通”部署“在线诊疗咨询”专区，共建服务点 1.8 万余个，实现省内行政村全覆盖。

三、线上特色服务为金融抗疫提供精准助力

2020 年的新冠肺炎疫情突发性强、传播速度快、感染范围广、防控难度大，对金融支持疫情防控的及时性和精准性提出了更高的要求。金融机构依托人工智能、大数据等科技手段，精准识别疫情防控、复工复产和居民消费等方面的合理融资需求，及时为客户提供差异化、优惠性的互联网借贷服务。例如，中国农业银行（以下简称“农行”）安徽省分行加大“非接触式”服务力度，优化创新农行“小微 e 贷”系列金融产品，灵活运用“纳税 e 贷”“保理 e 融”“助业快 e 贷”“房抵 e 贷”等线上产品，截至 2020 年 6 月末，对个体工商户及小微企业主累计投放生产经营贷款 60.0 亿元，有效稳定和带动近 6 万人创业就业；徽商银行依托“平台＋白名单”，采取“线下＋线上”模式，大力推广纯线上、无担保的“信 e 贷”“微网贷”产品，为受疫情影响较大的民营及小微企业发放贷款；中国工商银行（以下简称“工行”）安徽省分行加强针对疫情期间企业需求，推出满足疫情防控企业需求的“抗疫贷”专属产品和复工特色产品，以及适合资金周转需求、足不出户办理融资的“税易通”.“e 抵快贷”等线上产品；浙商银行推出“在线自助贴现”的“互联网＋”贴现产品，全程线上自助操作、自动审批、自动放款、极速到账。证券经营机构以方便稳定的互联网证券交易服务方式，有效满足股市投资者非现场交易需求，适时地削弱了疫情对投资者资金配置安排的影响。

这次疫情对保险业也提出了严峻挑战，理赔业务变得更加繁重和艰巨。2020 年新冠肺炎疫情发生后，安徽省保险业在省委省政府和安徽银保监局的统一指挥安排下，迅速行动支

援抗击疫情工作，借助数字技术充分发挥保险保障功能。例如，中国平安人寿保险股份有限公司（以下简称“平安人寿”）安徽分公司依托AI科技，让客户足不出户，通过金管家App实现在线问诊、在线缴费、在线自助办理保单业务，并开通快速理赔绿色通道，方便客户办理理赔。国华人寿保险股份有限公司（以下简称“国华人寿”）安徽分公司为客户提供投保、理赔等方面一站式服务，无须客户临柜，实现线上操作，并依托国华人寿总公司与医加壹健康科技（北京）有限公司的战略合作，为客户提供一键呼叫7×24小时视频医生服务，1分钟内响应，家庭医生在线协助分析新型冠状病毒疑似病情，告知应对措施，给予情绪疏导和心理支持。

四、“云办公”提升金融抗疫服务水平

疫情期间，安徽省金融业借助于云科技系统，大力推广各种形式的“云办公”模式，极大地提升了金融服务的效率和水平。例如，许多金融机构创新办公模式，借助华为、腾讯等视频会议系统开展远程视频办公。部分银行将“借记卡激活”“借记卡密码解锁”“信用卡激活及密码设置”“信用卡解止付”等柜面高风险业务迁移到视频银行，通过视频座席协助配合将手机银行打造为手机柜台，提高柜面分流率和电子银行替代率。再如，邮储银行安徽分行在疫情期间火线创新、迅速筹备，于2020年2月21日推出全新线上“非接触”金融服务模式“云工作室”。与以往线下工作室不同的是，“云工作室”有三大特点：一是“千人千店”——“云工作室”将原本分散的银行线上业务办理渠道统一到一个终端，客户经理在工作室有选择性地推荐特色业务；二是“千人千面”——“云工作室”已入驻了超6000位个人金融、“三农”金融、小企业金融、公司金融等多项业务板块的专业客户经理，而且来自该分行中层及以上管理人员组成的专家库每日在线“会诊”，可根据客户个性化金融需求提供“自由组合式”服务方案；三是“前店后厂”——“云工作室”依托强大的后台支撑，第一时间对线上海量业务请求进行精准分析，按照客户具体业务需求、所在位置、金融消费习惯等数据，为其匹配并推荐合适的专职客户经理进行一对一服务。

五、金融数字化平台拓展疫情防控信息渠道

近年来，安徽省金融机构普遍加强门户网站、手机App、小程序等在线渠道建设，积累了大量线上用户。根据《安徽省互联网发展报告（2020）》的数据，截至2019年12月末，安徽省网民规模为4200万人，其中移动电话用户达到6310.7万户；2020年7月末全省电子支付业务达28.1万亿元，同比增长8.4%。

疫情期间，安徽省内金融机构发挥自身网络平台和手机App在客户规模、覆盖范围、使用频率、信息推送等方面的优势，迅速上线物资对接、疫情查询、在线问诊、健康申报、爱心捐赠、社区管理等功能模块，助力提升疫情防控相关信息服务的可获得性，成为安徽省联防联治的重要组成部分。例如，建行安徽省分行开发了“社区疫情防控系统”，该系统覆盖政府、社区、企业、居民各环节，全面实现网格化管理，可为居民提供信息申报、复工申请，为社区和企业提供复工和特情审核、疫情跟踪，为政府提供疫情分析等。工行安徽省分

行与安徽省数据资源管理局携手合作，在工行手机银行“本地服务”上线疫情防控服务专区，该服务专区可向客户提供及时准确的“疫情防控”和“确诊分布”信息，可以让手机银行用户足不出户就能获取健康服务，掌握最新疫情动态，增强自我防控意识。总体来看，各金融机构在做好信息安全和用户隐私保护的前提下，合理运用支付、借贷等互联网金融交易数据，并结合电信、交通、医疗等大数据进行综合分析，实现了对人流、物流、资金流的动态系统监测，进而为疫情研判、资源调配、患者追踪、分区分级复工复产等疫情防控工作和有关政策的制定提供了精准的参考依据。

专栏 1-2　安徽农村商业银行系统打造线上业务“生态圈”

善战者，因其势而利导之。疫情向金融服务方式提出挑战的同时，也指明了农村商业银行（以下简称“农商银行”）未来发展之路。安徽省农村信用社联合社（以下简称“安徽省联社”）坚定不移推进数字化转型，就是要通过金融与场景的有机融合，打造线上业务“生态圈”，逐步实现从传统银行向“线上银行、数字银行、智慧银行、普惠银行”四大银行转变，持续创新推出线上线下零售产品，全方位满足客户多元化需求。

“零接触”服务快速提升。在疫情防控特殊时期，引导客户通过手机银行、微信银行等电子银行渠道，不间断地为客户提供及时、便捷、安全的服务。统计显示，一季度全系统柜面交易同比下降 32.9%，而电子银行交易则同比增加 39.5%。一增一降之间，全系统手机银行客户数突破 1400 万户，“社区 e 银行”注册客户数接近 500 万户，ETC 签约客户数接近 50 万户。

“信 e+”产品作用凸显。“金农信 e 付”整合微信、支付宝、银联等多种主流支付手段于一体，越来越受到市场的青睐，截至 2020 年 3 月末累计签约商户数已达到 140.9 万户，一季度又有 3.6 万新商户加入这个大家庭。“金农信 e 贷”实现了全流程线上办贷，在家点点手机就能做到贷款实时审批、秒速到账，在疫情期间更是大显身手、尽显风头，一季度新增授信 17.0 万户、197.5 亿元。

“云业务”场景不断丰富。一季度，安徽农金“云缴费”发生交易 5.8 万笔，金额达 1.8 亿元，覆盖客户个人生活的方方面面。与此同时，面向商户的“云收单”业务目前已涵盖 11 个行业类型，让商户结算账本变得越来越清晰。“金农云数”平台已在部分农商银行成功试点，“金农云智”和“金农云享”平台也在加速建设，“金融+大数据”在更多场景的应用，势必给城乡金融生活品质带来显著的提升。

[来源：中国银行业协会，http://www.china-cba.net/Index/show/catid/25/id/33705.html（节选）]

第二章 安徽省互联网金融业发展环境

第一节 安徽省互联网金融业发展的经济环境

2020 年，面对突如其来的新冠肺炎疫情和历史罕见的洪涝灾害及复杂严峻的内外部环境，安徽省采取了迅捷有效的应对措施，经济运行迅速恢复企稳，消费、工业和进出口增速居全国前列，科技创新取得重大突破，脱贫攻坚目标任务如期完成，实施长三角一体化发展战略取得重大进展，生态环境质量持续改善，人民生活和社会发展水平得到新提升，这些为安徽省互联网金融业务的发展提供了良好的外部环境。2020 年全省国民生产总值达到 38680.6 亿元，比上年增长 3.9%，高于全国 2.3%的增长水平。其中，第一产业增加值 3184.7 亿元，同比增长 2.2%；第二产业增加值 15671.7 亿元，同比增长 5.2%；第三产业增加值 19824.2 亿元，同比增长 2.8%。2020 年安徽省地级市地区生产总值及增长情况如图 2－1 所示。

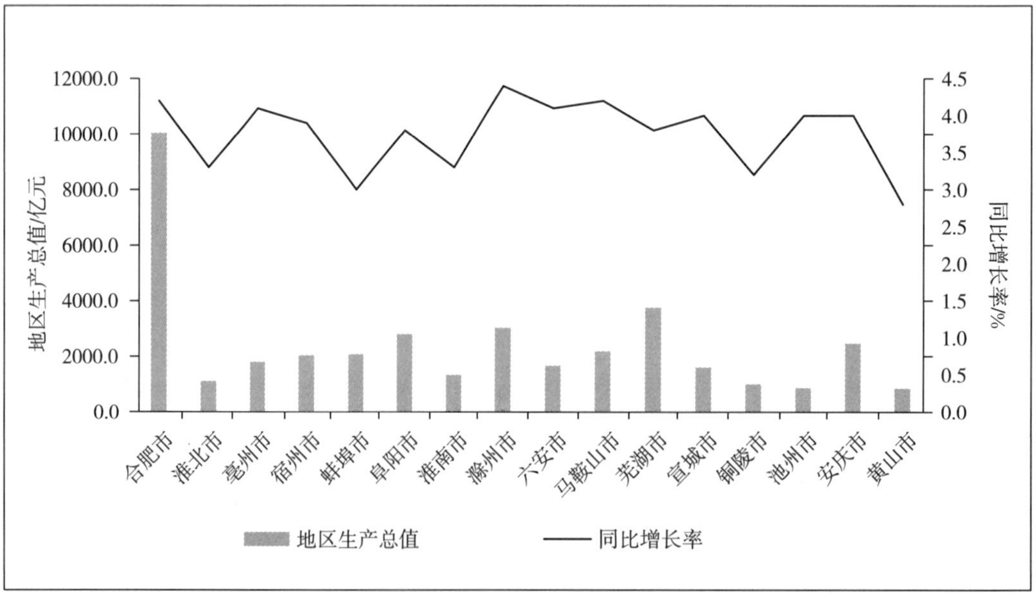

图 2－1 2020 年安徽省地级市地区生产总值及增长情况

（数据来源：安徽省各地级市 2020 年国民经济和社会发展统计公报）

一、居民收入稳定增加，就业物价总体平稳

2020 年，安徽省全年常住居民人均可支配收入 2.8 万元，比上年增长 6.4%，超出全国 1.7 个百分点。其中，城镇常住居民人均可支配收入 3.9 万元，同比增长 5.1%；农村常住居民人均可支配收入 1.7 万元，同比增长 7.8%。可支配收入的增加促进了居民理财意识的提升，居民更加注重财富管理。2020 年安徽省居民消费价格呈现前高后低的运行态势，全年累计上涨 2.7%，涨幅与上年持平，扣除食品和能源价格的核心 CPI 指数为 100.8，比上年上涨 0.8%，这一涨幅比上年同期低 0.5 个百分点，其中 2020 年下半年连续稳定在 0.5% 左右的涨幅。全年城镇新增就业 66.3 万人，完成年度目标任务的 105.2%。

二、产业转型成效明显，新兴动能增长强劲

2020 年安徽省服务业增加值比上年增长 2.8%，高出全国 0.7 个百分点。其中，信息传输、软件和信息技术服务业，金融业增加值分别增长 18.2%和 6.7%。1—11 月，规模以上服务业企业营业收入同比增长 7.1%。其中，信息传输、软件和信息技术服务业，租赁和商务服务业，科学研究和技术服务业分别增长 11.2%、10.5%和 15.1%。

在工业领域，战略新兴产业产值增长 18%，超出规模以上工业产值 12.5 个百分点；高新技术产业增加值增长 16.4%，比规模以上工业增加值高 10.4 个百分点。市场销售中，限额以上实物商品网上零售额增长 25.3%，通过互联网实现餐费收入增长 59.1%。固定资产投资中，高技术产业投资增长 9.7%，高于全部投资 4.6 个百分点。市场主体中，新登记各类市场主体 104.8 万户，增长 5.8%；新增“四上”企业 6955 家，同比增加 1065 家。传统制造业加速向数字化、网络化、智能化转型。

三、数字经济发展势头强劲

近年来，安徽省紧跟数字经济发展大潮，坚持数字产业化和产业数字化双向发力，数字经济发展取得了亮眼的成绩。2020 年安徽省数字经济规模达 11202 亿元，同比增长约 11%，增速排名居全国第 9 位，较上年跃升了 2 位，已经连续 3 年增速保持 10%以上，1500 多家企业通过国家数字化转型新型能力标准评定，数量居全国第 4。“互联网+”深度融入生产生活的方方面面，2020 年安徽省长三角“一网通办”试点实现 30 项企业事项、21 项个人事项跨区域办理，186 项移动端服务“无感换乘”，数量居长三角地区前列；全省建成农业物联网示范点 300 个，大田生产物联网技术应用试验示范区 4 个，长丰县、金寨县、砀山县、歙县入选国家级数字乡村试点县。进一步分行业来看：

电子信息产业不断壮大。“十三五”期间，安徽省电子信息制造业规模以上工业增加值年均增速超过 20%，对全省工业增长贡献率居于各行业前列，规模以上企业总数突破 1000 户；营业收入总量规模进入全国第一方阵，跃居全国同行业第 10 位。2020 年，安徽省电子信息制造业规模以上工业增加值同比增长 24.1%；营业收入同比增长 25.2%，高于全国同行业 16.3 个百分点；利润总额同比增长 42%，高于全国同行业 22.2 个百分点。

新兴产业体系逐步完善。新型显示产业实现“从沙子到整机”的全产业链布局，全省集成电路企业超过300家，已形成从设计、制造、封装和测试，到材料、装备、创新研发平台和人才培养等较完整的产业链条，以合肥市为核心、沿长江相关城市协力发展的“一核一带”产业格局初步显现。

智能终端实现快速增长。全省微型计算机产量居全国第5位，彩色电视机产量居全国第3位，智能手表/手环产品位居全球同类产品出货量前列。合肥新型显示器件集群、集成电路产业集群也被列入国家首批战略性新兴产业集群工程。

软件服务业快速发展。2020年安徽省软件和信息服务业的营业收入达1202.2亿元，“十三五”期间年均增长29.7%。2020年智能语音、类脑智能创新能力持续增强，科大讯飞股份有限公司（以下简称“科大讯飞”）、安徽华米信息科技有限公司（以下简称“华米科技”）、科大国盾量子技术股份有限公司（以下简称“国盾量子”）、科大国创软件股份有限公司（以下简称“科大国创”）等优势企业量质提升。2020年中国声谷入园企业数达1024家，营业收入达1060亿元，实现“千家企业、千亿产值”目标。

四、长三角一体化战略取得重大突破

2020年8月20日，习近平总书记在合肥市主持召开扎实推进长三角一体化发展座谈会，强调要深刻认识长三角区域在国家经济社会发展中的地位和作用，结合长三角一体化发展面临的新形势、新要求，坚持目标导向、问题导向相统一，紧扣一体化和高质量两个关键词抓好重点工作，真抓实干、埋头苦干，推动长三角一体化发展不断取得成效。

自长三角一体化发展上升为国家战略以来，一大批跨区域的基础设施、科技创新、生态环保和公共服务项目相继实施，推动长三角一体化发展进入“快车道”。2020年尽管受到新冠肺炎疫情的影响，长三角地区经济仍然保持良好的发展势头，经济总量在全国三大都市圈中持续领跑，区域内各地经济发展势头强劲，亮点纷呈。苏浙沪三省市稳居全国GDP十强，安徽省紧随其后，排在第11位。2020年，跨入GDP“万亿俱乐部”的长三角城市增加到8个，分别是合肥、南通、上海、苏州、杭州、南京、宁波、无锡。其中，南通、合肥都是首次实现年度地区生产总值超万亿元。2020年，南通完成地区生产总值10036.3亿元，增长4.7%；合肥实现地区生产总值10045.7亿元，增长4.3%。数据显示，截至2020年底，长三角生态绿色一体化发展示范区已形成32项具有开创性的制度成果，聚焦生态环保、互联互通、创新发展和公共服务四大领域，全力推进60个亮点项目建设。长三角G60科创走廊拥有高新技术企业2万多家，占全国近十分之一；科创板上市企业47家，占全国超五分之一。

在《长江三角洲区域一体化发展规划纲要》指引下，2020年苏浙沪皖三省一市都制订实施了长三角一体化发展行动方案，区域合作的优势和潜力被不断激发。2020年，苏浙沪皖计划实施长三角一体化重大项目1390项，总投资7.8万亿元。其中，新开工20亿元以上的基础设施互联互通项目76项，总投资1.0万亿元。高铁高速、航空航运、产业合作等领域项目建设“多点开花”。2020年，苏浙沪在安徽投资在建亿元以上项目3493个，实际到位资金 7490.5 亿元，同比增长 16.8%。

2020 年，长三角地区重大合作机制形成新格局。疫情发生后，长三角地区三省一市迅速建立“7+5”联防联控机制，全面推行公共服务“一码通”“一网通”“一卡通”，实现疫情信息互联互通、防疫物资互济互帮、复工复产互助互动，有力地促进了区域内的疫情防控。

第二节　安徽省互联网金融业发展的金融环境

2020 年安徽省金融业运行总体平稳，支持实体经济质量和效率进一步提高。金融业已经成为安徽省的支柱产业，2020 年安徽省实现金融业增加值 2553.9 亿元、增速 6.7%，高于地区生产总值增速 2.8 个百分点；占同期地区生产总值比重达 6.6%，较 2015 年提升 1.4 个百分点。全省银行业资产总额 7.6 万亿元，两家地方法人证券公司资产总额 1469.1 亿元，全省保险业资产总额 2804 亿元，金融业整体实力进一步增强。

一、整体运行保持平稳，结构进一步优化

2020 年安徽省社会融资规模增量 9251.2 亿元，比上年增加 1987.6 亿元。由表 2－1 可知，2020 年末安徽省金融机构人民币各项存款余额 59897.8 亿元，比上年增长 10.2%，其中住户存款较上年增长 15.3%，而政府存款出现了负增长，较上年下降 0.4%。2020 年末安徽省金融机构人民币各项贷款余额 51520.5 亿元，比上年增长 16.3%，其中住户贷款与企（事）业单位贷款分别较上年增长 17.4%和 15.6%；从期限结构来看，2020 年境内中长期贷款增速高于境内短期贷款 6.8 个百分点。这反映了 2020 年疫情暴发后，安徽省推出的稳增长、保企业、惠民生系列政策措施效果显著，居民消费资金需求得到保障，企业资金链紧张局面得到有效缓解，中长期建设项目资金投入进一步加大，金融业服务实体经济的效果明显。

表 2－1　2020 年末安徽省金融机构人民币各项存贷款余额及增长情况

指标	年末数/亿元	比上年增长/%	指标	年末数/亿元	比上年增长/%
各项存款余额	59897.8	10.2	各项贷款余额	51520.5	16.3
其中：			其中：		
非金融企业	16043.1	6.4	住户	21475.7	17.4
住户	30117.2	15.3	企（事）业单位	30018.0	15.6
政府	10743.8	－0.4	其中：		
			境内短期	13157.3	12.2
			境内中长期	34819.8	19.0

数据来源：《安徽省 2020 年国民经济和社会发展统计公报》。

2020 年安徽省资本市场融资规模有所下降，但省属上市公司发展质量有所提升。2020

年全年上市公司通过境内市场累计筹资 351.6 亿元，比上年减少 77.5 亿元。其中，首次公开发行 A 股 20 只，筹资 129.6 亿元；A 股再筹资 100 亿元；上市公司通过发行可转债、公司债筹资 122 亿元。截至 2020 年末安徽省有上市公司 126 家，上市公司市价总值 18772 亿元，比上年增长 43.6%。2020 年安徽省累计发行政府债券 2329 亿元，发行规模创历史新高。政府债券结构更趋合理。其中，新增专项债券 1496 亿元，占发行总额的 64.2%；新增一般债券 175.6 亿元，占发行总额的 7.5%；发行再融资债券 657.4 亿元，占发行总额的 28.2%。新增企业债券发行 603.6 亿元，同比多增 71.2 亿元，债券筹资对稳增长、促改革、调结构、惠民生的引领作用得到有效发挥。

专栏 2-1　安徽省成功发行首单双创公司债和首支防疫企业债

2020 年 11 月 10 日，安徽省首单双创公司债和首支防疫企业债分别成功发行，债券品种创新一日实现双突破。其中，安徽省首单公开募集“创新创业公司债券”由安徽高新投技术产业投资有限公司（以下简称“安徽高新投”）在上海证券交易所发行，债券规模 3.7 亿元，债券票面利率 3.7%，系近三年安徽省同评级同期限债券发行利率最低，全场认购倍数达 1.7 倍，主体信用及债券信用等级均为市场 AAA 评级。该公司债将用于增加高新投对双创、科创等产业项目投资，其成功发行为社会资本与双创事业的互通提供了新模式。

同日，2020 年黄山城投集团有限公司公司债券成功簿记，发行规模 2.6 亿元，票面利率 4.8%，为安徽省首批获批、首只成功发行的疫情防控企业债券，也是 2020 年以来全国同评级同期限公司债、企业债中的最低利率。该债券创新使用自有土地抵押增信的方式提升债项评级，为城投公司自主增信、降低融资成本提供了良好的示范案例。

（来源：中国发展网，https://baijiahao.baidu.com/s?id=1684491174843395969）

2020 年安徽省保险业原保险保费收入 1403.5 亿元，比上年增长 4.1%。其中，财产险业务原保险保费收入 470.9 亿元，增长 4%；人身险业务原保险保费收入 932.6 亿元，增长 4.1%。赔款和给付支出 477.3 亿元，比上年增长 13.9%。其中，财产险业务赔款支出 279.6 亿元，增长 16.5%；人身险业务赔款和给付支出 197.7 亿元，增长 10.5%。

二、金融组织体系更加健全，市场交易相对活跃

2020 年末，安徽省共有银行业金融机构 198 家、证券经营机构 399 家、省级保险机构 71 家。其中，法人机构中，地方银行 152 家、证券公司 2 家、保险法人机构 2 家、信托公司 2 家、期货公司 3 家、财务公司 6 家、消费金融公司 1 家、金融租赁公司 2 家、汽车金融

公司 2 家、理财子公司 1 家；地方金融组织中，小额贷款公司 367 家、融资担保机构 230 家、地方资产管理公司 2 家、典当行 361 家、融资租赁公司 39 家、商业保理公司 6 家、各类交易场所 18 家。全省基本形成了种类齐全、覆盖城乡的金融组织体系。

2020 年安徽省市场主体越来越多样：境内共有上市公司 126 家，居中部第 1 位、全国第 9 位；“新三板”挂牌企业 294 家，居中部第 1 位；省股权托管交易中心挂牌企业 7320 家，居全国前列。2020 年安徽省证券市场活跃度较高全省投资者账户 727.4 万户，同比增长 13.7%；证券市场交易额 11.2 万亿元，同比增长 33.3%。

三、货币政策精准实施，金融服务实体经济能力显著增强

2020 年以来，面对新冠肺炎疫情和汛情的双重冲击，中国人民银行合肥中心支行充分运用多种货币政策工具，为疫情防控、复工复产和稳企业保就业提供了强有力的支持。全年累计发放再贷款再贴现 1654.5 亿元，同比增长 65.2%。支持 152 家金融机构为 3.2 万户普惠小微企业共计 440 亿元贷款提供延期还本付息；累计支持 98 家金融机构为 12.2 万户普惠小微企业发放信用贷款 209.7 亿元。与此同时，企业融资成本进一步下降，全年一般贷款加权平均利率同比下降 0.6 个百分点，其中企业贷款加权平均利率同比下降 0.6 个百分点。金融机构运用支农、支小再贷款发放的贷款利率分别低于同期同档次利率 1.3 个百分点和 0.8 个百分点。货币政策的支持与引导作用成效显著。

围绕社会经济发展的需要，安徽省金融业持续深化对重点领域的金融服务。一是加大对制造业和中小微企业的金融支持。2020 年，全省制造业中长期贷款和普惠型小微企业贷款增速分别达 32.7%和 24.2%，均大幅高于各项贷款平均增速。二是提升科创金融服务水平。2020 年末，全省累计设立科技支行、保险支公司 28 家，科技保险为 2639 家高新技术企业提供风险保障 982.4 亿元；科技融资担保体系累计为 5724 户企业提供融资担保 456.1 亿元。三是助力脱贫攻坚决战决胜。2020 年末，全省有扶贫开发任务的县域贷款余额 14705.3 亿元，同比增长 19.1%，高于全省贷款平均增速；规范精准发放扶贫小额信贷，2020 年累计向 21.0 万户贫困户和边缘易致贫户发放扶贫小额信贷 52.6 亿元。为贫困群体提供保险保障。2020 年累计向 31 个摘帽贫困县农户提供特色种养农产品风险保障 92.7 亿元，支付赔款 15.1 亿元，为 293.7 万次贫困人口报销基本医保和大病保险 22.3 亿元。

四、金融监管持续发力，防范化解金融风险成效显著

2020 年是防范化解金融风险三年攻坚战的收官之年。全省上下加强风险监测排查预警，努力推动高风险机构加快落实风险化解措施，全省金融运行、金融舆情、融资集资人员信访总体呈现“三个稳定”，实现了防控责任、监测预警、应急机制、督查考核“四个全覆盖”，守住了不发生区域性金融风险的底线。

2020 年末，安徽省银行业金融机构不良贷款率较上年末进一步下降。全年处置不良贷款 668.5 亿元，同比增长 219.8 亿元。加大交叉金融和影子银行监管，全年表外融资减少 1066 亿元，同比多降 440.8 亿元。其中，委托贷款继续下降，全年减少 383.8 亿元，同比

少降200.3亿元；信托贷款全年减少349.4亿元，同比多降795.5亿元；未贴现的银行承兑汇票减少332.8亿元，同比少降154.4亿元。深入开展市场乱象整治“回头看”活动，全年累计处罚银行保险机构131家次，责任人员227人次，罚款金额5196.3万元。

打击非法集资等非法金融活动取得显著成果，2020年全省新发非法集资案件数、集资金额、集资参与人数三项指标分别比上年同期减少13.9％、6.9％、19.3％，打早打小打苗头成效逐渐显现，全省非法集资陈案结案132起。2020年P2P网络借贷行业风险得到有效控制，网贷机构处置路径基本明确，省内所有在营机构已于4月末全部停止新增发标，进入存量风险化解阶段。

五、金融生态环境持续优化，金融基础设施建设不断完善

近年来，安徽省信用体系建设深入推进，取得明显成效，基本实现信息主体全覆盖。2020年，全省各类征信服务平台收集中小微企业信息249.6万户、农户信息1146.2万户。构建了多层级中小微企业信用信息服务平台，加载融资对接功能，逐步形成“征信＋融资”的服务平台，进一步提升平台实效。全年中小微企业信用信息平台接入金融机构、类金融机构62家，上线金融产品140项，解决融资需求4.3万笔，企业提供融资1412.8亿元。

近年来，安徽省支付结算金融基础设施不断完善，为社会资金高效安全流转提供了有效保障。2020年，全省央行支付系统全年共办理非现金支付业务2.0亿笔，同比下降0.5％；金额62.2万亿元，同比增长11.3％，其中大额设施支付系统处理金额56.0万亿元。2020年，全社会各类支付系统共处理支付业务8.4亿笔，同比减少12.2％；金额85.4万亿元，同比增长15.2％。

金融消费者权益保护持续加强。2020年11月1日起正式施行的《中国人民银行金融消费者权益保护实施办法》，对银行、支付机构在信息安全等关键领域的经营行为画出多条红线，并配置相应罚则，解决了金融消费者权益保护领域违法违规成本较低的问题，使金融消费者权益保护更加有法可依、有据可依。保护金融消费者权益不仅需要立法立规支持，还需要金融消费者自身的意识觉醒和主动参与。2020年，安徽省金融业构建金融知识宣传教育长效机制，线上线下相结合开展各类宣传，累计发放宣传资料约220万份，通过网络、媒体报道320余次，金融消费者受众约432万人次。此外，安徽省深入推进金融消费纠纷多元化解机制，全年全省12363呼叫中心接收金融消费者的投诉和咨询均依法依规处理，多渠道保护金融消费者合法权益。

第三节　安徽省互联网金融业发展的技术环境

互联网金融的发展离不开技术环境，金融科技创新对于凝聚金融发展新动能、深化数字化转型具有特殊意义，已成为引领产业变革、助力新经济发展的核心力量。近年来，安徽省

把技术创新作为最大动力，依托不断优化的营商环境和科技创新氛围，加快培育发展新动能，科技创新成果不断涌现。2020 年安徽省科技创新取得新进步、新突破，区域创新能力排名居全国第 8 位，较上年上升 2 位。

一、新基建助推新技术

2020 年安徽省正式发布全国首个新基建领域技术产品服务目录，主要包括 5G、人工智能、工业互联网、物联网、数据中心、超算中心等领域的新技术、新产品、新服务。多家皖企入围目录。其中，5G 类 157 项，人工智能类 400 项，工业互联网类 87 项，物联网类 98 项，数据中心类 86 项，超算中心类 4 项，其他类 64 项，如图 2－2 所示。新一代信息技术从算力、算法、网络等方面为金融系统架构升级、业务流程再造、服务渠道拓宽等提供强劲的变革动力，为安徽省互联网金融高质量发展提供了强有力的支撑。

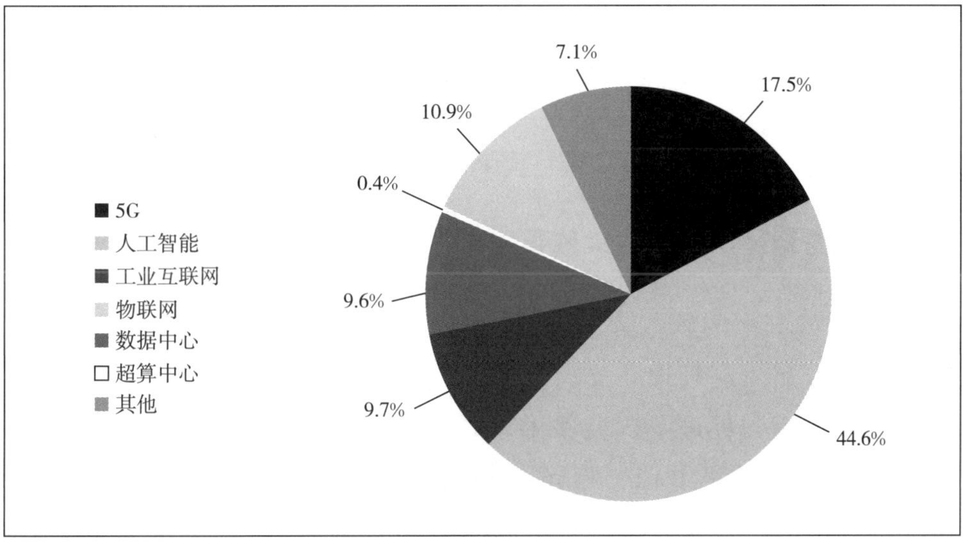

图 2－2　2020 年安徽省新基建领域技术产品服务目录构成

（资料来源：安徽省人民政府网站）

二、5G 技术发展进入快车道

2020 年 3 月，安徽省出台《支持 5G 发展若干政策》，围绕夯实网络基础、培育产业生态、促进行业应用、优化发展环境四个方面制定了十类政策措施。同年 7 月，又出台了《加快推进 5G 场景应用行动计划（2020—2022 年）》，提出了 19 项工作任务，收集 5G 应用场景十类 100 个。2020 年，全省共完成 5G 基站站址建设 29415 个，超额完成安徽省政府提出的“建设 2 万个，力争达到 2.5 万个”的目标，16 个地市均超额完成年度目标任务，实现了地级市城区连续覆盖、县城及乡镇有重点覆盖、重点场景室内覆盖的“三覆盖”。2020 年，建设 5G 典型应用场景 285 个，涵盖智能制造、智慧家电、智能网联汽车、电力、工业互联网等近 20 个行业，实现 5G 技术在重点行业全覆盖应用。2020 年，建立“5G＋工业互联网”场景应用项目库，入库项目 53 个，总投资 7.5 亿元。

三、技术研发能力不断增强

2020 年，安徽省科技创新能力显著增强，国家实验室、合肥综合性国家科学中心率先获批布局，“四个一”创新主平台和“一室一中心”分平台立柱架梁，大科学装置集群初步形成，量子通信、动态存储芯片、陶铝新材料、超薄玻璃等标志性原创成果竞相涌现，关键核心技术攻关取得重大突破，区域创新能力稳居全国第一方阵。2020 年，安徽省通过定向委托等方式组织实施重大科技专项，在集成电路、新一代信息技术、先进制造、人工智能、新材料、高端医疗设备等重点领域取得了一批重大技术突破。面向人民生命健康，紧急启动疫情防控应急科技攻关 16 项，并取得良好成效。新扶持高层次科技人才团队 55 个。2020 年，安徽省高新技术企业已达 8559 家，较上年净增 1923 家，增幅约达 29%，创历史新高；全年新增国家专精特新“小巨人”企业 61 家、国家技术创新示范企业 7 家。

第四节　安徽省互联网金融业发展的政策环境

一、货币政策保持稳健中性，政策效果显著

2020 年，面对突如其来的新冠肺炎疫情，央行迅速应对，1 月 31 日紧急出台 3000 亿元专项再贷款政策，实行名单制管理，支持主要银行向 7597 家重点医疗物资和生活必需品企业提供优惠利率贷款，有力促进了抗疫保供。2020 年 2 月 3 日和 4 日，超预期投放 1.7 万亿元流动性资金，引导市场利率下调，稳定了市场预期，有力地支持了金融市场如期开市。2020 年 2 月底出台 5000 亿元再贷款再贴现政策，切实解决了 59 万家企业复工复产面临的债务偿还、资金周转和扩大融资等迫切问题。

疫情防控取得成效，全国进入复工复产阶段。央行及时出台相应的支持政策，支持企业复工复产。2020 年 3 月和 4 月连续定向降准，多次适时下调政策利率，公开市场操作中标利率、MLF 操作中标利率、1 年期 LPR 均再次下降 20 个基点，再贷款利率累计下降 50 个基点。2020 年 4 月下旬出台 1 万亿元再贷款再贴现政策，支持金融机构以优惠利率向 158 万户中小微企业提供贷款，强化普惠性金融支持。通过降准降息，满足企业合理融资需求，降低企业融资成本。

随着经济加快恢复，2020 年 5 月以后货币信贷投放逐步回归常态，应对疫情的特殊工具适时退出，转向通过结构性货币政策工具进行精准“滴灌”。2020 年 6 月初，央行创设两项直达实体经济的货币政策工具，精准帮助小微企业做好稳企业保就业工作。全年引导金融系统向实体经济让利 1.5 万亿元。

总体来看，2020 年的货币政策体现出了前瞻性、主动性、精准性和有效性，为我国率先控制疫情、率先复工复产、率先实现经济正增长提供了有力支撑。

专栏 2-2 央行货币政策司司长眼中的 2020 年货币政策

在党中央的坚强领导下，我国不仅成为 2020 年全球唯一实现经济正增长的主要经济体，还是少数保持正常货币政策的主要经济体。这主要体现在以下几个方面。

一是利率水平保持在合理区间，没有像其他主要经济体那样实施零利率甚至负利率。

二是央行资产负债表规模基本稳定，银行货币创造的正常市场化功能充分发挥，没有像其他主要经济体那样靠大幅扩张央行资产负债表来“印票子”。2020 年央行资产负债表扩张 4%左右，而同期美联储、欧洲中央银行和日本银行资产负债表规模分别扩张了 77%、50%和 23%。

三是货币信贷增幅远低于上次应对 2008 年国际金融危机时期。2020 年新增贷款 19.6 万亿元，比 2019 年新增贷款（16.8 万亿元）增加 2.8 万亿元，增幅约 16.7%，货币信贷的增幅是比较合理的。

四是宏观杠杆率增幅低于主要经济体，也低于 2008 年应对国际金融危机时期的宏观杠杆率增幅。2020 年第二季度末我国宏观杠杆率较 2019 年末上升 21 个百分点左右，分别低于美国、日本和欧元区同期 32.5 个百分点、26.6 个百分点和 22.5 个百分点的增幅。2020 年我国宏观杠杆率上升幅度明显低于应对 2008 年国际金融危机时期，且增幅逐季收敛。

（来源：新浪财经，https://finance.sina.com.cn/china/2021-02-18/doc-ikftssap6388021.shtml）

二、监管政策持续发力，金融科技迎来强监管

2020 年，金融科技监管从严到紧，进入金融科技强监管元年。互联网金融监管领域相关政策密集释放、频频落地（见表 2-2），互联网贷款、供应链金融助贷、网络小贷、互联网保险、理财子公司的理财代销业务都受到严格限制，这些监管规则的改变对行业发展影响深远。

表 2-2 2020 年国内互联网金融行业相关政策文件/讲话

领域	相关业务	时间	政策文件/讲话	主要内容
金控	金控公司	9 月	《关于实施金融控股公司准入管理的决定》	建立指导方针，弥补了监管漏洞，进一步深化金融改革
	金控人员	11 月	《金融控股公司董事、监事、高级管理人员任职备案管理暂行规定（征求意见稿）》	金控人员的规范与规定

（续表）

领域	相关业务	时间	政策文件/讲话	主要内容
银行	网上银行	2月	《网上银行系统信息安全通用规范》	涉及网上银行系统的技术、管理和业务运作三个方面
	开放银行	2月	《商业银行应用程序接口安全管理规范》	规定了银行应用程序接口的安全技术与安全保障要求
	互联网贷款	7月	《商业银行互联网贷款管理暂行办法》	明晰了互联网贷款主体与定义，对联合贷款、助贷业务作出规定
	互联网存款	12月	2020第四届中国互联网金融论坛	《第三方互联网平台存款：数字金融和金融监管的一个产品案例（续）》
保险	互联网保险销售	6月	《关于规范互联网保险销售行为可回溯管理的通知》	规范互联网保险销售行为，维护消费者合法权益
	互联网保险	12月	《互联网保险业务监管办法》	明确互联网保险定义、强调持牌经营，对互联网保险宣传进行严格的规范
证券	证券服务业务	7月	《证券服务机构从事证券服务业务备案管理规定》	证券服务机构事后备案
	网络证券业务	8月	《证券公司租用第三方网络平台开展证券业务活动管理规定（试行）》	明确证券公司与第三方网络平台的合作边界
	信息技术行业标准	7月	《证券期货业移动互联网应用程序安全检测规范》	证券行业信息技术规范
		12月	《证券交易数据交换协议》	
小贷	网络小贷	11月	《网络小额贷款业务管理暂行办法（征求意见稿）》	提高了网络小贷公司注册资本以及业务要求
交易	金融资产类交	9月	《关于进一步做好金融资产类交易场所清理整顿和风险处置工作的通知》	清理与互联网合作的金融资产交易所产品，维持互联网金融的稳定性
	各类交易所	12月	清理整顿各类交易场所部际联席会议第五次会议	严控交易场所数量始终是清理整顿工作的重点之一
平台	平台经济	11月	《关于平台经济领域的反垄断指南（征求意见稿）》	预防和制止互联网平台经济领域垄断行为
P2P	网贷机构	11月	中国银保监会首席律师刘福寿讲话	全国实际运营的P2P网贷机构到11月中旬完全归零
		12月	2020年新加坡金融科技节	中国银保监会主席郭树清再度表示，到11月中旬实际运营的P2P网贷机构已经全部归零
金融行业	金融科技	10月	《金融科技创新应用测试规范》《金融科技创新安全通用规范》《金融科技创新风险监控规范》	确立金融行业的金融科技标准
	信息技术	2月	《个人金融信息保护技术规范》	从安全技术和安全管理两个方面，对个人金融信息保护提出了规范性要求

2020 年 7 月中国银保监会发布的《商业银行互联网贷款管理暂行办法》，从商业银行、助贷平台、借款人等多个层面规范商业银行互联网贷款业务经营行为，以促进互联网贷款业务获客、产品设计、风控、催收等环节合规发展。例如，明确商业银行不得以任何形式为无放贷业务资质的合作机构提供资金用于发放贷款，不得与无放贷业务资质的合作机构共同出资发放贷款。互联网贷款授信审批、合同签订等核心风控环节，应当由商业银行独立有效开展。商业银行对于互联网贷款借款人的身份核验，不得全权委托合作机构办理。

8 月，最高人民法院发布《关于修改〈关于审理民间借贷案件适用法律若干问题的规定〉的决定》，调整民间借贷利率的司法保护上限，以央行授权全国银行间同业拆借中心每月 20 日发布的 1 年期贷款市场报价利率的 4 倍为标准，取代原来的“以 24％和 36％为基准的两线三区”。京东数字科技控股股份有限公司（以下简称“京东数科”）在招股说明书中指出这一政策的可能性风险：虽然新规明确经金融监管部门批准设立的从事贷款业务的金融机构及其分支机构，因发放贷款等相关金融业务引发的纠纷，不适用此规定，但最高人民法院对民间借贷利率司法保护上限政策的变化可能对金融机构客户群体、利率区间和金融机构信贷业务规模产生影响，进而对该公司与其开展的相关业务合作产生负面影响。

9 月，央行等八个部门联合发布《关于规范发展供应链金融　支持供应链产业链稳定循环和优化升级的意见》，明确规定，不得无牌或超出牌照载明的业务范围开展金融业务，各类第三方供应链平台公司不得以供应链金融的名义变相开展金融业务。可以预计，未来无经营许可的供应链助贷将会受到打击。

11 月，中国银保监会和央行共同发布了《网络小额贷款业务管理暂行办法（征求意见稿）》，叫停了网络小贷的跨区业务，要求和流量平台注册地统一，明确了网络小贷公司在联合贷款中出资比例不得低于 30％，明确了 100 万元的单户贷款余额上限，限制了控股跨区域网络小贷公司的数量，提升了资本金的要求。经营门槛提高对中、小网络小贷公司都是极大的考验。可以说，网络小贷新规会带来一场供应端的改革。

12 月，中国银保监会发布实施《互联网保险业务监管办法》，明确规定非保险机构不得开展互联网保险业务。互联网保险业务包括提供保险产品咨询服务，比较保险产品、保费试算、报价比价，为投保人设计投保方案，代办投保手续，代收保费。保险机构开展互联网保险业务，不得超出机构许可证（备案表）上载明的业务范围。同时要求保险机构对互联网保险营销宣传建立一系列管理制度，将管控和降低风险等措施前移到互联网保险的营销源头。

总体来看，2020 年监管部门出台的一系列规范文件，其思路主要包括三点：其一，所有金融业务都必须纳入监管，金融作为特许行业，必须持牌经营。鼓励持牌金融机构运用技术手段，加强线上业务服务，提升用户金融服务可得性。其二，对业务进行重新划分和重组，明确金融业务与纯粹技术业务的边界，建立适当的防火墙，避免金融风险跨部门、跨行业传播。其三，加强对大型互联网平台的监管，断开金融信息和商业信息之间的不当连接，防止“数据—网络效应—金融业务”的闭环效应产生垄断。随着这些政策相继落地实施，金融科技将在规范中迎来新的发展。

第三章　安徽省银行业互联网金融业务发展情况

2019 年 8 月，央行印发《金融科技（FinTech）发展规划（2019—2021 年）》（以下简称“发展规划”），明确了 2019 年至 2021 年我国金融科技发展的指导思想、基本原则、发展任务、重点任务和保障措施。互联网金融渗透到人们日常生活和工作的方方面面。2020 年，商业银行、消费金融公司等银行业金融机构借助互联网技术率先推出的非接触、不间断、高效率的金融服务，有效助力疫情防控和社会经济恢复。商业银行等金融机构在互联网金融创新中的作用更加突出，互联网金融在银行业的应用深度和发展水平进一步提升。

第一节　安徽省银行业互联网金融业务发展现状

2020 年暴发的疫情，倒逼商业银行加快数字化转型步伐，越来越多的商业银行开始利用金融科技重塑业务体系。国有银行、全国股份制商业银行等大型商业银行依托自身资源重塑技术架构布局数字金融；中小银行则与科技公司或大型商业银行合作，立足差异化和本地化实现数字化转型。科技与金融逐步走向深度融合，从金融服务延伸至非金融服务，涵盖生产、生活的多元金融生态，打造数字化时代的核心竞争力。

一、银行业加速数字化转型

进入 2020 年，我国经济已由高速增长阶段转向高质量发展阶段，数字化经济已成为我国经济发展的新动能。伴随着科技的进步、经营环境的变化、客户诉求的升级，银行业不断推动数字化边界的扩展。从早期的业务经营电子化，到管理流程信息化，再到最近几年的客户交互移动化，数字化的定义正在持续扩展，银行业数字化转型的步伐越来越快。

总体来看，国内主要商业银行数字化转型已进入战略实施阶段。农行在“推进数字化转型，再造一个农业银行”的战略之下，提出信息科技“iABC”战略；建行在金融科技作为三大战略之一的基础上，提出“科技自立自强”来实施金融科技战略；中国银行（以下简称“中行”）推动数字化银行建设，提出实施“数字中银＋”科技创新战略；招行提出“努力实现金融科技银行的质变突破”，推进金融科技本体质变，从量变到追求质变，招行的金融科技战略已更深一层。还有一些银行则根据自身优势提出数字化转型的战略方向，如邮储银行在 2020 年提出“全力打造服务乡村振兴数字金融银行”；平安银行提出向“数字银行、生态银行、平台银行”转型；中信银行提出建设“一流的科技型银行”；浙商银行打造平台化服务银行等。无论是大型银行金融科技走向纵深还是中小银行全面拥抱金融科技，都可以看出，在金融科技战略上银行都在积极掌握金融科技发展的全局性及主动性，并且根据自身的优势制定差异化的金融科技战略。这足以说明，在银行业数字化转型的浪潮之下，无论是银行有意推进还是无意被迫加入战局，数字化转型已经全面融入业务之中，融入用户的需求习惯之中，数字化转型已经成为银行当下的“生存之道”。因此，银行数字化转型战略走向纵深，从被动到主动已是必然。

聚焦安徽省本土银行，亦有许多可圈点之处。面对数字化时代的机遇和挑战，徽商银行以金融科技发展规划和“一体两翼”战略规划为指引，坚持守正创新、科技赋能，以金融科技应用为抓手，以提升客户体验为导向，以大数据体系建设为支撑，在营销、风控、产品、服务、管理、合作等领域，推动徽商银行向“线上化、智能化、敏捷化、开放化”演进，最终实现“全客群、全渠道、全产品、全流程”数字化全覆盖的目标。数字化转型建设具体落地到实际应用中，服务小微企业，服务民生，解决实际问题，才能算得上是成果，也才是有效的数字化转型。徽商银行在实践中取得了一定的成效：数字化营销应用方面，运用数据分析工具实现大数据助力小企业精准营销。数字化风控应用方面，运用大数据技术建立小企业授信客户准入模型，建设运营风险监测平台，实现运营业务操作风险点的识别和监测。数字化产品应用方面，完善小企业业务条线外部数据整合管理，建设小企业数据模型，运用大数据技术打造纯线上化产品“信 e 贷”，依托交易家平台开发电商通产品。数字化服务应用方面，建设智能客服系统、智慧微贷服务平台，实现Ⅱ类结算账户开户业务线上化，柜面运营业务实现人脸识别人证比对。数字化管理应用方面，建设基于工商信息的关系图谱，运用运营模型开展数字化客户分析，并积极探索运营管理数字化。数字化合作应用方面，与微众银行及公积金主管部门开展普惠金融领域的合作；建设以“账户＋”和 API 输出为依托的开放银行；建设交易家平台，提供行业解决方案。徽商银行在数字化转型顶层设计方面的探索和实践给行业带来了新思路和新参考，具有较强的借鉴意义。

二、“非接触”金融服务全面升级

2020 年初，突如其来的新冠肺炎疫情给很多“面对面”金融服务带来了冲击，为应对疫情带来的冲击，以银行为代表的金融机构纷纷加大了线上服务、远程服务及金融科技投入力度，“非接触”金融服务成为疫情期间银行等金融机构长期以来数字化转型成果的集中展现。

面对疫情防控“减少接触”“少外出”“不聚集”的要求，安徽省内各银行积极创新金融服务方式，提供各种非接触、不间断、高效率的金融服务，在抗击疫情与帮助小微企业发展方面发挥了十分重要的作用。邮储银行安徽省分行创新推出线上金融服务窗口——“中国邮政储蓄银行安徽省分行·云工作室”，及时发布线上个人金融服务、线上对公金融服务等内容，帮助消费者足不出户享受金融服务。工行安徽省分行坚持以客户为中心，持续优化和丰富“非接触”金融服务的渠道与场景，积极引导客户选择手机银行、网上银行等电子渠道，致力减少客户外出流动和人群聚集，为助力疫情防控贡献金融力量。另外，工行安徽省分行还主动摸排企业融资需求，提供线上信贷支持，充分发挥网上银行、手机银行等线上融资渠道的作用，以经营快贷、工银 e 贴等线上融资方式为数家企业提供融资超千万元，及时解决了企业疫情期间的资金周转需求。徽商银行针对疫情推出了“云代发”业务解决方案，通过“非接触”线上化手段，实现资金批量清分。针对特定的场景，在银行传统代发业务基础上进行互联网化创新，通过一点接入、一套电子钱包体系、一组标准化业务流程的“三个一”方案帮助企业快速上线，最大程度减少了企业办理传统代发业务的烦琐手续，降低了业务办理难度，解决了多地办公的连锁式企业因各地合作银行不统一导致的财务代发难的问题，极大地方便了企业和员工。

一次疫情催发“非接触”金融服务成为银行业热点。但不容忽视的是，非接触银行的本质还是银行围绕用户体验提升，综合运用人工智能、大数据、云计算等金融科技能力，为用户提供更加智能与开放的产品与服务。2020 年 7 月，安徽省多地连日暴雨导致汛情严峻，安徽省农业农村厅、浙江网商银行联合宣布，为应对安徽省特大汛情，帮助农户解决经营资金短缺问题，着力推进“非接触”贷款发放。同年 7 月 16 日，安徽省首批启动一级响应的宿松县、望江县、当涂县三地已获免息“非接触”贷款，新增启动一级响应的 52 个县城也陆续获得了免息贷款支持。可见，“非接触”金融服务在这场抗洪战役中起到了重要的作用。疫情终将过去，但“非接触”金融服务将成为银行的一种新常态。

三、全面打造智能风控系统

金融科技普及和应用推动着国内银行业加速向数字化转型，行业飞速发展的同时，互联网安全问题也成为银行业的一大挑战。相较于如火如荼的数字化转型，行业整体数据安全体系的建设却相对滞后。传统的银行风控模式数据来源单一、审核流程冗长、人力成本高昂，已经不能满足当下业务中产生的海量数据实时分析和多样化风险识别的需求。以大数据、人工智能等新技术识别潜在风险、拓展风控能力边界、构筑智能风控系统已成为银行业的普遍共识。

大型银行借助其雄厚的资金及技术实力，早已开始智能风控系统的布局。以工行为例，“融安 e 信”是工行自主研发投产的风险大数据服务平台，该平台整合了各级公安、工行内部、国内外金融同业、境内外反欺诈组织等多方信息，集风险目标识别、风险交易预警、风险方案管控、风险评估等功能于一体。截至 2020 年底，工行已实现“融安 e 信”系统对涉骗涉案账户的全渠道布控，对所有通过工行网点、网上银行、电话银行、手机银行和自助终端等渠道进行的转账汇款交易进行即时筛查，当收款账户与系统的风险数据相匹配时，会及时预警提示风险，并阻止业务办理，降低诈骗得逞的概率。该系统已在包括安徽省在内的全国各分支机构推广使用。

聚焦安徽省本土银行，徽商银行的风控系统则是基于 100 多个金融业务风险场景，构建了上千组反欺诈规则和模型，实现对行内电子渠道业务活动过程中的各类欺诈风险进行自动化实时甄别、预警和处置，在充分利用数据整合的基础之上，实现智能化风控管理。目前该系统日均监控交易总量超过 100 万笔，日均成功阻断风险交易 1 万笔以上，有效保障了客户资金的安全。

四、深入布局数字普惠金融

随着互联网和大数据等信息科技的不断发展，金融与科技进一步深度融合，普惠金融逐步实现从传统普惠金融向数字普惠金融的跨越式发展。当前，在金融发展生态化、场景化、个性化的趋势下，信息技术、互联网、云计算及大数据等金融科技为普惠金融数字化革新提供了全新解决方案。

相比于以往，徽商银行2020年在发展普惠金融方面谱写了更加出彩的篇章。2020年12月23日，在《香港商报》联合北京大学数字金融研究中心等机构共同举办的“2020中国金融创新发展论坛”上，徽商银行凭借“快e贷”“微网贷”“云押贷”等普惠金融系列优势产品荣获“十佳普惠金融创新产品奖”，此次获奖充分肯定了徽商银行普惠金融数字化转型的成果。除了“快e贷”“微网贷”“云押贷”等榜上有名的普惠金融系列产品之外，徽商银行结合不同类型客户需求，分别创造性地推出纯信用线上产品“信e贷”、一站式票据服务平台“融鑫池”、线上供应链产品“融链通”等多款金融服务产品，切实解决了中小企业融资难、融资贵的问题，帮助中小企业票据融资降本增效，满足中小企业多层次融资发展需求，为核心企业和链上企业提供触指可达的高效金融服务，扶持产业链小微企业发展。中国光大银行（以下简称“光大银行”）合肥分行利用线上、线下相结合的综合服务手段，加大“阳光e微贷”“阳光e抵贷”等线上产品的营销力度，加快对通过阳光普惠云系统对接的普惠金融在线生态链项目的营销；浙商银行合肥分行按照政府、监管部门及总行各项工作部署，大力发展普惠金融业务。浙商银行推出“在线自助贴现”的“互联网＋”贴现产品，全程线上自助操作、自动审批、自动放款、极速到账，推进普惠金融，助力小微企业、民营企业发展。截至2020年末，浙商银行合肥分行普惠型小微贷款余额13.4亿元，较年初增加8.4亿元；有贷款余额的普惠型小微贷款户数831户，较年初增加627户。普惠型小微企业贷款增速显著高于各项贷款平均增速，有贷款余额户数明显高于年初水平。为了优化完善小微金融服务业务平台、信贷制度、风控制度和业务流程，农行安徽省分行优化创新农行“小微e贷”系列金融产品，灵活运用“纳税e贷”“保理e融”“助业快e贷”“房抵e贷”等线上产品。截至2020年6月末，对个体工商户及小微企业主累计投放生产经营贷款59.97亿元，有效稳定和带动近6万人创业就业。

专栏3-1　以数字化转型为引擎　提升交通银行普惠金融服务能力

截至2020年末，交通银行（以下简称“交行”）安徽省分行普惠小微企业贷款余额突破70亿元，较上年同期增长77.1%；普惠型小微企业贷款客户数7699户，较年初增加2526户。

一、线上线下融合发展拓展普惠业务宽度

近年来，交行安徽省分行强化科技赋能，逐步形成以线上产品为主、产业链及其他特色产品为辅的线上线下全产品服务体系。大力推广“线上抵押贷”“线上税融通”

等线上标准化信贷产品，加大对小微企业及个体工商户的支持力度；积极发展“普惠e贷”，打造涵盖个人和法人、信用＋抵押＋担保组合各类担保方式的统一综合授信产品。例如，马鞍山市某牧业公司专门从事奶牛养殖和牛奶生产，该公司在全国共有26个牧场，每年都要为采购、付款耗费大量的人力物力。2019年，交行马鞍山分行为该公司办理了代理付款业务，使40余户供应商资金得以快速到账。截至2020年末，该公司在交行马鞍山分行的代理付款业务余额为6400余万元，银企关系更加紧密。

二、以“数”赋能提升普惠业务办理速度

银行业数字化转型既拓宽了普惠金融业务范围，也大大提升了普惠金融业务的办理效率。交行安徽省分行全面推广在线开户、整合内外部数据、简化业务流程和办理手续，使得办理普惠金融业务的速度得到有效提升，推动了线上贷款融资服务的发展。滁州市某电器有限公司是一家主营家电及零配件研发、加工、销售的科技型中小企业，随着国内疫情稳定，该企业经营逐渐回升，急需资金购买原材料。交行滁州分行了解到该企业情况后向其推荐了“普惠e贷”线上产品，该行客户经理随后上门核实、开户，在短短两个工作日内便为企业实现了放款，收获了客户一致好评。

三、以客户为中心彰显银行普惠服务温度

交行安徽省分行结合安徽区域客户群体特点，创新产品及服务，满足细分市场的差异化融资服务需求，推出“茶叶贷”“税融通”“科创贷”等特色金融产品。合肥市某公司是一家主营电脑批发、机房工程、系统集成的企业。2020年末，该企业拟签署一笔大额订单，但是现有流动资金存在缺口，按照传统方式向银行申请抵押贷款，仅能获得不高于抵押物评估价值70％的授信额度。交行合肥三孝口支行详细了解情况后为企业推荐适合其需求线上抵押贷个人经营性贷款。经过申请，该企业充分利用“抵押＋信用”灵活担保方式的特点，获得达到其抵押物评估价值120％的贷款，大大缓解了企业的流贷资金不足问题。

五、搭建金融科技创新试验场

金融科技的飞速发展给传统银行的发展模式赋予了全新的突破路径。2020年，农行金融科技子公司农银金融科技有限责任公司（以下简称“农银金融科技”），交行金融科技子公司交银金融科技有限公司（以下简称“交银金融科技”）相继成立、开业，金融科技行业再闯入两家有力的竞争对手。至此五大行均拥有了自己的金融科技子公司。2020年7月30日，央行也宣告成立成方金融科技有限公司。与此同时，国内外头部科技公司、基础技术厂商不断加码与金融机构的战略合作及联合孵化，多方参与、竞争合作、融合发展的态势已然

形成。作为机制更灵活的新兴机构，金融科技子公司是银行利用市场化机制发展金融科技的一大阵地，大型商业银行与金融科技的联系越来越密切。与大型商业银行通过设立金融科技子公司来发展金融科技相比，中小银行在规模、科技等方面实力相对有限，提升自身科技水平需要另辟蹊径。中小银行一方面可以与其他商业银行合作，组建线上共建平台；另一方面，也可以与各类金融科技企业积极合作，既能降低拓展成本，又能在短时间内快速向其他领域发展。除此之外，中小银行还可以发挥自身特色优势，并结合自身情况和当地经济金融情况，走差异化、特色化发展之路，避免与大型银行在市场上出现正面竞争。浙商银行股份有限公司（以下简称“浙商银行”）合肥分行自成立以来一直立足安徽省、深耕合肥市，借助合肥市作为国家科技创新型试点城市的资源优势，聚焦科技金融，创新金融服务，重点支持具有成长性的科技型中小企业发展，走出了一条特色化、差异化的科技金融之路。截至2020年末，浙商银行合肥分行共为近40户小微科技型企业提供融资近1亿元，助力科技型企业快速成长。徽商银行以金融科技应用为抓手，以提升客户体验为导向，以大数据体系建设为支撑，为客户设计满足其个性化需求的金融解决方案，创新推出电商通产品，帮助电商企业搭建符合监管要求的交易系统，实现系统通过后端与银行内部账户对接的封闭式管理，做到将平台资金与商户资金完全隔离，有效消除客户资金安全疑虑，让平台运营更具合规性。

第二节 安徽省银行业互联网金融业务发展面临的主要问题

尽管安徽省商业银行普遍认识到必须开展数字化转型，才能更好地适应当下和布局未来，但是在推进数字化转型的过程中，依然存在一些问题。

一、科技投入分化，关键人才依然短缺

2020年，大型银行科技投入剧增，与中小银行科技投入规模的分化现象愈加严重。根据中国银保监会及各行年报统计，2020年银行科技投入超过200亿元的银行有2家——工行和建行，投入规模分别为238.2亿元和221.1亿元；银行科技投入超过100亿元的银行有5家，其中农行、中行和招行的投入规模分别为183.0亿元、167.1亿元、119.1亿元；银行科技投入为50亿～100亿元的银行有5家，邮储银行投入规模为90.3亿元，中信银行投入规模为70.0亿元，交行投入规模为57.2亿元，上海浦东发展银行（以下简称“浦发银行”）投入规模为57.2亿元，光大银行投入规模为51.5亿元；银行科技投入为20亿～50亿元的银行有6家，其中兴业银行和平安银行投入规模分别为48.6亿元和46.8亿元。大型银行的科技投入快速增长，给金融科技应用、新技术的研发及金融科技的市场走向带来了实质性的冲击，也就意味着银行对利用金融科技带动业务发展“精而美”存在更大的期待。国有六大行2020年金融科技投入情况见表3-1所列。部分股份制银行2020年金融科技投入情况见表3-2所列。

表 3-1 国有六大行 2020 年金融科技投入情况

	工行	建行	农行	中行	邮储银行	交行
金融科技投入/亿元	238.2	221.1	183.0	167.1	90.3	57.2
金融科技投入增长率/%	45.5	25.4	43.1	43.4	10.4	13.4
金融科技投入占营收比例/%	2.7	2.9	2.8	3.0	3.2	2.8

数据来源：根据各银行年报整理。

表 3-2 部分股份制银行 2020 年金融科技投入情况

	招商银行	中信银行	浦发银行	光大银行	兴业银行	平安银行	民生银行	华夏银行	广发银行
金融科技投入/亿元	119.1	69.3	57.2	51.5	48.6	46.8	37.0	29.2	22.8
金融科技投入增长率/%	27.2	24.4	38.7	51.3	36.2	33.9	—	9.9	—
金融科技投入占营收比例/%	4.4	3.6	2.9	3.6	2.4	3.0	2.4	3.1	2.8

数据来源：根据各银行年报整理。

相比之下，中小银行在科技方面的投入规模大部分不足 10 亿元，普遍存在科技投入力度不够、投入意愿不强等问题。而数字化转型的基础支撑就是信息科技系统，数据平台、业务平台、运营平台等的建设及获客渠道重构都需要大量的科技投入。科技投入的分化在一定程度上导致了业务的差距。在这场力量悬殊的竞赛之中，该如何抓住机会，借助金融科技的力量带动业务提升，发挥自身特长，是当前摆在中小银行面前的一大难题。

科技投入的另一要素是人才。2020 年，随着数字化转型对银行业高质量发展的促进作用日益凸显，创新业务、新发展模式的不断拓展对商业银行人才队伍建设提出了前所未有的要求，银行人才之战是科技发展的核心已经成为行业的共识，各大银行也纷纷加大了对金融科技人才的引进和培训。中行全面重塑业务流程，推进技术架构转型，锤炼队伍，不断激发科技人才队伍活力，全面推进科技体制深化改革，为科技创新引入源头活水。邮储银行则通过完善信息科技通用序列，形成架构、需求、研发、技术测试、运行维护、数据分析和科技风险 7 个信息科技子序列，以优化科技人员发展通道。交行在人才方面有金融科技万人计划、FinTech 管培生、存量人才赋能转型三大工程，还制定了《金融科技人才队伍建设规划（2020—2024 年）》。平安银行人力资源规划对标领先互联网科技企业，加快多元化的“金融＋科技”复合型人才团队建设，并通过创新委员会、“创新车库”等机制，激发包括科技人员在内的全员创新活力。但从市场整体来看，金融科技复合型人才一直处于供不应求的状态。一方面，现有的机制对于业务场景技术人员的引进和培养力度尚存不足：以应届生校园招聘为主的招聘方式，导致入职人员在金融科技技能和经验方面水平不足，难以胜任工作任务；培训主要集中于金融科技行业实践案例以及云计算和大数据技术等层面，对人工智能、区块链、物联网、5G 等技术的关注较低。另一方面，我国金融科技人才月平均薪酬不足万元，城市商业银行和中小银行在薪酬待遇上更是远低于大型商业银行，再加上一些城市对于金融科技人才引进政策在支持力度、配套措施等方面不够完善，对于人才无法形成足够的吸引力。这些原因均导致了金融科技行业整体人才的短缺。

总体来看，银行的金融科技人才占比大部分为 3%～10%（见表 3-3），相较于互联网巨头几乎超过50%的研发人员占比仍然有巨大的增长空间。因此，如何引进、培养金融科技人才成为商业银行人才战略的关键要点。尽管银行对金融科技人才“求贤若渴”，也进行了诸多创新性的改善来激励金融科技人才，不过仍要面对的现实是不彻底市场化的体制机制仍然会限制“高精尖”金融科技人才的引进和留任。如何解决这一问题还需要各家银行在体制机制的变革中去突破。

表3-3 部分上市银行2020年科技人员情况

	工行	建行	交行	中信	浦发银行	平安银行	光大银行	民生银行	广发银行
科技人员/人	35400	13104	3970	4190	5859	8500	1965	2625	1697
占总人数比/%	8.1	3.5	4.4	7.6	9.5	—	4.2	4.4	4.6

数据来源：根据各银行年报整理。

二、数据质量有待提升，数据安全不容忽视

2020年3月，中共中央、国务院发布了《关于构建更加完善的要素市场化配置体制机制的意见》，首次将数据与土地、劳动、资本、技术并列为五大生产要素。从行业数字化转型实践来看，数据是当前面临的主要挑战之一。经过多年的发展积累，银行机构拥有了大量数据，在数据量方面具备了一定基础，但在数据的完整性、准确性、及时性方面，距离满足创新转型需要、释放数字化价值、符合监管数字化要求还有着一定的差距。如果数据不一致、数据割裂、数据孤岛等现象得不到及时关注和系统治理，可能会制约银行机构的数字化转型进程和创新发展效能的发挥。数字化转型在推动业务模式创新、提升服务效率的同时，使风险的形态、路径和安全边界发生了变化，使数据安全、隐私保护等问题更为突出并且日趋复杂。金融科技和数字化转型的发展，其实并没有改变银行的发展初衷和内在本质，风险防控仍然是行业必须坚守的底线。新技术应用背景下的安全风险形态，综合治理、系统施策，防止发生侵犯客户隐私、泄露数据信息等事件及借助数字化手段提升风险防控水平仍然是银行应该关注的重点。事实上，安徽省商业银行在数据治理、数据分析、数据应用等方面普遍存在数据基础能力薄弱的问题。在数据治理方面，不同部门及产品的数据多处于分散未打通状态，导致数据口径、数据细致程度不一，难以有效整合，且由于数据维度不够无法实现有效应用。在数据分析方面，缺乏有效的分析工具，无法快速形成数据洞察。在数据应用方面，数据模型少、效果差且缺乏数据应用的闭环管理导致数据应用效果难以保障。另外，数据应用范围有待拓宽，目前中小银行数据仍较多用于统计与行内分析，在营销推动、风控管理、运营提升等方面未能充分发挥数据作用，数据驱动营销的模式未能真正形成。

三、中小银行定位模糊，生态圈构建困难

当前，商业银行普遍存在客群定位不准和服务能力错位的问题。一是互联网技术飞速发展使得C端客户使用金融服务的行为习惯发生重大变化，客户要求金融服务定价要低、体验要好、响应要快；二是B端客户受经营成本等因素影响，对商业银行提出资金成本低、

服务模式多样化等更高要求；三是数据支撑不足、信息科技系统薄弱等问题造成细分客群、控制信用风险的难度较大，进而导致中小银行服务低价值贡献度客户的意愿不强；四是客户精细化经营能力不足，经常面临“前期获客如火如荼、后期客户转化困难重重”的窘境，客户转化率低、黏性低，无法有效端到端服务目标客群。随着越来越多的客户行为迁移到线上，在场景生态中提供客户服务已成为普遍现象，特别是对中小商业银行而言，依靠自身力量构建场景生态圈面临两大困境：一方面，高频线上服务场景生态已被广泛开发使用，如各类消费场景已被头部互联网公司覆盖、各类支付场景已被头部支付公司覆盖、各类政府金融服务场景已被国有大型银行覆盖。对于中小商业银行来说，已经错失构建推广场景生态的良好时机。另一方面，中小商业银行虽然率先开辟出新型服务场景，但由于自身整体实力、人力、财力等与头部互联网公司和国有大型银行相差较大，无法做到场景功能的快速迭代优化，无法有效实现客户在生态圈中的运营转化，其场景生态圈推广的效率和效果都不能达到预期。

四、零售业务数字化转型困难重重

过去的几年里，商业银行零售业务呈现出突飞猛进的增长态势。商业银行基于互联网金融背景推进自身零售业务转型发展，不仅是为了迎合时代发展趋势，也是通过充分利用互联网技术拓展获客渠道，为客户提供个性化、智能化服务体验，灵活运用金融科技，最终实现商业银行数字化运营的重要途径。2020 年新冠肺炎疫情的暴发更是加速了经济增长模式切换和客户行为转变。个人客户的数字化程度达到历史新高，在线时间大幅提升，使用场景更加丰富，零售业务迎来了更多的机遇。

尽管在转型之路上，很多机构已经取得了阶段性成果，但从整体来看，目前我国银行业零售业务数字化转型仍然面临着较多困难。一是流程再造跟不上前端业务变化，无法真正进入社区场景，无法真正获取优质客户。零售业务由“以产品为中心”转向“以客户为中心”的过程中必然带来业务流程的变化，而金融科技时代零售业务涉及的部门众多，难免出现新部门与传统部门之间的不协同。二是精准营销能力欠佳。尽管我国银行业零售市场潜力巨大，但在客户开发与渠道拓展方面很多商业银行依然存在营销不得力的问题。例如，在客户开发方面，依然沿用旧的思维模式，传统的粗放式营销导致了销售误导、客户黏性低等问题。渠道方面，尽管各家银行都注重移动端渠道的拓展，但多数只关注交易功能，平台营销和服务功能较弱，平台的作用尚未充分发挥，客户触达率较低。

零售业务数字化转型的另一个难点在于数据应用，具体表现如下：一是组织机构定位不清。尽管很多银行都已设立独立的数据部门，但对于数据部门的组织定位尚不够清晰，很多银行仍将其定位为传统的信息技术部门，导致其真正的用途无法得以充分发挥。二是数据分析不够深入，大部分仍停留在传统的挖掘分析阶段。对于非结构化数据处理能力不足，人工智能技术应用整体偏少，也缺乏足够的能力储备。三是数据开放程度有限。数据本身具有连接属性，开放的数据可以提供更为全面的分析和结论。目前在商业银行的数据使用方面依然存在一定的困境。一方面是银行的业务部门出于部门利益等方面的考量，不愿或者不能提供数据部门需要的数据信息，这在一定程度上导致了内部信息的隔阂；另一方面则是商业银行自身出于合规性、安全性等方面的约束，很难真正实现数据共享，而零售业务的增长却依赖于数据共享之下带来的更为精准的分析结论，如何在确保客户信息安全及合规的条件下实现金融数据的共享，也是当前亟待解决的一大难题。

第三节　安徽省银行业互联网金融业务监管情况

2020 年，安徽省银行业借助金融科技在抗击新冠肺炎疫情、支持实体经济和数字化转型等多重挑战下保持有序发展。但是，互联网金融自身特有的开放性、快速性、全局性、交叉性等特点，在发挥积极作用的同时也集聚了一些包括信息技术风险、法律风险及信息不对称风险等隐患，给我国金融监管带来了挑战。因此，加强对银行业互联网金融业务监管具有重要的现实意义。

一、加强互联网金融业务审慎监管

近年来，随着商业银行互联网金融业务不断发展完善，监管思路与政策日益明晰，监管政策趋严的态势逐步常态化，有力地规范和引导着行业整体在合规、风险可控的前提下健康运营。

（一）积极推进修法工作，巩固监管治理成果

2020 年，金融监管部门积极推进各项修法工作，如发布了《中华人民共和国中国人民银行法（修订草案征求意见稿）》《中华人民共和国商业银行法（修改建议稿）》《中华人民共和国反洗钱法（修改建议稿）》等法律法规。将近年来银行的发展和监管的实践上升到法律层面，从法律层面明确央行在维护金融稳定方面的职能，并要求完善系统性金融风险处置措施等。为了进一步巩固监管治理成果，2020 年中国银保监会不断更新规则，通过了《中国银保监会行政处罚办法》《网络小额贷款业务暂行办法》等配套补充规则。2020 年银行业主要监管文件见表 3－4 所列。

表 3－4　2020 年银行业主要监管文件

时　间	发文机关	文件名称
2020 年 2 月	央行	《个人金融信息保护技术规范》
2020 年 5 月	中国银保监会、工业和信息化部、发展改革委、财政部、央行、市场监管总局	《关于进一步规范信贷融资收费降低企业融资综合成本的通知》
2020 年 6 月	中国银保监会	《关于开展银行业保险业市场乱象整治“回头看”工作的通知》
2020 年 6 月	中国银保监会	《中国银保监会行政处罚办法》
2020 年 7 月	中国银保监会	《商业银行互联网贷款管理暂行办法》

（续表）

时　间	发文机关	文件名称
2020 年 9 月	央行	《中国人民银行金融消费者权益保护实施办法》《金融数据安全　数据安全分级指南》
2020 年 10 月	央行	《中华人民共和国商业银行法（修改建议稿）》《中华人民共和国中国人民银行法（修订草案征求意见稿）》
2020 年 11 月	中国银保监会	《网络小额贷款业务管理暂行办法（征求意见稿）》

（二）支持实体经济发展，降低企业融资成本

受疫情影响，我国实体经济发展遭受重挫，支持实体经济发展、降低企业融资成本也是2020 年监管政策关注的重点之一。2020 年 4 月，央行发布《关于下调部分金融机构存款准备金率的通知》，宣布对中小银行定向降准 1 个百分点，并将超额存款准备金利率从 0.72％下调至 0.35％；2020 年 5 月，中国银保监会、央行等六部委发布《关于进一步规范信贷融资收费降低企业融资综合成本的通知》，明确从六个方面进一步规范信贷融资各环节收费与管理，降低企业融资综合成本。

（三）加强金融消费者保护，重视个人金融数据安全

2020 年，银行业持续加强对金融消费者信息保护。2020 年 6 月，中国银保监会印发《关于开展银行业保险业市场乱象整治“回头看”工作的通知》，将金融机构未采取有效措施保护客户信息安全，违规泄露、滥用客户信息等列为整治重点工作。2020 年 9 月，央行发布的《中国人民银行金融消费者权益保护实施办法》更是首次将金融消费者保护的专门规定提升到了部门规章的法律地位。在监管处罚的实践中，商业银行在产品发行、销售的过程中是否履行适当性义务、是否建立相关流程及是否存储个人金融数据均受到重点关注。另外，执法频率和处罚力度也有所提升。例如，2020 年 10 月央行点名通报了 3 家国有大型银行的 6 家分支机构侵害消费者金融信息的行为，并开出千万元级罚单，这罕见的惩罚力度显示出监管者打击侵害消费者金融信息行为的决心。除此之外，银行业监管机构对于个人金融数据的安全也推出了多维度、强力度的监管，并陆续出台多部个人金融数据保护技术的技术标准、指南和基础规范，包括《个人金融信息保护技术规范》《金融数据安全　数据安全分级指南》等。

专栏 3－2　《商业银行互联网贷款管理暂行办法》解读

随着商业银行互联网贷款业务模式逐渐成熟、市场规模逐渐庞大、参与主体愈加多元化，整个行业都亟需一套完整、成熟、可操作、贴合业务实际的监管文件，为其合规、长远发展保驾护航。2020 年 7 月 17 日，中国银保监会正式发布《商业银行互联网贷款管理暂行办法》（以下简称“《办法》”），对互联网贷款的概念、合作机构类型、风险管控机制、贷款营销与收费模式、跨区域展业等诸多方面做出了细化规定。相比

2018年11月下发的《商业银行互联网贷款管理暂行办法（征求意见稿）》（以下简称《征求意见稿》），《办法》释放出了一些对商业银行开展网贷业务的利好消息，概括来说，主要有以下三个要点。

要点一：适当放开了区域限制。在《征求意见稿》中，规定地方商业银行开展互联网贷款业务，主要服务当地客户，向外省客户发放的互联网贷款余额不得超过互联网贷款总余额的20%。《办法》则取消了20%的具体比例要求，同时取消了“立足当地、服务当地、不跨区域”的限制，改称“审慎开展跨注册地辖区业务”。地域限制在过去两年一直是地方银行开展网贷业务的“枷锁”，地方银行在辖区内往往拥有较强的网点资源和线下团队，对互联网营销获客或者线上业务受理的需求较弱，开展网贷业务的动力不足，而在辖区之外限于监管压力又无法放贷，中小商业银行即使成立了相应的条线团队，网贷业务发展也举步维艰。因此，只有适当松绑区域限制，才能鼓励更多区域银行开展网贷业务，进而服务更多的借款用户。

要点二：取消了联合放贷的出资限制。《征求意见稿》规定，单笔联合贷款中，作为客户推荐方的商业银行出资比例不得低于30%；接受推荐客户的银行出资比例不得高于70%；作为客户推荐方的商业银行全部联合贷款余额不得超过互联网贷款余额的50%；接受客户推荐的商业银行全部联合贷款不得超过全部互联网贷款余额的30%。《办法》则取消了上述对联合放贷出资比例及联合贷款余额在行内比例的限制，有利于市场化的资金流动和资源配置。合作银行之间能充分发挥各自优势，具备互联网营销能力和线上流量的银行提供客户资源，负债业务管理较好的银行则提供更低的资金成本，只需要合作方协同做好风险管理工作，就能实现双赢。

要点三：优化网络贷款业务流程。风险管控是《办法》的核心思想，它是指在网贷业务全流程中各环节的风险识别、预防、控制和缓释。《办法》中定义的网贷业务流程对比传统个人贷款，缺少抵质押物办理等环节，在授信之后支用额度时仅需进行反欺诈校验，无须进行用信审核，极大地提高了办理网络贷款业务的效率。

二、政策发力，助推金融服务实体经济

为防控疫情，扶持重点项目和单位恢复生产、扩大产能、保障供给和运输，安徽省各银行业金融机构，安徽省地方金融监督管理局、安徽银保监局积极行动，出台了一系列金融扶持政策，助推金融服务实体经济。央行合肥中心支行安排50亿元专项资金支小再贷款和再贴现额度，为银行业金融机构发放疫情防控贷款或贴现提供低成本资金保障；农行安徽省分行安排不少于5亿元专项资金保障受疫情影响严重地区的小微企业信贷需求；徽商银行通过信贷重组、减免逾期利息等方式做好受困企业金融服务；省内多地农商银行主动对接，为口罩、防护服等防疫用品生产企业及部分医疗器械类生产企业扩大产能提供金融支持，其中桐城市、天长市、广德市、阜阳市等地农商银行向相关防疫用品及医疗器械生产企业追加授信

超2000万元。

2020年2月17日，安徽银保监局下发了《中国银保监会安徽监管局关于统筹做好金融支持疫情防控与企业生产民生保障工作的通知》，要求全省各监管分局、各银行业保险业金融机构、各省级银行保险社团全面提高金融服务质效，积极投身打好疫情防控阻击战，更好地支持经济社会发展。

安徽省内各级人民银行启动紧急拨款应急响应机制，开启疫情防控国库资金快速拨付通道，确保相关救灾捐助资金及时划拨，央行合肥中心支行组织央行各市中心支行、地方法人金融机构和主承销商，摸排相关企业疫情防控资金需求，做好同业存单和债务融资工具发行服务。2020年2月19日，徽商银行的疫情防控专项同业存单2亿元开始挂网销售，这是全国首批发行的疫情防控专项同业存单；2月20日，在央行合肥中心支行积极推动下，由中信银行主承销的中煤矿山建设集团有限责任公司（以下简称"中煤矿建集团"）1.5亿元"疫情防控债"成功发行，票面利率仅4.9%。

三、持续推进长三角一体化建设

2020年8月22日，习近平总书记在合肥主持召开扎实推进长三角一体化发展座谈会中强调，要深刻认识长三角区域在国家经济社会发展中的地位和作用，结合长三角一体化发展面临的新形势新要求，紧扣一体化和高质量两个关键词抓好重点工作，真抓实干、埋头苦干，推动长三角一体化发展不断取得成效。

为深入贯彻习近平总书记考察安徽和在扎实推进长三角一体化发展座谈会上的重要讲话精神，落实省委相关决定部署。安徽银保监局制定了《关于扎实推进安徽银行业保险业一体化建设和支持加快融入长三角一体化发展的指导意见》，明确33条举措，支持银行业保险机构强化金融科技应用，创新线上金融服务，科技赋能金融服务提质增效；地方金融监督管理局积极行动，制定实施加强科技金融深度融合机制，发挥长三角地方金融监督管理局局长圆桌会议机制作用，推动长三角一体化发展金融领域合作事项落实，推进区域一体化资本市场服务，支持长三角地区金融机构互设分支机构，完善长三角地区地方金融监管合作及风险防范处置联动机制。

四、搭建桥梁，加快综合金融服务平台建设

2020年疫情发生以来，党中央、国务院高度重视发挥金融支持疫情防控和经济社会发展的作用。习近平总书记强调，要确保各项纾困措施直达基层、直接惠及市场主体，引导金融资本重点支持制造业和中小微企业，为疫情防控、复工复产和实体经济发展提供精准金融服务。安徽省委、省政府一直以来高度重视金融服务实体经济，在促进民营经济发展"30条"中明确要求，重点建设中小微企业综合金融服务平台。

2019年6月9日，安徽省中小微企业综合金融服务平台正式上线运行，该平台是由安徽省地方金融监督管理局牵头，省有关部门配合，安徽省征信股份有限公司具体承建和运维的"一站式"综合金融服务平台。截至2020年末，已全面完成综合服务窗口、企业征信服

务中心、企业金融支持中心即“一窗口两中心”建设工作；入驻50家金融、类金融机构；完成21家数据源单位接入工作；上线110款金融产品、5类征信产品；注册企业用户超5万户，解决融资需求4万余项，融资资金近1300亿元；平台注册企业65820家，服务金融机构128家、金融产品525项；企业发布需求67584项，金额达4937亿元；平台帮助企业解决58175项需求，解决3234亿元融资。

2020年9月8日，由黄山市地方金融监督管理局主办、市信用管理办公室指导、黄山信保投资控股集团有限公司（以下简称“黄山信投集团”）负责系统建设、开发、推广和运营的黄山市中小微企业综合金融服务平台上线预备会在黄山信投集团举行。该平台致力于解决银企信息不对称问题，帮助中小微企业拓宽融资渠道，实现资金与需求的精准对接。

2020年11月17日，蚌埠市举行中小微企业综合金融服务平台上线运行启动仪式。该平台依靠大数据等先进技术，有效整合政府扶持政策、公共信用信息、企业融资需求等资源，可以实现“一张网”覆盖全市中小微企业，“一键式”实现融资供需对接，“一站式”提供综合金融服务。

五、创新试点，探索互联网金融监管新模式

自2019年12月底北京市率先开启创新监管试点后，中国版金融科技“监管沙箱”除了试点项目不断扩容，试点地区也已全面铺开。从试行情况来看，作为监管创新工具，金融科技“监管沙箱”稳步推进，参与机构从金融机构扩展到金融科技公司，技术和覆盖场景不断丰富，创新性更强。截至2020年底，我国金融科技创新监管试点覆盖北京市、上海市、重庆市、深圳市、雄安新区、杭州市、苏州市、广州市、成都市9个地区。

第四节　安徽省银行业互联网金融业务发展趋势与展望

在当今环境下，银行业的发展空间越来越由科技发展水平所决定。在短期疫情的冲击下，开放金融、金融数字化、金融科技等或将成为银行业未来几年改革与发展的主题词。

一、重塑核心竞争力，从数据走向大数据

在5G的新基础构架下，将会产生远超以往的海量数据。从数据到大数据，改变的不仅是技术，更是对数据价值内核的认知。数据作为银行基础性战略资源，其核心价值该如何释放一直是困扰银行的难点。以业务数据为例，长久以来银行对数据更多的是“保护”而非“利用”，没有发挥出数据的潜在价值。回顾2015—2020年有关大数据产业政策的推进历程，数据资源越来越受到各行各业的重视，数据要素市场日趋走向规范化、标准化。未来，在市场推动下，提高数据分析和数据治理能力将成为大数据技术在银行应用的关键方向。

专栏 3-3 2015—2020 年有关大数据产业政策的推进历程

2015 年 8 月 31 日，国务院印发的《促进大数据发展行动纲要》指出，数据已成为国家基础性战略资源，大数据正日益对全球生产、流通、分配、消费活动及经济运行机制、社会生活方式和国家治理能力产生重要影响。

2018 年 5 月 21 日，中国银保监会发布《银行业金融机构数据治理指引》，引导银行业金融机构加强数据治理，提高数据质量，充分发挥数据价值，提升经营管理水平。

2019 年 10 月，党的十九届四中全会首次将“数据”列为生产要素参与分配，这标志着以数据为关键要素的数字经济进入新时代。

2020 年 4 月 9 日，中共中央、国务院发布的《关于构建更加完善的要素市场化配置体制机制的意见》提出，加快培育数据要素市场，加强数据资源整合和安全保护，探索建立统一规范的数据管理制度，提高数据质量和规范性，丰富数据产品。

2020 年 7 月 10 日，中国互联网协会数据治理工作委员会成立，进一步建设与完善数据管理、数据质量控制、数据价值挖掘、数据流通和数据隐私安全等标准规范工作。

2020 年 12 月 28 日，深圳市六届人大常委会第四十六次会议首次审议了《深圳经济特区数据暂行条例（草案）》，这是国内数据领域第一部基础性、综合性立法。

二、开放银行将成为未来银行的战略制高点

2020 年 2 月 13 日，央行发布的金融行业标准《商业银行应用程序接口安全管理规范》，规定了商业银行应用程序接口（以下简称“API”）的类型、安全级别、安全设计、安全部署、安全集成、安全运维、安全管理等安全技术与安全保障要求，弥补了 API 存在的接口复杂、缺少漏洞检查等安全隐患，为国内开放银行的发展奠定了基础。将外部生态的客户转化为自己的客户，是开放银行与传统银行历次互联网进化相比最大的特点。开放银行的理念是通过某种对接的方式把互联网公司数以亿计的客户部分转化为自己的客户，这意味着银行既可以依靠自己的品牌效应，也可以借用合作伙伴的影响力经营业务。

展望未来，在国家政策的引导及客户需求的刺激下，我国开放银行的发展将势不可挡，我们将会看到更多领先银行基于自身禀赋或战略寻找生态主战场，推动多业务条线合力促成深度经营，构建综合金融服务生态，并由此逐渐形成生态制高点。而开放银行的发展脉络也逐渐清晰（见图 3-1）：其一，重塑端到端的客户旅程，即对客户需求进行深度挖掘，全方位经营客户、最大化客户价值；其二，推动核心业务数字化，即依托银行优势业务，打造“业务中台＋数据中台”，快速提升核心业务数字化能力，提升业务拓展效率；其三，建立深度场景经营能力，即把握优势场景关键业务切入点，实现多业务条线协同经营，打造多业务联动的经营模式。

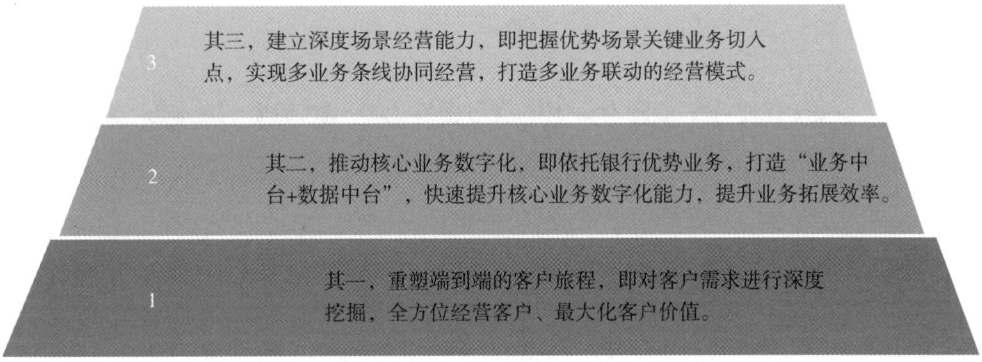

图 3-1 开放银行的发展脉络

三、“科技＋金融＋产业”驱动产业融合，从场景金融到生态金融

当银行业的获客、业务运营、风控等都已深度融入场景中，生态建设则必然成为银行业的一致选择。而数字时代的到来，使得原先的金融服务竞争关系逐步转化为竞合关系，并不断推动各个生态的融合。随着金融与科技加速融合，金融服务的形态发生了根本性的变化，从金融到场景，从金融到生态，既是银行业商业模式与经营管理理念的重构，也是银行业自身求变的自我革新。数字赋能通过共建生活场景和商业场景，全面融入企业产业链、价值链，全面融入客户具体生活场景，打造开放化的发展生态已经成为银行数字化发展的重要趋势。

四、打造敏捷组织

互联网时代下，由于技术进步与服务竞争加剧，用户的金融需求更加个性化、高频化和即时化。商业银行必须重塑自身架构和内部运营能力，将用户需求更加敏捷、及时地传递到生产服务端，实现精准的供需匹配，为客户、员工及业务合作伙伴带来新个性化体验。打造敏捷组织，才能快速响应市场变化，满足客户对金融产品的差异化、体验好、迭代快的需求。

一方面，银行需要建立业务层面的敏捷机制，打通底层数据。通过数据驱动与智能处理等方式，实现从业务洞察到经营管理落地的自动化闭环管理；再通过对业务流程的梳理，分析业务在各系统平台中的流转规律、接入节点及对接方案等，打造出高度融合、互联互通的工具平台；最终实现银行内部工具平台的相互协作，推动业务全流程高效运转。另一方面，银行需要实现自上而下的全组织敏捷转型。商业银行将探索打破传统部门人员配置，搭建涵盖客群、产品、渠道的敏捷组织架构，建立科技与业务相融合的跨职能实体小组；同时基于敏捷组织架构情况，从目标制定、经营落地、定期复盘、考核管理等方面来建立敏捷管理机制。

第四章　安徽省证券业互联网金融业务发展情况

第一节　安徽省证券业互联网金融业务发展现状

2020 年，安徽省证券业互联网金融业务发展面临的形势较复杂，年初突如其来的新冠肺炎疫情打乱了整个社会的节奏，给证券业互联网金融业务带来了挑战，也提供了新的发展机遇。随着券商对财富管理转型的渴望越来越迫切，越来越多的券商将战略目标锁定在金融科技的推动上。不断升级迭代的 App、紧锣密鼓的券商直播都为 2020 年安徽省证券业互联网金融业务的发展增添了新的亮色。

一、新冠肺炎疫情催生证券服务线上化需求

2020 年，新冠肺炎疫情给人们的生活带来了巨大的影响，为了避免不必要的接触成为人们日常生活中的重要防疫措施，券商原有的一些线下服务渠道受到了限制。疫情期间，安徽省各大券商迅速应对，通过技术赋能，积极创新服务方式，大力探索发展线上、远程、非接触等客户服务和业务开展模式，为疫情期间的证券服务提供新的保障手段。例如，国元证券股份有限公司（以下简称“国元证券”）在疫情发生后，一方面通过轮岗制度、网上办公开会等方式减少现场人员；另一方面运用金融科技为客户提供便捷的线上服务。国元点金 App、国元智富 App、微信公众号、网上交易、在线客服、短信等十个非现场渠道，以及智能客服机器人“小财宝”提醒公司客户股市延期开市等相关信息，并积极引导客户选择非现场服务渠道进行交易、办理业务及咨询。2 月 3 日开市第一天，登录国元点金 App 的客户量超 17 万人次。为了更好地服务客户，国元证券网上开户工作业务开通 7×13 小时服务，运用智能质检、智能筛选等功能，实现全渠道、全过程的服务质量监控，提升服务体验。

近年来，我国居民生活数字化程度已经居全球领先水平，疫情的发生更是加速了线下生活场景向线上的转移延伸。在这一过程中，金融理财的线上拓展速度尤其亮眼。据 QuestMobile 对 2020 年 12 月全国移动互联网月活跃净增用户规模的统计，金融理财稳居各行业之首，月活跃用户数较上年同期净增 11457 万人。艾媒咨询的数据也显示，2020 年，券商 App 客户数同比增长 16.2%，达到 1.3 亿规模。随着客户线上化、移动化进程加快，客户群体及用户行为正在发生巨大变化，这给券商的获客、营销、渠道管理、产品研发和风险管控等方面带来了巨大的机遇与挑战。2020 年 12 月移动互联网一级行业月活跃净增用户规模 TOP10 如图 4-1 所示。

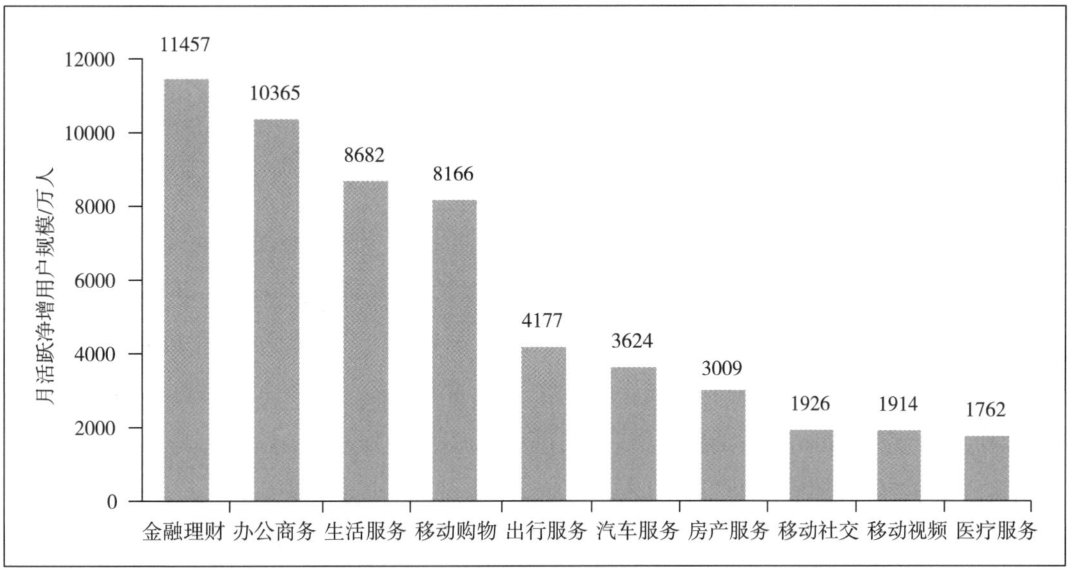

图 4-1　2020 年 12 月移动互联网一级行业月活跃净增用户规模 TOP10

（数据来源：QuestMobile；注：月活跃净增用户规模＝目标行业 2020 年 12 月 MAU（月活跃用户数）—2019 年 12 月 MAU；已剔除系统工具、实用工具、拍摄美化、智能设备等工具类行业）

二、金融科技成为券商财富管理转型的重要推进器

2020 年，中国已成为全球第二大财富管理市场，个人可投资资产总规模达到 241 万亿元，财富管理服务需求空间巨大。证券业长期以来凭借牌照红利，以为客户提供通道交易和相关附加服务为经纪业务的主要盈利模式。经过多年激烈的价格战，佣金费率已迫近成本线，近 10 年来，券商的经纪业务收入占比从 50%下降至 30%以下，因而迫切需要寻找新的稳定、可持续的增长点与盈利模式。国内外的实践证明，财富管理业务是一条“黄金赛道”，具有轻资产、稳定性强、抵抗周期长、高收益、高壁垒和空间大等优点。2018 年推出的“资管新规”打破了刚性兑付，促使理财产品走向净值化，为券商开展财富管理业务提供了重要的政策利好。正是在这样的背景下，从传统的经纪业务转型财富管理已成为证券行业的共识。2020 年，安徽省内券商积极推进财富管理转型，并取得了良好的成效。

从“产品驱动”与“渠道驱动”转向“投顾引领”与“客户体验驱动”，充分运用金融科技手段推动财富管理转型已成为许多券商重要的战略选择之一。以国元证券为例，在“聚焦‘财富管理＋投融资’双轮驱动”的战略引领下，2020 年初成立了财富管理委员会，并将零售与渠道营销总部更名为私人财富部。在搭建财富管理组织架构体系的同时，国元证券积极拥抱数据驱动和科技赋能，利用金融科技打造强大的财富管理平台：一是加大信息技术投入，深化公司在人工智能、大数据、云计算等技术领域的创新与应用。二是整合优化线上客户服务平台功能，满足客户的金融投资服务需求，推动线上投顾服务生态圈建设。三是加快线上营销服务平台的推广和使用。加快开发“移动展业”App 主体功能模块，不断升级迭代，发挥技术平台对营销的引领助力作用。四是提升中后台智能化、数字化运营能力，提高管理效能。正是得益于这些金融科技手段的积极推动，2020 年国元证券财富管理业务发展势头良好，全年实现产品销售收入增长 94.8%，规模增长 35.5%。

三、券商 App 进一步趋向平台化和智能化

近年来，移动互联网迅猛发展，证券业的客户交互、开户、交易、理财购买行为已由 PC 端转向 App。据易观分析[①]，各大券商移动端开户数比例已达 99%，移动端交易客户数比例达 89.1%，App 成为客户的主要入口和交易场景的承载体。截至 2020 年第 3 季度，我国证券市场投资者数量为 1.7 亿，而证券服务应用活跃用户人数近 1.6 亿，活跃用户规模逼近证券市场投资者人数。App 对券商的重要性不言而喻。

在券商经纪业务转型财富管理和数字化转型的浪潮中，App 不仅是传统经纪业务的载体，更是以客户为中心的综合财富管理平台。激烈的用户竞争格局促使各券商 App 加大版本迭代力度，智能化和平台化成为近年来券商 App 升级的主旋律。2020 年，券商 App 掀起一波智能应用潮，智能订单、智能扫雷、智能盯盘、智能打新、智能服务匹配、智能选股、智能客服、智能预警等系列智能功能陆续上线。

以国元点金 App 为例，2019 年国元点金 App 从 6.1.0 版本发展到 6.8.6 版本，共计新增 103 项功能，优化 64 项功能。其借助大数据、人工智能等技术，结合舆情、资金走势等，不断提升服务深度和广度，上线了国元智投、沪深港资金、龙虎榜、脱水研报、基金诊断、云参选股等功能，金融科技的纵深服务项目不断推出。2020 年，国元点金 App 继续延续上一年的势头，全年共升级迭代 8 次，新增和优化功能 100 余项。一方面聚焦于投资者便捷看行情及下单的需求，全新上线短线精灵、板块异动、盯盘悬浮框、诊大盘等功能；另一方面聚焦于优化丰富客户的投资体验，支持指纹/面纹登录，新增资产全景和账单分析功能等。2020 年，国元点金 App 还新增了增值服务功能，完成了资讯类增值服务和数据类增值服务的体系建设，建成了产品中心、订单中心、微信支付等配套系统，同时推出了可以提供图文和音视频直播、锦囊股票池、投资组合、观点、社交圈子、音视频课程等服务内容的线上投顾社区。经过不断的升级完善，从直播到股票池到投资组合再到社交圈子，线上投顾社区已经形成了基本的闭环生态。这些举措为国元点金 App 赢得了诸多荣誉。2020 年，国元点金 App 荣获中国证券业“创意营销 App 君鼎奖”“投顾服务 App 君鼎奖”，新浪财经“最佳投顾服务 App”“最佳运营团队奖”，和讯网“券商优秀 App 奖”“卓越金融科技创新奖”等多项大奖。2020 年部分券商 App 功能更新情况见表 4-1 所列。

表 4-1　2020 年部分券商 App 功能更新情况

券商	App 更新
国泰君安	智能订单、红绿波段、ETF 实盘赛、智盈投、君享投基金投顾
华泰证券	智能扫雷、基金投顾、智能条件单

---

① 易观分析，《中国互联网证券年度专题分析 2020》，2020 年 7 月 2 日，https://www.analysys.cn/article/detail/20019830

（续表）

券商	App 更新
海通证券	直播、可转债打新预约、ETF 专区
广发证券	智能盯盘、智能条件单、证券理财版、AI 主播
平安证券	信息流资讯、智能客服、线上投顾、全能账户、7×24 转账
国元证券	智能盯盘、投资日历
华安证券	指纹登录、智能预警

注：表中券商均为简称，其中国泰君安证券股份有限公司简称“国泰君安”，华泰证券股份有限公司简称“华泰证券”，海通证券股份有限公司简称“海通证券”，广发证券股份有限公司简称“广发证券”，平安证券股份有限公司简称“平安证券”，华安证券股份有限公司简称“华安证券”，且下文中涉及时均使用简称。

四、券商直播成为年度创新亮点

2020 年，随着线上证券业务的普及，客户新的渠道偏好正在形成。对广大客户而言，微信公众号、抖音、快手等成为较受欢迎的信息接收渠道，视频直播的优势快速凸显。各家券商抓住机遇，纷纷推出视频直播，内容十分丰富，包括投资者教育、路演、产品或业务推介、股市行情分析、突发消息权威解读及投顾服务等。回顾 2020 年的券商直播，参与的券商与投资者人数之多、活动之频繁、形式之多样、效果之显著，前所未有。总体来看，2020 年共有以下三次大的券商直播高潮：

第一次券商直播高潮发生在疫情期间，由于居家隔离时间较长，券商直播成为仅次于在家办公、在家网课的热门话题之一，受到广大投资者热捧。例如，国信证券股份有限公司（以下简称“国信证券”）仅在 3 月 4 日一天就连推 6 场直播，内容涉及新基建、食品饮料等行业热点，也包括疫情之下的市场趋势研判，更有拥抱全球第三次场景革命这类热门话题。主讲人包括公司的高级投资顾问、国信证券总部交易服务投研负责人等。更为火爆的是 3 月 5 日，一天连推 9 场直播。3 月 9 日，华安证券演播室天创恒达编码器成功对接第三方直播平台，将演播室实时信号高清传输至外部平台播出，成功上线推流直播，此举为华安证券的直播活动提供了强有力的技术支持。

2020 年中的“618”全民购物节成为券商直播的第二个年内高潮，各大券商纷纷推出各种花样的直播节目，包括抽红包实现获客、大咖直播、为增值产品引流等。例如，国元证券推出五项福利来抓住客户的心，其中一项福利是新老客户注册 App 抽取“千元”红包，此外，还推出了大咖直播、限时打折抢购等多项优惠活动，时间从 6 月 15 日一直持续到 7 月 10 日。

第三个高潮发生在年末“双 12”期间，由财经视频直播平台股拍 App 承办的“12·12 直播嘉年华”，汇集了广发证券、国联证券股份有限公司（以下简称“国联证券”）等 7 家券商，融入观看直播参与抽奖、领取券商周边和现金红包、签到瓜分万元大奖等福利活动，同时邀请大咖网红、首席投顾走上前台，连续两周陪伴股民粉丝，形成了一定的行业影响力。

总体来看，券商直播开拓了服务客户的全新通道，为券商增强粉丝黏性、提高用户转化率提供了新的动能。

专栏4-1 投顾直播成为证券行业新风口

2020年8月末，证券行业一年一度的“818理财节”活动告一段落。据不完全统计，今年有超过60家券商参与理财节活动，其中视频直播成为券商投顾业务创新的新风口。

目前，券商直播的形式主要包括两大类，其一是券商App内部自主发起的直播。据悉，至少有30家券商上线了视频直播功能，其中包括中信证券股份有限公司（以下简称“中信证券”）、海通证券、国泰君安等头部券商；其二是非券商视频直播平台与券商合作发起的直播，如新浪、同花顺、今日头条、西瓜财经、股拍及微信小程序等具备直播功能的第三方平台，搭配券商内部的市场分析师、财经评论员、投顾人员等专业人士展开的直播。

业内人士分析，两种类型的券商直播各有特点。一方面，脱胎于电视财经节目，经历了财经直播浪潮，券商自身在直播上的天然优势清晰可见，直播的内容也丰富多样，包括围绕投顾业务本身的陪伴式直播，针对市场热点、客户需求的解读类直播，以及顺应产品发行、业务拓展的路演类直播等；另一方面，虽然券商自主直播拥有内部资源转化的独家优势，但其多限于投顾业务，视频直播的用户规模也被严格限制，相对于互联网直播平台的开放性与共享性，券商自主直播还较为封闭。

（来源：第一财经，http://j.eastday.com/p/1599199231024266）

第二节 安徽省证券业互联网金融业务发展面临的主要问题

2020年，安徽省证券业不仅经受住了新冠肺炎疫情的重大考验，也对市场环境、技术进步及监管规则等外部因素变化表现出较强的柔韧性和稳健性，整体发展态势良好。但我们也要清醒地看到，与发达地区相比，安徽省证券业发展仍相对落后，尤其是在互联网金融业务的发展方面还面临着诸多难题。

一、信息技术投入依然处于较低水平

整体来看，2017年以来我国证券行业信息技术投入稳步增长，占营业收入的比重逐年增加（见图4-2）。投入金额从2017年的169.5亿元增长到2020年的262.9亿元；信息技术投入占上一年营业收入比重从2017年的4.2%增长到2020年的7.5%。尽管增长态势明显，但与银行、保险等其他金融机构以及国际投行同业相比，我国证券业在信息技术投入方面的力度依然稍显不足，部分证券公司的信息技术投入仅能覆盖正常的运维成本，用于科技

创新的投入捉襟见肘。2020 年，银行机构和保险机构信息技术总投入分别为 2078 亿元和 351 亿元，分别相当于证券行业的 7.9 倍、1.3 倍。

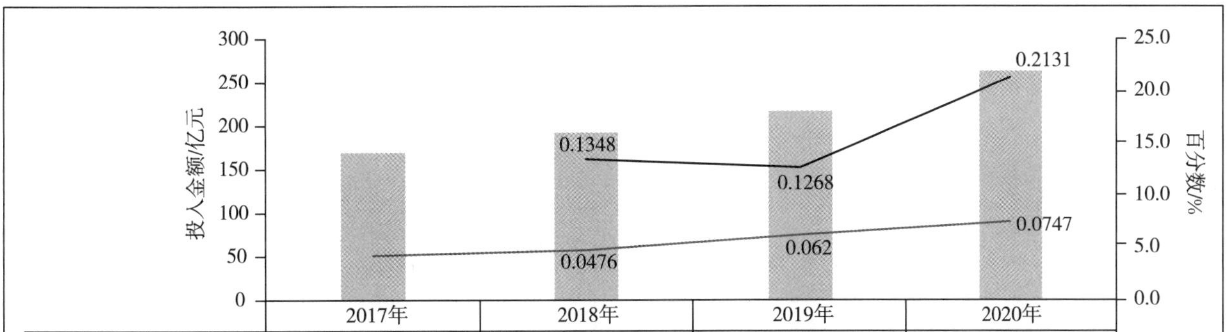

	2017年	2018年	2019年	2020年
投入金额/亿元	169.5	192.3	216.69	262.9
中位值/万元	9591	9757	11104	11291
平均值/万元	17653	19624	22112	25771
增长率/%	—	13.5	12.7	21.3
占上一年营业收入比重/%	4.2	4.8	6.2	7.5

图 4－2　2017—2020 年证券行业信息技术投入情况

（数据来源：根据公开资料整理）

具体到安徽省，信息技术投入不足问题更为突出。2019—2020 年，安徽省两家本土券商在信息技术方面的投入进一步加大。其中，国元证券的信息技术投入从 1.6 亿元增加到 2.2 亿元，增幅为 37.5%；华安证券则从 0.9 亿元增加到 1.1 亿元，增幅为 22.2%（见图 4－3）。尽管增速较快，但横向来看，均未达到全国平均水平，且与头部券商的差距越来越大。

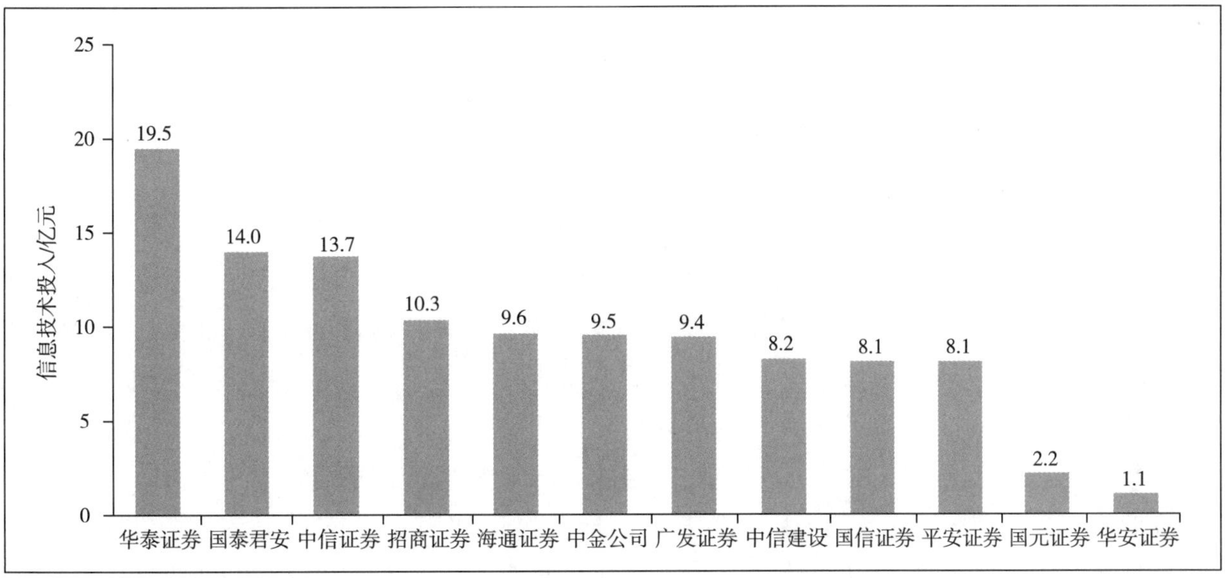

图 4－3　TOP10 券商及安徽本土券商 2020 年度信息技术投入情况

（数据来源：根据公开资料整理；注：图中券商均为简称，其中招商证券股份有限公司简称“招商证券”，中国国际金融股份有限公司简称“中金公司”，中信建设有限责任公司简称“中信建设”，且下文中涉及时均使用简称）

二、数字化转型进程相对缓慢

2020 年，受疫情冲击、技术进步、用户群体变化及行业竞争加剧等多种因素叠加影响，国内券商数字化转型速度明显加快，尤其是头部券商的表现十分突出。统计 2020 年券商的半年报可以发现，华泰证券、国泰君安、海通证券、招商证券、国信证券等头部券商都明确提到“数字化”。其中，华泰证券的半年报中有 37 处提到了“数字化”，头部券商的数字化转型已经全面铺开。总体来看，安徽省内券商对于数字化转型的观念意识已初步到位，对于转型的重要性和紧迫性已达成共识，数字化转型初具进展，但与头部券商相比，仍有较大差距，数字化转型还面临着多重挑战。

现阶段，安徽省内券商数字化转型面临的最主要挑战表现为顶层设计不足、转型目标不清晰。需要明确的是，数字化转型不是简单地搭建系统、建设平台、落地数据，而是涉及公司理念、文化、组织、业态、管理、流程等方面的全方位变革。总体来看，由于对数字化转型的顶层设计及理解认知方面仍存在明显不足，安徽省内券商数字化转型的整体规划还不够清晰，路径选择也不明确，更多是依靠局部业务需求驱动一些散点状的系统替代人工、技术工具优化等微转型，而对于数字化转型的关键目标是什么、核心工程有哪些、围绕怎样的主线路径、匹配怎样的资源保障等，还缺乏前瞻性、系统性、体系化的规划，从而影响了数字化转型的整体进程和效果。

安徽省内券商数字化转型面临的挑战还表现为业技融合不够，金融科技赋能不足，更缺乏引领能力。尽管安徽省内券商通过数字技术提供并优化远程开户、在线交易、智能投顾、智能客服等服务，但与领先机构相比数字技术的应用水平仍存在较大差距。一方面，智能化服务目前多集中于账户分析、资讯服务等方面，在智能交易、资产配置、理财规划等方面发挥作用有限；另一方面，部分从业者对数字化赋能业务没有清晰的认识，把数字化转型等同于 IT 的转型升级，业务条线与 IT 的沟通仅以系统为单位、以项目为触点，缺乏业务视角的沟通互动机制，导致金融科技对业务发展的引领支持作用难以发挥。

三、数据治理能力有待提高

从微观层面来看，拥有海量数据是证券行业天然的特点，数据是数字化运营的基础资料，客户行为、市场变化、行业趋势等数据可以构成公司日常运营的客户全景图、产品全景图、市场变化及行业趋势全景图等，因此数据质量直接决定了券商数字化转型所能达到的深度和广度。目前来看，券商虽然拥有海量数据，但是存在人为输入不规范、内部数据存储碎片化、数据质量参差不齐、共享水平较低等问题，导致数据治理能力薄弱。同时，许多数据长期沉淀在多个分散独立的系统中，由于对数据支撑认知不足，部分券商不重视数据的开发，只聚焦于业务流程的自动化改造，数据应用仍局限于数据采集阶段的初步使用，只停留在描述型分析和诊断型分析，仅将数据库用于完成日常监管要求和数据报送等基本工作，或将数据作为辅助经营和管理的手段，只有很少一部分数据可能会涉及预测型分析和规范型分析，数据资源存在一定的浪费，更深层次的价值尚未被发掘和利用。

安徽省内券商数据治理能力不足还表现在数据安全方面。在数字化转型的背景下，公司网络边界越来越不明显，公有云、私有云及混合云的运用给证券业信息安全带来了前所未有的挑战。随着数字化转型的深入，信息安全将直接影响证券公司整体业务运行，增加了技术风险和操作风险。此外，在数字化重塑证券服务流程、创新证券服务模式的同时，客观上也导致证券数据曝光范围的扩大，加大了数据泄露的风险。在数字化转型过程中，如何加强数据安全和系统安全管理，确保系统安全、业务合规、风险可控，是券商迫切需要解决的重大问题。

四、人才支撑不足

证券业是智力密集型行业，人才的数量和专业能力是证券业发展的关键要素。随着数字化转型步伐的加快，数字化应用水平有所提高，证券业对数字化人才的需求更为紧迫。由于长期存在“重业务而不重技术”的现象，不少券商对技术人才的重视仍然远远不够，尤其是对金融科技人才的层次和架构缺乏深入的理解，多数还停留在“码农”等技术支持阶段。事实上，数字化转型需要的人才不仅仅是运维人员、开发人员，更需要的是真正理解业务和管理的产品经理、需求分析师和 IT 产品运营人员。

第三节　安徽省证券业互联网金融业务监管情况

强化科技监管是完善现代金融监管体系的必然要求，也是资本市场高质量发展的重要保障。2019 年，中国证监会明确提出了全面深化资本市场改革的 12 项重点任务，其中之一就是要加快提升科技监管能力。2020 年，中国证监会围绕“数据让监管更加智慧”，推出了一系列改革措施，全面推进科技与证券业务深度融合，提升证券业监管的科技化、智能化水平。

一、搭建科技监管组织架构

为了更好地适应资本市场的快速发展和行业监管形势的不断变化，2020 年中国证监会重构科技监管体系，做了新的顶层设计，进一步优化了科技监管的体制机制，成立了科技监管工作委员会和科技监管局，并对信息中心、中证数据、中证技术的职能进行了调整。经过这一系列重大改革，形成了以科技监管局、信息中心为一体，中证数据、中证技术为两翼的科技监管组织架构，统筹开展资本市场的科技监管。

在新的组织架构下，证券业科技监管工作正加快推进，尤其是在数据治理方面，中国证监会正在主导构建覆盖整个资本市场的监管大数据平台，旨在通过综合运用大数据、人工智能、云计算等技术，对各市场交易数据开展监测分析，挖掘不同市场监管主体行为之间的关联关系，及时掌握非法证券期货活动的新情况、新特点和新动向，增强异常交易行为的智能识别，从而提升违法违规线索事前、事中发现能力，进一步防范和化解金融风险。

专栏 4-2 科技监管局机构职能

拟订中国证监会科技发展规划和信息化建设计划，负责中国证监会科技管理与建设工作；统筹监管系统科技资源，指导协调证券期货行业、金融基础设施科技建设工作，组织编制并推动落实证券期货行业科技发展规划；拟订并组织实施证券期货行业科技监管规则和信息化建设标准；负责证券期货行业信息安全及重大技术路线、重大科技项目管理工作，牵头行业科技监管、科技进步等工作；负责建设集中统一管理的数据体系，开展数据标准化治理，推进大数据平台建设和监管数据共享；组织开展金融科技和监管科技研究及应用实施；负责证券信息技术系统服务机构的备案管理工作；承办证监会交办的其他工作。

（来源：中国证监会，http://www.csrc.gov.cn/csrc/c101795/c1444874/content.shtml）

二、完善科技监管制度体系

2020 年，我国资本市场的一个重大变化就是迎来了多项重大基础性制度的修订与完善。2020 年 3 月 1 日，新《中华人民共和国证券法》（以下简称“《证券法》”）正式生效。中国证监会同时对配套制度进行了大规模的修改与清理，全年共修改清理 68 部证券期货相关规定，并相继发布规则或征求意见稿，内容涉及证券发行、交易、信息披露、再融资、持续监管和退市等各环节。新《证券法》和配套制度涉及资本市场运行组织、参与主体、金融科技运用等方方面面，影响深远。

新《证券法》调整了原来相关证券服务机构事前准入审批的监管体制，改为备案制，要求会计师事务所、律师事务所及从事资产评估、资信评级、财务顾问、信息技术系统服务的证券服务机构从事证券服务业务，应当报国务院证券监督管理机构和国务院有关主管部门备案。为落实这一备案要求，2020 年 7 月 24 日，中国证监会、工业和信息化部、司法部、财政部联合发布了《证券服务机构从事证券服务业务备案管理规定》，对备案机构、备案业务范围、备案时点和备案程序等内容进行了规定。其中，针对信息技术系统服务机构，要求向中国证监会备案的业务主要包括重要信息系统的开发、测试、集成及测评；重要信息系统的运维及日常安全管理。

2020 年 10 月 23 日，中国证监会发布了《〈证券服务机构从事证券服务业务备案管理规定〉第九条的适用意见——证券期货法律适用意见第 16 号》和《监管规则适用指引——科技监管类第 1 号》，对信息技术系统服务机构的备案细则进行明确规定。与此同时，中国证监会政务服务平台正式上线“信息技术系统服务机构备案信息采集系统”，信息技术系统服务机构备案工作正式启动。截至 2020 年底，中国证监会已公示两批共 92 家信息技术系统服务机构，其中包括安徽兆尹信息科技股份有限公司。

2020 年 7 月，中国证监会修订券商分类评级指标，将“信息系统建设投入”改为“信息技术投入金额位于行业平均数以上，且投入金额占营业收入的比例位于行业前 5 名、前 10 名、前 20 名的，分别加 2 分、1 分、0.5 分”。这一规则的改变意味着，大型券商将无法通过信息技术投入总额优势垄断排名。同时，能够激励那些信息技术投入占比小且有能力投入的大型券商及广大中小型券商增加信息技术投入。

三、强化科技监管的基础工程建设

其一，加强监管科技应用，打造智慧监管平台。2020 年，监管部门继续推进“网、云、库、人”四大工程建设，重点打造以监管系统为主，面向行业、标准统一、业务清晰的新型基础设施。主要内容包括以下几个方面：①推进证联网改造升级，实现更加广泛的互联互通，优化“一张网”；②打造监管云平台设施，为应用系统建设和数据分析服务提供有力支撑，建设“一片云”；③构建集中统一的监管大数据仓库，统一底层数据，支持系统各类科技建设项目，强化“一个库”；④打造适合科技监管的人员队伍，实现专业化人才供给的长效机制，打造“一班人”。同时，围绕上市公司监管、稽查执法、证券发行、机构监管等业务需求，全力推进上市、私募、稽查等监管信息系统重点项目建设，为资本市场改革创新提供技术保障，基本实现行政许可等政务服务“一网通办”，智慧监管平台初具规模，监管效能有力提升。

其二，推动金融科技创新，探索智慧监管新模式。2020 年，监管部门一方面继续加强证券业科技发展的统筹规划，大力促进大数据、云计算、区块链、人工智能等创新科技在行业的推广应用，提升行业科技支撑水平；另一方面也积极推进金融科技在监管领域的创新应用。例如，中国证监会利用人工智能、大数据等前沿技术，破获多起资本市场违法违规案件，在 2020 年中国证监会公布的证监稽查 20 起典型违法案例中，獐子岛集团股份有限公司（以下简称“獐子岛公司”）财务造假案即为中国证监会借助卫星定位数据破获。再如，区块链技术具有可追溯、不可篡改、安全可信等特性，有利于整合监管的基础设施，帮助监管当局提供实时可靠的交易状态，有效提升信息的透明度。为了推动区块链技术在监管领域的应用，2020 年 7 月中国证监会启动了区域性股权市场区块链登记托管基础设施建设的试点工作，首批确定了北京、上海、江苏、浙江、深圳 5 个试点地区。

专栏 4－3　中国证监会用北斗卫星找扇贝

2020 年 6 月 24 日，中国证监会在官网披露了其对獐子岛公司信息披露违法违规案的处罚公告。值得一提的是，这份处罚公告的最大亮点是罕见披露了监管层为了查证动用卫星定位、计算机技术等高科技手段复原了獐子岛公司真实的扇贝等采捕养殖数据，从而最终认定该公司存在财务造假行为。

据公告披露，此案的查证涉及对深海养殖水产品底播、捕捞、运输和销售记录的全过程追溯。中国证监会统筹执法力量，走访渔政监督、水产科研等部门寻求专业支持，依托科技执法手段开展全面深入调查。

獐子岛公司每月虾夷扇贝成本结转的依据为当月捕捞区域，在无逐日采捕区域记录可以核验的情况下，中国证监会借助卫星定位数据，对公司 27 条采捕船只数百余万条海上航行定位数据进行分析，委托两家第三方专业机构运用计算机技术还原了采捕船只的真实航行轨迹，复原了公司最近两年真实的采捕海域，进而确定实际采捕面积，并据此认定獐子岛公司成本、营业外支出、利润等存在虚假。《上海证券报》上提到的卫星定位正是北斗卫星导航系统。专家介绍，北斗卫星导航系统是我国自主建设、独立运行的卫星导航系统，其数据具有很好的时空特征，民用定位数据的精度在 10 米以内，能够记录渔船位置、航速、航向等。这一系统在调查中的创新性运用，让獐子岛公司自以为隐蔽的造假手段暴露无遗。

（来源：凤凰网财经，https://finance.ifeng.com/c/7xZK1KZQiTz）

第四节　安徽省证券业互联网金融业务发展趋势与展望

当前，大数据、区块链、人工智能、云计算、5G 等前沿技术正在对各行业产生深刻影响。2020 年的新冠肺炎疫情不仅改变了人们的日常生活社交，更迫使无数行业面临转型大考。我们可以发现，在此期间，已经完成数字化转型的机构实现逆势增长，而数字化能力弱的机构则面临业务断崖式下跌。未来一年，在技术进步和疫情双重因素的驱动下，证券业必将通过加快数字化转型，促进金融科技与业务进一步融合，以适应新的形势发展。

一、数字化转型有望加速推进

随着新一轮科技革命与产业变革的深入推进，以人工智能、区块链、云计算、大数据等为代表的数字技术在证券领域的应用场景不断拓宽，深刻改变着行业业务开展、风险控制、合规监管等，并催生了智能投顾、智能投研、金融云等新型服务或产品。数字技术在证券领域的应用提升了用户的服务体验，大大降低了运营成本，助力证券公司提供更加智能化、数字化、精准化和专业化的服务。数字化转型既是提升证券服务质量的助推器，也是引领公司高质量发展的新赛道。证券业金融科技将继续向纵深发展，进一步推动数字技术与业务深度融合。因此，加大金融科技投入，实现数字化转型，打造差异化竞争优势，已成为证券公司构建面向未来全新商业模式的必然选择。如前所述，目前头部券商的数字化转型进程已经远远走在前列，与中小券商的差距逐渐拉大，行业发展呈现出一定程度的马太效应。在这种形势下，安徽省内券商必须要有紧迫感和决断力。

可喜的是，经过近年来的不断投入和积累，安徽省内券商的数字化转型基础已基本具备。未来，随着顶层设计的不断完善，数字化转型有望进一步提速。券商一方面将通过及时响应、准确理解业务团队需求，以技术手段对现有业务中的薄弱环节进行改造升级，更好地满足客户服务需求，提升工作效率；另一方面将积极探索科技深度赋能业务，打造体系化、数字化支持平台，实现全业务领域的数据整合、流程互通、场景融合，真正做到“以数据和科技驱动业务升级”，利用数字化能力帮助业务发展，建立领先优势。

二、金融科技与业务进一步融合

大数据、云计算、人工智能、区块链技术与证券业务深度融合，将重塑券商的展业模式和竞争格局。未来，证券领域金融科技与业务的融合主要集中在以下几个方面：①零售客户服务方面，金融科技主要强化客群的广泛化和服务的差异化，重点围绕客户的揽新、促活以及深度业务开发而展开。可采取的措施包括以直观便捷的服务与人性化的交互体验吸引新客户，以优质社区内容和活跃社交体系维持老用户活跃度，以强大的数据分析能力开发客户潜在业务需求，构建全面完善的业务生态等。毫无疑问，这对券商的财富管理转型有重要的推动意义。②机构客户服务方面，金融科技聚焦于业务的线上化、自动化和智慧化，同时由于机构资金风险偏好与交易目的的不同，交易定制化需求突出。因此，机构业务金融科技的布局重点应着眼于提升专业服务能力，推动跨业务线多品类服务协同，完善对于各类细分客户的覆盖，实现机构客户深层次开发。提高业务效率，减少人力、时间成本，并满足专业机构客户较高的极速量化交易系统需求。③中后台运营管理方面，金融科技主要运用于为前台业务提供相匹配的运营支持和实现更精准的风险管理，如借助大数据、云计算、人工智能与区块链技术的综合运用助力数据库的建设，获取并存储海量数据，提高数据覆盖的全面性；针对业务特殊性提取特征数据，制定更加科学的风控指标，提升风控指标的效能；实时跟踪数据并实时反馈，强化动态监控和预警能力，保障证券公司业务的平稳运行。

三、科技监管将步入常态化与规范化

随着科技监管组织体系与制度体系不断完善，对证券业金融科技的监管将步入常态化与规范化。2020 年末公布的两批证券信息技术系统服务机构备案名单，可视为常态化监管的开端。未来，监管部门将全面提升监管科技和行业金融科技发展水平。一方面，将通过狠抓基础工程，夯实科技监管基础。继续加大投入，以“网、云、库、人”四大工程建设为抓手，不断完善监管系统建设，持续强化科技对监管的有效支撑。积极探索科技监管创新方式，借鉴央行的经验，尽早启动资本市场的“监管沙盒”试点工作；另一方面，将通过加强行业科技发展的统筹规划和顶层设计，不断完善科技标准和技术安全监管制度，引导行业技术进步，稳步提升安全水平，推动行业科技监管再上新台阶。

第五章　安徽省保险业互联网金融业务发展情况

第一节　安徽省保险业互联网金融业务发展现状

一、监管政策升级叠加疫情冲击，数字化加速提上议程

站在保险业数字化转型的关键时点，近几年中国银保监会陆续发布多项监管政策及指导意见，其中互联网保险领域频频被提及。监管在鼓励和规范保险数字化转型进程的同时也对行业数字化提出了更高的要求。2020年中国保险业数字化转型相关指导政策见表5-1所列。

表5-1　2020年中国保险业数字化转型相关指导政策

时间	文件	内容
2020年5月	《关于推进财产保险业务线上化发展的指导意见》	到2022年，车险、农险、意外险、短期健康险、家财险等业务领域线上化率为80%以上，其他领域线上化水平显著提高。鼓励财险公司加快线下服务的数字化转型，推动线上线下融合发展。同时要求各财险公司拓宽线上化服务领域，包括创新线上产品服务，延伸线上服务链条，建设线上生态圈
2020年6月	《关于规范互联网保险销售行为可回溯管理的通知》	明确互联网保险销售行为可回溯管理的定义和范围，规范保险机构互联网销售页面管理、销售过程管理、可回溯内控管理等管理要求
2020年8月	《推动财产保险业高质量发展三年行动方案（2020—2022年）》	明确指出支持财产保险公司制定数字化转型战略，鼓励财产保险公司利用大数据、云计算、区块链、人工智能等科技手段，对传统保险操作流程进行更新再造，提高数字化、线上化、智能化建设水平
2020年12月	《互联网保险业务监管办法》	①明确互联网保险业务的定义，强调线上线下渠道分别管理；②强化持牌经营原则，规范互联网企业从事保险代理业务的要求；③规范互联网保险营销宣传、售后服务等行为；④强调保护消费者；⑤保险经营属地扩大至全国，不再强调险种差异

2020年12月，经过两轮征求意见，涉及千亿元保费市场的《互联网保险业务监管办法》（以下简称“《办法》”）正式发布实施。《办法》共5章83条，于2021年2月1日起正式施行。《办法》实施后，或将改变保险机构间的合作模式，开发产品力度将会加大，互联网保险发展环境更加多元和健康。监管政策升级促进行业逐步规范，同时鼓励产品、技术、服务创新。《办法》对安徽省互联网保险的合规经营和长期发展同样有较大助力。《办法》出台历程如图5-1所示。

此外，2020年初疫情给保险业带来的挑战前所未有，但疫情也加速了保险业的数字化进程。保险业出现了“客户行为加速线上化、产品形态更具创新性、运营模式全面数字化”三大变化，为应对这些变化，安徽省多数险企也显著提升了自身的线上化程度。面对疫情，

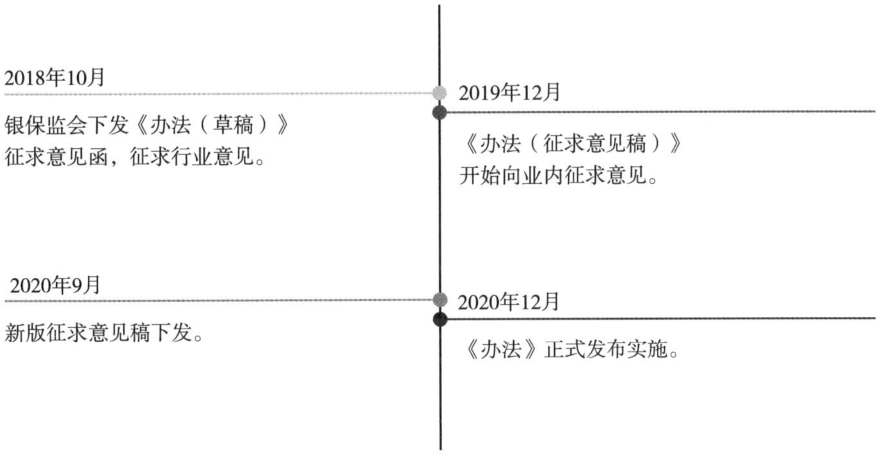

图 5-1 《办法》出台历程

险企采取了诸多行动，包括简化理赔流程、拓展保险责任、运用“云”办公工具协同办公、积极拓展在线营销和客户经营新方式等。另外，具有“保险+”生态布局的领先险企还利用自身在大数据、金融科技、医疗健康服务及医疗科技等方面的优势，采取更多创新应对举措，如互联网疫情教育、大数据抗疫辅助、医疗资源支持等。疫情之下，险企普遍意识到数字化转型的重要性与紧迫性，且高效的线上渠道将是未来竞争的关键之一。疫情加速了险企线上渠道建设，加快了科技助力智慧保险和保险产品创新的步伐，数字化转型被加速提上议程。2020 年保险业应对疫情的措施见表 5-2 所列。

表 5-2 保险业应对疫情的措施

应对疫情方案		具体措施	代表公司（不完全统计）
传统应对方案	理赔服务升级	理赔绿通：开通 7×24 小时报案通道及绿通服务等	中国人保、中国国寿、中国平安、中国太保、中国太平、泰康人寿、友邦保险、中邮人寿、建信人寿、德华安顾等 40 余家
		理赔流程简化：提供无保单理赔、预付赔款、医疗网络费用直接结算服务	中国人保、中国国寿、中国平安、中国太平、泰康人寿、中邮人寿、阳光保险、友邦保险、建信人寿等 30 余家
		主动理赔协助：排查出险客户，安排专人一对一理赔协助	中国人保、中国国寿、中国平安、中国太平、泰康人寿、阳光保险、建信人寿、合众人寿、德华安顾等 30 余家
		理赔限制“五个取消”：取消就医医院限制、自费药品及诊疗项目限制、非医保自费费用限制、等待期限制及免赔额限制等	中国人保、中国国寿、中国平安、中国太保、中国太平、泰康人寿、友邦保险、中邮人寿、建信人寿等 40 余家
传统应对方案	医疗健康服务联动	疫情资讯：依托自有平台或联合外部合作伙伴向客户、公众提供疫情动态、防治宣传、确诊患者相同行程等资讯服务	中国平安、中国人保、中国国寿、光大永明、德华安顾等
		在线义诊：依托自有平台或联合外部合作伙伴为客户、医护人员、患者及公众提供 7×24 小时在线医疗	中国平安、中国人保、中国国寿、中国太保、友邦保险、弘康人寿、中荷人寿等
		心理健康：依托自有平台或联合专业心理咨询机构为客户、员工、社会工作者及家属提供心理咨询服务	中国平安、中国人保、中国国寿、横琴人寿、德华安顾、众安保险等

（续表）

应对疫情方案		具体措施	代表公司（不完全统计）
创新应对举措	互联网疫情教育	客服App上提供以“预防新型冠状病毒”为主题的医生专家直播答疑	平安人寿+平安好医生
		客服App平台上线新冠肺炎资讯专区	平安人寿+平安好医生
		联合公益助力伙伴，呼吁更多人加入到抗击疫情这场公益中	轻松筹+轻松公益
	大数据抗疫辅助	研发“防疫重点车辆核查系统”，协助交警排查市民举报的疑似来自疫区的车辆	平安科技
		智能辅助筛查方面，打造全国新型新冠肺炎疫情动态监测系统，不仅提供实时数据、防护问答和科普知识，还结合人工智能技术提供疫情智能分析、新型新冠肺炎智能筛查、疫情智能问答、用药智能问答	平安科技+平安头条
		研发推出“市民云抗疫防控专版”App，为各级政府防控疫情提供专属官方信息渠道，提供疫情信息互通、口罩预约购买、确诊患者相同行程、返城人员健康动态、新冠早诊、问卷调查预防指南等	中国人寿+万达信息
	医疗资源支持	参与中国志愿服务联合会、中国科协发起的“健康守护——抗击新型肺炎乡村医生培训志愿服务行动”，开展针对乡村医生的线上培训	中国平安
		驰援湖北64层移动CT影像车；开放线上阅片平台；开放旗下医学检验室，纳入新冠病毒核酸检测定点机构等	平安医保科技
		向全国人民派发口罩，登录平安好医生App及平安金管家App免费领取	平安人寿+平安好医生
		为抗击疫情一线的医护人员和已确诊或接受隔离的保险客户提供免费电话心理咨询服务；为已确诊的客户免费提供北京、上海三甲医院呼吸科、影像科、重症医学科等相关科室的专家第二诊疗意见服务	人保健康+心理咨询机构、医疗机构
		新冠肺炎专属产品“爱心保”发起口罩传递活动，将口罩捐赠给指定人士	泰康人寿

注：表中公司均为简称，其中中国人民保险集团股份有限公司简称“中国人保”，中国人寿财产保险股份有限公司简称“中国人寿”，中国平安保险（集团）股份有限公司简称“中国平安”，中国太平洋保险（集团）股份有限公司简称“中国太保”，泰康保险集团股份有限公司简称“泰康人寿”，友邦人寿保险有限公司简称“友邦保险”，中邮人寿保险股份有限公司简称“中邮人寿”，建信人寿保险股份有限公司简称“建信人寿”，德华安顾人寿保险有限公司简称“德华安顾”，阳光保险集团股份有限公司简称“阳光保险”，合众人寿保险股份有限公司简称“合众人寿”，光大永明人寿保险有限公司“光大永明”，弘康人寿保险股份有限公司简称“弘康人寿”，中荷人寿保险有限公司简称“中荷人寿”，横琴人寿保险有限公司简称“横琴人寿”，众安在线财产保险有限公司简称“众安保险”，中国平安人寿保险股份有限公司简称“平安人寿”，平安科技（深圳）有限公司简称“平安科技”，万达信息股份有限公司简称“万达信息”，中国人民健康保险股份有限公司简称“人保健康”，且下文中涉及时均使用简称。

二、创新引领，实现代理人全渠道数字化转型

2020年，面对经济环境的复杂性、消费行为的加速转变以及客户获取信息渠道的不断

扩大，过去很长一段时间内寿险业普遍采用的“人海战术”及粗放式经营显然已不能适应市场发展的需要。因此，由规模型扩张向高质量发展转型，走专业化、品质化、差异化和数字化的精细化经营之路，已成为全行业不可逆转的趋势。考虑到寿险产品的“隐性需求”特征，代理人相比于产品而言，对险企经营具备更强的决定力。因此，对于传统险企而言，效率最高的数字化转型之一就是为代理人这一核心渠道“插上数字化双翼”，从而提升获客效率、优化客户体验、兼顾降本增效，实现跨越式增长。同时，为代理人全面补充数字化能力，是寿险公司在激烈的市场竞争中实现差异化、获得发展优势的新思路。鉴于此，安徽省内各险企积极借助保险科技应用解决寿险代理人痛点。技术应用使寿险业代理人思路从传统线下人海战术和高压管理，过渡到线上智能交互、精准营销、批量获客，并利用互联网工具完善产品体系。科技赋能代理人方案如图 5-2 所示，主要为以下四个方面。

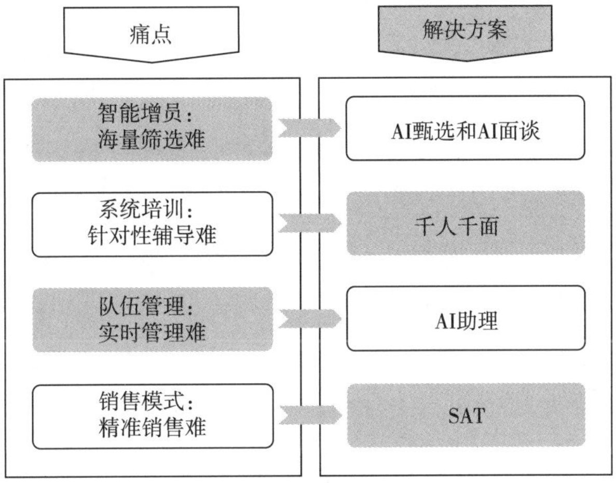

图 5-2　科技赋能代理人方案

（一）智能增员

作为代理人管理的第一步，险企可通过智能招聘和增员全流程线上化和无纸化实现代理人队伍的快速和高效增员，降低增员成本。更关键的是，数字化增员可提升求职者与理想代理人画像的匹配程度，AI 甄选和 AI 面谈实现代理人精准筛选，如中国平安，根据 2020 年开放日材料和年报，新人招聘 AI 面试覆盖率达 100%，面试超 600 万人次，减少人工面试时长 68 万小时。

（二）系统培训

入职管理与培训是赋能整体团队的初动力。通过数字化工具挖掘更多营销机会，实现代理人技能提升、新客批量开发和老客高效维护。例如，传统险企通过加强线上化培训和智能陪练将代理人培训从填鸭式背诵升级为场景化交互，为代理人管理培训注入持续动力。

（三）队伍管理

传统险企坚持走高质量人才发展之路，对代理人进行分层分类管理，推动代理人队伍转型，匹配个性化培养，并通过 AI 助理实现任务智能配置和在线销售协助，提升管理效率。

（四）销售模式

通过新型智能服务平台建设，代理人与客户实时连接、高频互动，实现精准营销及代理人销售过程管理。2020 年，平安升级 AskBob 智能拜访助手，主管陪访便捷，根据客户问题自动显示对应产品方案，提供问题预测、推荐答案、优化讲解模式等销售实战辅导；推出“八宝箱”等项目，智能化设计线上营销内容、最大化拓展代理人公域客源、加强私域流量转化。

三、互联网健康险快速发展，创新产品为多方创造价值

健康险作为我国医疗保险体系的补充，近年来得到快速发展。尤其是 2020 年初新冠肺炎疫情暴发，居民对健康险的关注度逐步增加。同时，2020 年商业保险公司参与的惠民保险在全国快速发布，人们的保险意识加速转化，健康险发展势在必行。截至 2020 年，健康险的原保费收入已达 8173 亿元。受疫情影响，互联网健康险进一步发展，2020 年互联网健康险保费收入 357.3 亿元，占互联网人身险保费规模 14.1%。近年来，险企为适应市场需求，围绕健康险产品，激发出许多创新举措，包括新型产品的设计和经典产品的更新迭代。重疾险和百万医疗险作为经典的健康险产品不断调整，趋向于提升服务，延长保障期限。各类新型产品接连上市，则趋向于覆盖更广泛的人群。其中最吸睛的当属在 2020 年如火如荼开展的惠民保险——覆盖带病人群的普适性健康险产品。

“惠民保”由地方政府牵头、险企承保，面向医保参保人员，属于普惠型补充医疗保险产品，定位是在医保之后提供二次保障，主要为转移医保内大病大额自负费用的开销而设。其投保门槛低、保费低、保额高，主要保障住院费用和特定药品，类似“低配版”特药险+百万医疗险。“惠民保”的雏形是 2015 年 12 月深圳市政府试点推出的由深圳市政府主导、平安养老保险承办的“重特大疾病补充医疗保险”，当年参保人数即达 264 万人。随后，南京市、珠海市、广州市等地相继推出各市“惠民保”产品。2020 年以来，低门槛、低保费、高保额的特征，叠加国家政策及疫情的影响，“惠民保”呈现“井喷”态势。根据《上海保险》统计，2020 年共有 23 个省（自治区、直辖市）82 个地区 179 个地市 111 款产品上线，累计超 4000 万人参保，保费收入超 50 亿元。具体来看，全国版产品 5 款（360 城惠保、全民普惠保、趣易保百万医疗、58 惠民保、全民保·普惠医疗险），全省版产品 14 款（涵盖海南、广西、湖北、湖南、福建、山东、山西、河北、河南、宁夏、安徽等）。2020 年 11 月 20 日，中国银保监会人身险部下发《关于规范保险公司城市定制型商业医疗保险业务的通知（征求意见稿）》，首次给出“惠民保”的官方定义，即城市定制型商业医疗保险。特药险、百万医疗险、“惠民保”三类典型产品对比见表 5－3 所列。

表 5－3 特药险、百万医疗险、“惠民保”三类典型产品对比

	好医保·防癌医疗险（属于特药险）	好医保·长期医疗（属于百万医疗险）	皖惠保（属于“惠民保”）
参保人群	患遗传病、职业病等人群除外	有职业限制	安徽省医保参保人员
健康告知	需健康告知	健康告知要求严格	无限制
投保年龄	0～70 周岁	0～60 周岁	无限制
免赔额	0 元	一般医疗 6 年共享 1 万元，重疾 0 元	医保内 2 万元 医保外 2 万元

（续表）

	好医保·防癌医疗险 （属于特药险）	好医保·长期医疗 （属于百万医疗险）	皖惠保 （属于“惠民保”）
报销比例	指定医院 100%，非指定医院 90%	100%	医保内 75% 医保外 75%
保障内容	癌症医疗费用 400 万元（含特药）	一般医疗 200 万元	医保内 150 万元 医保外 150 万元
	—	100 种重疾 400 万元	—
	质子重离子 100 万元	质子重离子 100%报销	—
	—	肿瘤特效药 400 万元	—
	健康津贴	重疾津贴 1 万元	—
	问诊手术＋特殊门诊＋住院前后门急诊（前 30 天＋后 30 天）		—
增值服务	药品直付＋重疾绿通	肿瘤特药＋住院垫付＋重疾绿通	—
保费测算	169 元	259 元	66 元

注：“好医保·长期医疗”保费基于 30 周岁、有基本医保的男性测算。

由表 5-3 可以看出，“惠民保”主要以“无年龄要求、无职业要求、无健康告知”为重要卖点，其投保门槛低、保费低、保额高，主要保障住院费用和特定药品，类似“低配版”特药险＋百万医疗险。具体来看：

（1）“惠民保”的承保条件相对宽松，无年龄和健康水平要求，可带病投保；百万医疗险和特药险有年龄限制，一般不承保 60 周岁以上和特殊职业者，且健康告知较为严格。

（2）“惠民保”的免赔额更高，多为 2 万元；特药险和百万医疗险的免赔额较低，为 1 万元或以下。

（3）“惠民保”的保障范围较窄、报销比例偏低，仅保障医保内的住院费用及医保外的特药，报销比例 70%～80%；特药险指定医院报销比例 100%、非指定医院报销比例 90%；百万医疗险保障大病医疗费用、不限医保内外目录，报销比例 100%。

（4）“惠民保”的保费最低，大多 100 元以下，具有普惠性特征；百万医疗险保费最高，因年龄不同而有所差异，最低 100 元，最高可达千元，平均为 300～400 元；特药险其次，平均 200 元以下。

（5）“惠民保”对既往病史要求宽松，定价普惠，对投保年龄无限制，高龄人群占比更高。以中国人保为例，其在支付宝销售的百万医疗险“好医保·长期医疗”和“惠民保”客群差距较大，“好医保·长期医疗”符合精算定价原理，高龄人群保费贵，目前 30 岁左右是主力客群。

安徽省目前已推出 7 款惠民保产品，包括全省版产品 1 款、地市版 6 款，分别为“皖惠保”“合惠保”“芜湖惠民保”“亳惠保”“亳州保”“蚌惠保”“惠皖保·阜阳”。各款产品参保条件相同（不限年龄、不限职业、不限健康状况），保障内容各有侧重。安徽省内各款“惠民保”产品对比见表 5-4 所列。

表 5－4 安徽省内各款“惠民保”产品对比

	皖惠保	合惠保	芜湖惠民保	亳惠保	亳州保	蚌惠保	惠皖保·阜阳
既往病症	5类（肿瘤类、肝肾疾病类、心脑血管及糖脂代谢疾病类、肺部疾病类、其他疾病类）不予赔付						
免赔额	医保内2万元 医保外2万元		1.5万元	2万元	医保内2万元 医保外2万元	2万元	—
报销比例	医保内75%， 医保外75%		医保内100%	医保内80%，特药保障80%	医保内75%， 医保外75%	医保内80%， 医保外80%， 特药保障医保内（已社保结算100%，未结算60%）， 特药保障医保外80%	医保内（升级版涵盖医保外） 2元～10万元（含）部分80%，10万元以上部分90%， 特药保障80%
保障金额	医保内150万元，医保外150万元	医保内100万元，医保外100万元	医保内100万元	医保内100万元，特药保障100万元	医保内100万元，医保外100万元	医保内100万元， 医保外100万元， 特药保障100万元	医保内100万元，特药保障100万元
特定药品	—	—	—	医保外15种	—	医保外11种， 医保内7种	医保外18种
增值服务	无	健康问问、健康专栏、慢病药品配送等6项	无	患者管理、家庭基因检测关爱、高价值药品垫付等8项	视频问诊、药品优惠、健康体检、齿科口腔等全周期健康服务	妙手医生、 癌症基因检测 折扣代金券、 博鳌乐城就医、 体检4项	药品咨询指导、 药品直付、 博鳌乐城就医、 患者用药随访、 全流程病程管理等7项
承保公司	人保财险	平安财险	平安财险	中国人寿	泰康在线	长安保险	国元保险＋ 腾讯微保
保费	66元/人/年	69元/人/年	59元/人/年	58元/人/年	69元/人/年	0～50周岁（含）：59元/人/年， 50周岁以上：189元/人/年	基础版59元/人/年， 升级版99元/人/年
推出时间	2020.11.20	2020.9.8	2020.5.8	2020.10.12	2020.10.15	2020.10.12	2020.11.3
覆盖区域	全省	合肥市	芜湖市	亳州市	亳州市	蚌埠市	阜阳市

注：表中公司均为简称，其中中国人民财产保险股份有限公司简称“人保财险”，中国平安财产保险股份有限公司简称“平安财险”，泰康在线财产保险股份有限公司简称“泰康在线”，长安责任保险股份有限公司简称“长安保险”，国元农业保险股份有限公司简称“国元保险”，且下文中涉及时均使用简称。

四、差异化布局加速，以“保险＋服务”提升产品竞争力

2020年受疫情的冲击，消费者的保险意识被唤醒，对保险的保障性需求有所提升。另外，在保险产品同质化严重的市场环境下，保险产品特色化的高附加值服务成为传统险企提

高产品竞争力的破局之策。多重原因之下，具备实力的保险集团积极探索“保险＋服务”模式，并将其提升到战略层面。保险集团逐步以自建、并购、参股等方式构建“保险＋”生态圈，包括健康医疗、养老服务、健康管理等服务（见表5－5）。

表5－5　五大险企“保险＋”生态布局战略

公司	最新动向	“保险＋”生态布局
中国平安	2020年7月23日，平安财险耗资170亿元收购汽车之家26％股权，加强产险板块与平安汽车生态的直接联动，并与平安旗下的融资租赁业务、平安银行车主信用卡等继续协同作战，进一步强化平安客户“围绕车生态”的一站式服务	科技服务五大生态圈：金融服务、医疗健康、汽车服务、房产服务、智慧城市。2019年平安金融科技与医疗科技业务归母净利润为34.9亿元，占集团归母净利润的2.3％
	2021年1月29日，中国平安发布《关于参与方正集团重整的公告》，为了推动构建医疗健康生态圈、打造公司未来价值增长新引擎，同意在授权范围内和珠海华发集团有限公司（代表珠海国资）、深圳市特发集团有限公司组成联合投资者参与方正集团重整事宜	
中国人寿	中国人寿入主万达信息，实现“保险＋科技”的战略升级。万达信息主营民生（医疗信息化、人社系统）和智慧城市（一网通办、平安城市等）业务，在区域医疗卫生市场和政务一体化领域具备领先优势。2019年底，中国人寿成为万达信息第一大股东，并对其业务进行了重整，存量业务按照大政务、大医卫及信息科技创新板块，新增健康管理和智慧城市板块，实现保险和科技业务的全面协同	启动“科技国寿”建设三年行动，加快运营服务向集约化、智能化、生态化转型升级，初步建立“保险＋”生态圈
中国太保	2020年7月21日，中国太保出资成立太保金融科技，注册资本金7亿元	中国太保在2012年成立了太平洋在线，也已投资多个细分领域科技公司，包括信息科技类、汽车产业类、医疗科技类等
	2020年9月，中国太保与瑞金医院签署合作协议，正式启动互联网医院建设。建成后的互联网医院将积极发挥瑞金医院在糖尿病、高血压、肿瘤、心血管等领域的管理技术和经验，为客户提供高品质的一站式医疗健康解决方案	
	2020年11月，太保安联健康公告称中国太保将全资控股太保安联健康，太保进一步加强对健康险公司的控制，能够提升集团各子公司业务之间的协同效应，或能加快其大健康产业愿景落地	
中国人保	制定实施“3411”工程，包括创新驱动发展战略、数字化战略、一体化战略和国际化战略	子公司人保金服推动集团互联网转型和金融科技应用
新华保险	2019年9月10日，向科技健康子公司注资3.84亿元，用于延庆养老项目建设	—

注：表中公司均为简称，其中万达信息股份有限公司简称“万达信息”，太保金融科技有限公司简称“太保金融科技”，太平洋健康保险股份有限公司简称“太保安联健康”，太平洋保险在线服务科技有限公司简称“太平洋在线”，人保金融服务有限公司简称“人保金服”，新华人寿保险股份有限公司简称“新华保险”，且下文中涉及时均使用简称。

（一）保险+健康医疗服务

大型公司均已开始探索将医疗健康服务与保险产品相结合。医疗健康服务和保险密切相关，健康险＋医疗健康服务可以构成“上游健康预防，中游经济补偿，下游医疗服务”的服务链，切合客户对于健康的需求。上游健康预防包括健康风险评估和干预、疾病预防、健康体检、运动激励计划、健康档案管理、健康维护、慢性病管理、养生保健等服务，下游医疗服务包括就医预约与安排、陪诊服务、专案管理、购药福利、康复护理等绿通服务。目前多数公司的健康医疗服务主要聚焦在下游的医疗端，为符合一定标准的客户提供门诊预约、病房安排、手术安排、二次诊疗等就医绿通服务。各大险企均有提供就医绿通服务，但提供的程度有所差异。大型险企“保险＋健康医疗”服务布局见表 5－6 所列。

表 5－6　大型险企“保险＋健康医疗”服务布局

		平安人寿	太平洋保险	太平人寿	新华保险	中国人寿	友邦保险
服务产品	上游	平安 run：平安福客户可加入的运动奖励计划； 慢病管理：购买慢病保险的客户可享受血糖管理服务	生命银行：期交保费 9 万元以上可享受	—	—	—	健康友行：全佑及传世无忧客户可加入健康友行运动奖励计划
	下游	线上诊疗服务：金管家用户不同等级对应不同次数线上门诊； 健康守护 360 服务：重疾险客户可附加，费用 199 元，发生重疾理赔可免费使用 3 年； 单一产品专享健康服务：针对 e 生保·长期医疗、药品险、慢病保险客户	太保蓝本重疾绿通服务：全平台所有用户； 太保蓝本医疗特权服务：期交保费 3500 元及以上的客户可以享受，免费使用 3 年，不同保费标准，享受的权益有差异； 单一产品专享健康服务：针对部分医疗险客户	重疾绿通服务：针对重疾险客户； 太平圆和全能卡：针对太平福禄重疾险客户	就医绿通服务：针对购买附加康健华安保险计划、健康无忧重疾险的客户和具有相应级别会员客户	国寿大健康服务：免费对平台成功注册的客户开放； 权益服务：针对购买国寿福提前给付重疾险、国寿康宁终身重疾险、菁英人生、粉红人生保险计划和税优健康保险的客户	线上门诊：通过微信公众号，微医平台可以为客户提供医疗健康咨询和问诊； 全球就医医疗服务：针对传世无忧系列高端医疗险客户； “愈从容”重疾专案管理：针对全佑系列重疾险客户
服务提供方		平安好医生	太平洋医疗健康和太保安联健康	圆和医疗	由新华保险提供，再向其他服务商外包服务	无统一合作主体，包括启泰元康、沃迪康的联盟医院等	友邦保险自建医疗网络、微医

注：表中公司均为简称，其中中国太平洋人寿保险股份有限公司简称“太平洋保险”，太平人寿保险有限公司简称“太平人寿”，太平洋医疗健康管理有限公司简称“太平洋医疗健康”，北京启泰元康健康科技有限公司简称“启泰元康”，沃迪康（北京）医院管理有限公司简称“沃迪康”，且下文中涉及时均使用简称。

（二）保险＋养老服务

保险资金投资养老产业具备先天优势，通过投资养老产业，协同和联动负债端与投资端。养老社区投资与保险资金负债久期长的特性相匹配，虽然盈利周期较长，但对保险产品销售的带动作用和医疗健康资源产业链的整合作用较为有效。保险公司投资养老社区有三种模式：①重资产投入模式。依托集团的资产优势投入资金自建养老社区项目，这种模式取决于公司的资产规模，保险公司的角色往往是“投资商、开发商、运营商”合为一体，典型代表为泰康人寿、中国太保、中国人寿。②轻重资产相结合的模式。部分养老社区自建，同时与第三方签约合作或者以股权投资养老机构，典型代表为中国太平、合众人寿。③纯轻资产模式，即全部与第三方合作的模式。通过第三方现成的养老床位数来实现资源互换，典型代表为光大永明汇晨养老社区。

各大险企均布局养老产业以助力高端客户经营。中国太平、中国人寿、新华保险均有养老社区实体建成，其中中国太平带动销售的效果相对较好，新华保险养老社区入住权未与保险产品挂钩。中国太保通过样板间的方式带动销售，截至 2020 年中，“太保家园”入住资格函累计发放量已经突破万份。大型险企“保险＋养老”服务布局见表 5－7 所列。

表 5－7　大型险企“保险＋养老”服务布局

<table>
<tr><th colspan="2"></th><th>中国平安</th><th>中国太保</th><th>中国太平</th><th>新华保险</th><th>中国人寿</th></tr>
<tr><td colspan="2">定位</td><td>地区智慧养老</td><td>高端城郊型＋度假型＋城市型医养社区</td><td>高端度假型＋CCRC 社区</td><td>高端城郊型＋度假型＋城市型医养社区</td><td>以高端度假型为主</td></tr>
<tr><td colspan="2">投资模式</td><td>与联营地产公司合作投资</td><td>自建，引入法国欧葆庭养老照护体系</td><td>自建＋第三方合作</td><td>自建</td><td>自建</td></tr>
<tr><td colspan="2">落地项目</td><td>—</td><td>—</td><td>自建：上海梧桐人家
第三方：上海、大连、昆明、宁波、北京</td><td>北京、海南</td><td>自建：苏州、天津、北京、三亚；
合作：福保社区颐康之家</td></tr>
<tr><td colspan="2">未来规划</td><td>—</td><td>成都、大理、杭州、上海、厦门、南京</td><td>南京、无锡、苏州、杭州等 15 个城市</td><td>—</td><td>—</td></tr>
<tr><td rowspan="2">入住资格</td><td>非保险客户</td><td>—</td><td>—</td><td>会籍制（100 万～400 万元）</td><td>押金 5 万元</td><td>押金 10 万＋嘉园卡（90 万元/150 万元/180 万元）</td></tr>
<tr><td>保险客户</td><td>—</td><td>老客户长险新保保单累计保费≥200 万元，新客户长险新保保单累计保费≥220 万元</td><td>保费总保费 200 万元</td><td>—</td><td>老保险客户保单总保费 200 万元，新保险客户保单总保费 300 万元</td></tr>
<tr><td colspan="2">对接产品</td><td>—</td><td colspan="2">主要为长期年金险</td><td>无对接</td><td>主要为长期年金险</td></tr>
</table>

（三）保险+VIP服务

VIP服务是保险公司为符合一定保费标准的客户提供的差异化、分层次的服务。目前，大型公司VIP权益主要包括体检服务、就医服务、急难救助、医疗关怀等，相对于普通客户的健康医疗服务，增加了体检服务、特需高端医疗安排、急难救助、就医关怀等升级服务。大型险企VIP增值服务布局见表5-8所列。

表5-8 大型险企VIP增值服务布局

VIP档次		中档VIP					高档VIP				
保险公司		中国平安	中国太保	中国太平	友邦保险	中国人寿	中国平安	中国太保	中国太平	友邦保险	中国人寿
健康咨询	24小时电话医生	√	√	√	√	—	√	√	√	—	—
	视频医生	—	—	—	—	√	—	—	—	—	√
	私人健康顾问服务	—	—	—	—	—	—	—	—	√	—
体检服务	癌症早期排查	√	—	—	—	—	√	—	—	—	—
	健康关怀体检	√	—	—	√	√	√	—	—	—	√
	健康尊享体检	√	√	√	—	√	√	—	√	—	—
	国内顶级体检	—	—	—	—	—	—	√		—	—
	住院体检	—	—	—	—	—	—	—	√	—	—
	高端定制体检	—	—	—	—	—	—	—	√	—	√
诊中服务											
诊疗意见	国内第二诊疗意见	—	√	√	—	—	—	√	√	—	—
	海外第二诊疗意见	—	—	√	—	—	—	—	√	—	—
就医服务	重疾绿通	—	√	—	—	—	—	√	—	—	—
	专家门诊	√	√	√	—	√	√	√	√	—	√
	专家病房	√	√	√	—	—	√	√	√	—	√
	专家手术	√	√	√	—	—	—	√	√	—	—
	海外就医	√	√	√	—	—	—	√	√	—	—
	专家陪诊	√	√	√	—	√	√	—	—	—	√
	多学科会诊	√	√	—	—	—	—	√	√	—	—
	特需高端医疗	√	—	—	—	—	—	√	—	—	—
急难救助	国内紧急医疗救援	√	√	√	—	—	√	√	√	—	—
	国际紧急医疗救援	√	—	—	√	—	√	—	—	√	—
	救护车费用报销	—	—	√	—	—	—	—	√	—	—
诊后服务											
医疗关怀	康复建议	—	√	—	—	—	—	√	—	—	√
	住院探视	√	—	√	—	—	√	—	√	—	√
	回访关怀	—	—	—	—	√	—	—	—	—	√
	新生关爱	—	—	√	—	—	—	—	√	—	√
保健服务	医护上门	—	—	√	—	√	—	—	√	—	√
	臻享私人医生	—	—	—	—	—	—	—	—	√	—

（续表）

VIP档次		中档VIP					高档VIP				
保险公司		中国平安	中国太保	中国太平	友邦保险	中国人寿	中国平安	中国太保	中国太平	友邦保险	中国人寿
其他服务											
生活服务	商旅娱乐协助	√	—	—	—	—	√	—	—	—	—
	机场要客通	—	—	—	—	—	—	—	√	—	—
	机场贵宾候机服务	—	√	—	—	—	—	√	—	√	√
	高铁休息室服务	—	√	—	—	—	—	√	—	—	√
	机场、高铁礼宾车服务	—	√	—	—	—	—	√	—	—	—
法律服务	24小时电话咨询	—	—	—	√	—	—	—	—	√	—
	律师推荐	—	—	—	√	—	—	—	—	√	—
	律师面对面	—	—	—	—	—	—	—	—	√	—
	律师上门服务	—	—	—	—	—	—	—	—	√	—
税务服务	电话咨询	—	—	—	—	—	—	—	—	√	—
	税务面对面	—	—	—	—	—	—	—	—	√	—
贵宾活动礼遇	各类教育、养生、理财、休闲等主题活动	—	—	—	√	—	—	—	—	√	—

五、数字化运营能力逐步提升

2020年中国人寿的战略报告中披露，数字化转型后公司新业务价值明显提升；业务结构不断优化；产品基于客户需求更加多元化；在科技赋能的帮助下，销售、服务、管理效率有效提升。随着中国平安、中国太保、中国人寿等头部险企数字化转型取得成效，其他公司也逐步加入创新转型的大趋势之中。2020年的新冠肺炎疫情，更是加速了这一趋势。经过一年多的准备，安徽省内大部分保险机构已经在平台建设、营销管理、系统升级、理赔售后等方面做好了数字化转型准备。

平台建设：目前安徽省内险企基本都有自己的自营平台，主要以PC官网、微信公众号或官方App为载体，并且在线上渠道嵌入AI智能客服系统、智能核保、自助理赔等功能，不断发展互联网平台优势，使线上服务更加多元、便捷，契合80后、90后消费购物习惯。2020年，中国人寿持续丰富寿险App、国寿e店等线上服务功能，畅通线上线下连接，寿险App月活跃人数同比增长48%，个人长险和团险无纸化投保率分别为99.9%和97.9%。保全、个人和团体理赔e化率同比分别提高20个百分点、28个百分点和37个百分点。

营销管理：为了促进快速创新并响应新的趋势、监管及科技要求，各大险企积极构建数字化营业部管理平台，创设营销场景，通过内容营销、社交营销、活动营销、服务营销等方式提升客户触达率，促进销售目标达成。2020年，平安人寿首创智能拜访助手，打造保险服务与销售辅导的线上解决方案，实现代理人“学、练、用”功能一体化，全年累计服务1700万人次；通过智慧保工具，运用AI技术全面分析客户需求、制订保障计划，全年实现超 150 亿元保费转化，科技赋能成效显著。大险企移动营销工具见表 5－9 所列。

表 5－9　大险企移动营销工具

公司名称	移动端名称	主要功能
中国太保	科技个险	中国太保旗下的一款集办公、管理、查询、经营、考勤、培训等功能于一体的手机移动平台
中国平安	e 行销	e 行销是一种以多种方式、多种渠道将后台所有产品和前端所有渠道全部打通的信息整合与发送平台
中国人寿	国寿通	国寿通 App 是中国人寿智能综合展业平台，平台拥有综合金融、客户经营、辅助管理等功能
泰康人寿	泰行销	泰行销是满足个险、银保、电销、经代四大渠道需求，从产品、客户、支持、管理四个创新方向出发，用于实现精准销售、改良队伍素质的移动平台
中国人保	人保通	人保通是中国人保的行销展业移动平台，通过搭建学习园地及业绩查询园地，提供移动投保的功能，让营销员能够更加便捷地完成各项保险服务
新华保险	新华 e 保通	新华 e 保通是新华保险的行销展业 App，员工可以随时随地进行办公，在线处理各种业务

资料来源：中国保险与养老金研究中心。

系统升级：核心系统是中国保险行业进入信息化时代的标志之一。随着移动互联网时代的到来以及前沿科技应用的不断涌现，传统核心系统显然已经无法应对时代需求，因此行业急需进行数字化系统升级建设。目前安徽省内部分保险机构已具备覆盖前中后台的技术体系和运营系统。自《互联网保险业务监管办法（征求意见稿）》发布以来，叠加疫情催化，保险机构逐年加大科技投入力度，并且为了不断提升客户体验，这种对软硬件迭代和优化的投入将是持续性的。当然，目前部分保险公司信息系统还没有完全通畅，因此险企在进行系统建设时，客户售后服务和风控方面还仍需努力。

理赔售后：理赔响应及时性方面，线上应高于线下。这就要求保险机构在提供保险产品的同时做好售后服务，形成完整的服务闭环。目前部分保险公司和互联网保险售后服务已基本实现 100%线上化，未来将继续打通线上线下，在智能与人工结合等方面持续进行优化，不断提升客户体验，结合智能核保系统和大数据库对客户进行分析，帮助筛选制定个性化保险方案。中国太保通过“洋洋客服”系统，为客户提供 7×24 小时全年无休智能机器人自动应答服务，同时通过拟人化的人机交互，提升客户服务体验。截至 2020 年 9 月，“洋洋客服”系统已向 1200 余万个客户提供 5000 余万次的解答服务，人工在线接通率稳定在 90%以上。

第二节　安徽省保险业互联网金融业务发展面临的主要问题

一、转型战略逐渐清晰化，组织架构壁垒难突破

数字化转型本质上应该是保险从业机构寻找与先进的数字化技术相适配的组织和制度的

一个过程。也就是说，需要不断地调整部门的边界和组织的框架，才能为数字化保驾护航。所以目前多数险企数字化转型中遇到的困难和阻碍，都是由信息技术的非线性快速发展与组织制度的线性滞后更迭之间的矛盾引发的。就像历史上各种技术引发的社会形态变迁一样：新技术的诞生，要求新的组织、制度与之匹配。大型保险公司的数字化早期已提上议程，且人员和财务较为充裕，但实际上进程缓慢。从业人员表示，大型保险公司的信息化升级需3～5年，这主要是因为决策链复杂，涉及人员较多，往往牵一发而动全身，灵活性较差。

2020年，在新冠肺炎疫情的外部冲击和行业内生力量的驱动下，多数险企的转型战略已经逐渐清晰化：利用大数据等高科技来保障互联网保险业务的发展，统筹推进公司数字化转型与创新布局。但由于险企现有的组织架构是高级管理层高度集权的、层层授权的科层制，在做资源和组织调配时，受限于这种体制，产品决策与业务推广必须是自上而下的，一线人员很难有决策权。而且对于多数保险公司来说，现有各渠道间在组织职责、商机管理、预算安排等方面划地为界，使得营销信息、营销人员和营销资源难以跨渠道流转和配置。而各个部门的利益分割与冲突更是协同的很大阻碍，各个渠道之间彼此防备，很难全力拥抱协同。这种长期以来以业务为中心形成的部门壁垒，也导致数字化转型不够敏捷，各部门各自为政、协同效率低。险企数字化转型面临的组织壁垒如图5－3所示。

图5－3　险企数字化转型面临的组织壁垒

二、传统渠道线上化经营能力仍有待提升

在疫情影响下，以个人保险为代表的传统线下渠道直面经营压力。疫情抑制代理人线下展业的同时，代理人招募、出勤、培训等线下经营动作也受到较大影响，依托个险等“人海型”渠道的保险公司受到的影响尤为严重，越发凸显了传统渠道线上化经营能力的重要性。尽管安徽省内众多险企已在代理人经营管理中使用数字化平台，实现线上展业、客户经营、队伍管理等功能，然而实际情况中，多数中小险企数字化平台应用仍以建议书制作与线上投保为主，客户管理、队伍管理与培训等功能使用率仍较低。随着私人微信、企业微信、第三方代理人展业平台的兴起，线上展业与队伍管理的手段日益多元化，险企须进一步加强传统渠道数字化建设，并通过考核等方式推动销售队伍对数字化平台的使用，引导销售队伍的线上展业习惯，并通过微信群、短视频、直播等手段创新线上客户经营与销售管理方式。

除此之外，在保险业务流程方面，突如其来的疫情冲击暴露了线上运营能力的欠缺。传统形式下，单纯靠增加线上渠道的广告无法实现精准营销、提高客户黏性，不利于企业长期的数字化转型建设。虽然多数险企开设官网渠道投保，在微信、支付宝、抖音等不同性质的流量平台开设服务号提供相互独立的投保渠道，但并不能满足客户混合化的决策需求，导致实际转化过程中难以追踪且效率较低。因此，未来的数字生态中，各投保渠道不应该是各自提供端到端服务，而应该针对客户的行为特征提供多渠道融合的服务体系。

三、产品甄别难，自主抉择与深度投保指引难以兼得

随着社会人口结构的迁移，传统代理人纯线下展业的模式走向没落，取而代之的是不依靠保险人力销售的全线上保险营销渠道。这种完全数字化的线上保险商城规避了保险代理人模式较严重的几项痛点，可以让用户不受干扰、自主作出选择。但随着市场上产品同质化程度的加深，用户通过自主查询产品官方介绍来鉴别产品优劣的难度增加。同时，伴随险企线上多元营销方式的熟练应用，用户与险企之间信息不对称问题加剧，保险商城很难也没有动力为用户解决这种信息不对称的问题。根据艾瑞咨询的调研报告可知，虽然接近半数的保险实际用户偏好这一类全数字化线上保险商城的保险销售渠道，但也有接近40%的保险实际用户期望在投保过程中获得专业保险代理人的协助。对于毫无购险经验的保险潜在用户而言，偏好单一线上的数字化保险商城投保的群体占比更少，约53%的保险潜在用户希望在专业人士引导下进行投保。

当前，随着保险线上化进程加速、信息流通愈加透明高效、险企的营销植入越发熟练，保险产品呈现宣传过度、迭代快速、条款同质化的特征，这为用户带来极大的甄别负担。如图5-4、图5-5所示，近半数的保险目标用户（保险实际用户和保险潜在用户）认为自主

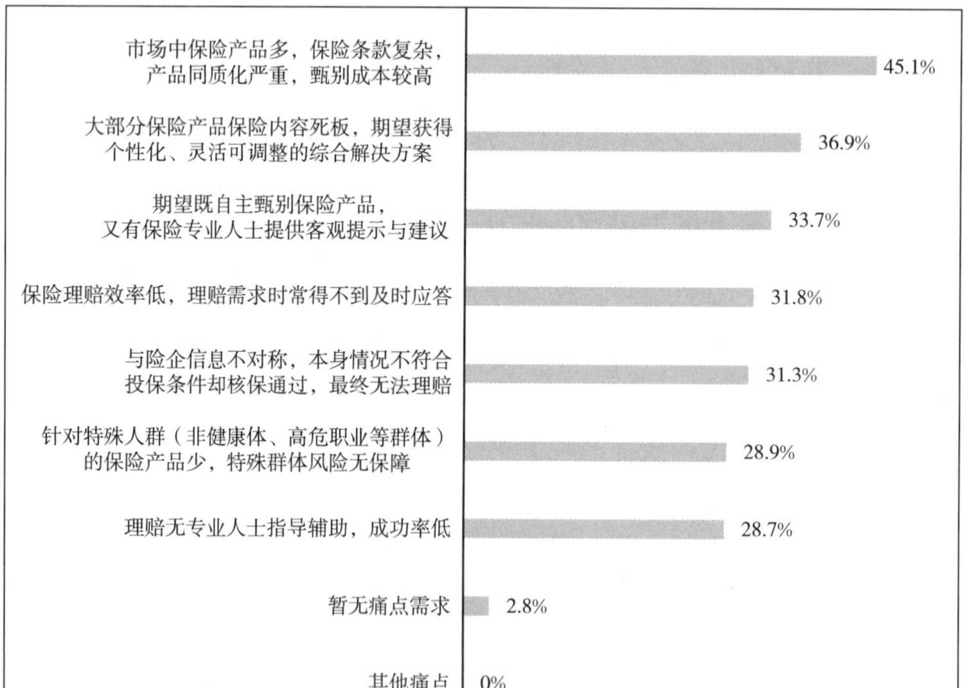

图5-4 保险实际用户的痛点

甄别目标产品已经成为投保决策的核心负担。保险目标用户对专业、客观的保险甄别建议需求迫切，超过 1/3 的保险目标用户期望可以在自主甄别产品的基础上获得保险专业人士的提示与建议。但目前大部分保险代理人受利益驱动难以提供专业、克制、客观的保顾咨询服务。

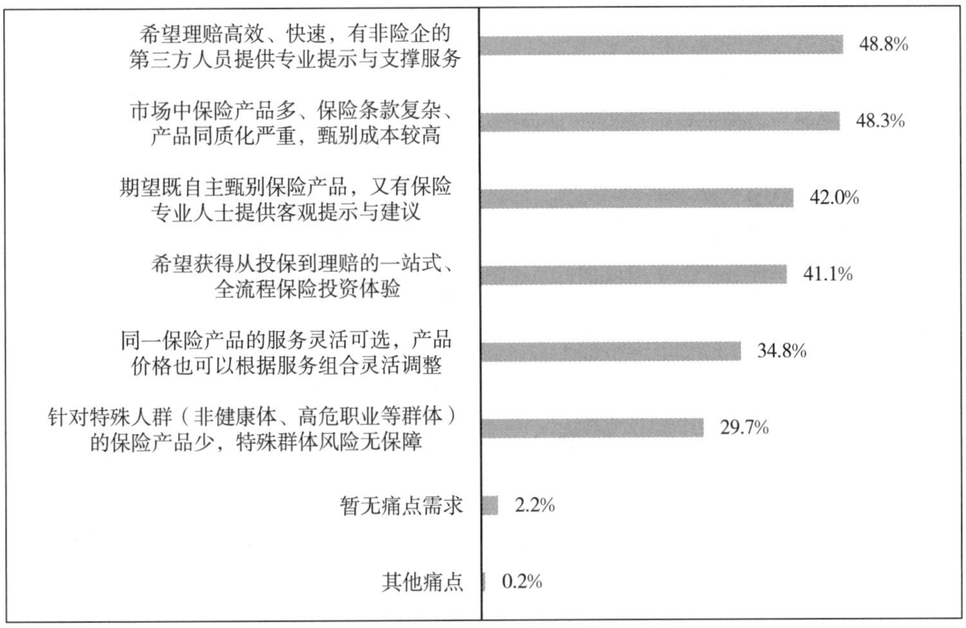

图 5－5　保险潜在用户的痛点

四、惠民保：竞争加剧乱象凸显、风险敞口增大

2020 年，惠民保的“井喷式”发展，除了政策支持和人民群众健康保障意识增强外，更重要的原因是“两低一高”（投保门槛低、保费低、保额高）等极具吸引力的产品属性使其得以刺激、填补和撬动潜力巨大的普惠性补充医疗保险大市场。作为衔接基本医疗与商业健康险的普惠性定制保险，对于打造我国多层次医疗保障体系，分层次解决医疗民生问题，减轻和缓解广大人民群众医疗费用压力与弥补基本社保保障缺口均有重大意义。

但客观而言，惠民保并非“百利而无一害”，其对参保人的诸多优势对险企来说可能是风险。例如，健康告知、参保人年龄均是险企为降低承保风险而设置的过滤条件，一旦放开这些条件，险企的风险敞口势必会变大。目前，关于惠民保承保利润的相关数据并未披露，不过从百万医疗险承保数据来看，2020 年险企健康险（普遍为百万医疗险）承保亏损高达 38.4 亿元，承保利润率为－3.9％。同为短期医疗险的惠民保能否实现盈亏平衡，对险企的业务经验、风控能力、服务水平均是考验。对险企来说，承保大量高龄、带病体的成本风险必然会很高，目前险企通过提高免赔额来降低这一风险，但免赔额设置多少才能维持盈亏平衡仍需大数据支持。

另外，安徽省内大多数惠民保产品刚启动，业务模式、保障责任、费率水平、增值服务等仍在探索之中，当前主要存在以下两个方面的问题：一是部分地区保障方案数据基础不足、缺乏风险测算，并未结合当地经济发展、医疗费用水平、基本医保政策、投保规模等基本要素，也未充分利用既往医保数据进行精算定价；二是定制医疗保险业务受众广，要求承保公司具有完善的信息系统建设，能够实现与医保系统对接并完成一站式结算，同时对线下客户咨询、理赔等服务能力也有较高要求。

五、技术、人才制约仍是数字化转型的核心问题

对传统险企来说，推进数字化转型势在必行，但目前全国各区域的险企在数字化转型方面处于不同的发展阶段。不可否认，对于数字化转型来说，难题始终是核心技术和紧缺的人才。相比头部险企，安徽省内险企数字化转型存在数字化核心人才短缺、业务-技术-数据融合困难、数据基础能力较为薄弱、外部合作需求难以匹配等一系列问题。

（1）数字化人才短缺方面。这主要是由于数字化人才是有聚集效应和正外部性的，与经济发达区域相比，安徽省内险企规模较小，市场份额占有低，在市场竞争中处于弱势地位，因此在人才招聘方面不具有吸引力。安徽省内险企薪资报酬与大型企业相比偏低，缺乏科学的人才培养规划，优秀员工可发展空间有限，造成人才引不来、留不住、储备少的困境。面对数字化改革大潮，数字化复合型人才受各大险企的追捧，险企迫切希望通过数字化人才实现产业与数字化的深度融合，提升效率，提高边际产出。险企对数字化人才的大量需求和数字化人才供给短缺之间的不平衡，导致保险机构间对人才的竞争，引起高技能人才的流动。数字化复合型人才逐渐向规模占据优势的领先企业聚集，安徽省内中小险企的高技能人才更加贫乏。

（2）数字化核心技术方面。安徽省大多险企已经实施了信息化，但以初级阶段为主，信息化、数字化尚未完全建立，数据库相对独立分散，数据标准不一致，普遍存在不兼容的问题，难以形成集成，打通数据之间的壁垒存在较大困难，企业整体信息化管理程度较低。另外，受限于规模、地理位置等因素，安徽省内险企自有资金较少，投入成本少，与大型企业数字化资源配置相比投入严重不足，叠加信息化、数字化诉求低，导致其数字化基础薄弱。更为关键的是，企业数字化转型是一个循序渐进的过程，需要持续不断的资金投入。这对于处于信息化初级阶段的险企来讲，是迫切需要破解的难题，是形势所迫，也将成为生存之道。

第三节　安徽省保险业互联网金融业务发展趋势与展望

一、产品创新加速，覆盖广度和保障深度提升

近年来，险企为适应市场需求，激发出许多创新举措，包括新型产品的设计和经典产品的更新迭代。以快速发展的健康险为例，重疾险和百万医疗险作为经典的健康险产品，不断调整，趋向于提升服务、延长保障期限。各类新型产品接连上市，则趋向于覆盖更广泛的人

群。健康险产品创新举措见表 5 - 10 所列。

表 5 - 10　健康险产品创新举措

	险种	创新举措
经典产品	重疾险	重疾险是最早出现的健康险产品。伴随着重疾险范畴的调整，疾病覆盖范围不断扩大，对重疾的轻症、中症、重症进行区分；赔付的次数从一次转变为多次，产品的保障能力提升。根据监管的要求，2021 年 2 月 1 日重疾险正式调整，产品正式更新换代
	百万医疗险	百万医疗险于 2016 年出现，近年来得到多次迭代和修正。目前，多数产品仍为一年，且产品的同质化现象较为严重，已进入价格比拼阶段。当前产品的发展方向较为明确，一是规范，二是保障。就规范而言，产品“漏洞”逐个修复。就保障而言，产品的限期向长期医疗保险方向发展
创新产品	惠民保险	惠民保险即“城市定制型商业医疗保险”，是以“城市定制、商保承保”的方式，由政府及相关部门协同商业健康险公司、保险中介、TPA 联合发布的保险
	税优健康险	个人购买符合税收优惠医疗的保险的支出，可以享受个人所得税减免。该类产品允许带病投保、保证续保。但投保限制多，个税优惠少，且保险公司风险较高，截至 2020 年 2 月，在售产品不足 40 款
	长期护理险	为长期失能人员提供基本生活照料和医疗护理保障的社会保险制度。截至 2020 年 9 月，试点达 28 个省份
	慢病保险	为慢病人群提供的保险，多为单病种保险，慢病以外的风险并不可保。产品保障低，并不受带病人群欢迎，目前慢病保险多已停售
	其他细分人群险	产品逐步覆盖细分人群，如防癌保险、女性保险、儿童保险及部分允许带病体投保的保险

然而，不论是新型产品的出现或是经典产品的迭代，都仍处于不断探索阶段，保障性具有较大提升空间。随着人们对保险需求的提升和技术的发展，以及中国银保监会对重疾险的疾病范畴的重新界定，保险产品正面临转型。健康险产品创新将会迎来加速，将覆盖更多的带病人群，产品的综合保障性和保障期限将大幅度提升。例如，安徽省芜湖惠民保项目已更新迭代至 2.0 版本，在 1.0 版本的基础上责任升级：①增加特药保障项目，涵盖 11 种特药，赔付比例 70%。②保额由 100 万元提升至 200 万元，但费率保持不变，仍然为 59 元/年。健康险产品创新方向如图 5 - 6 所示。

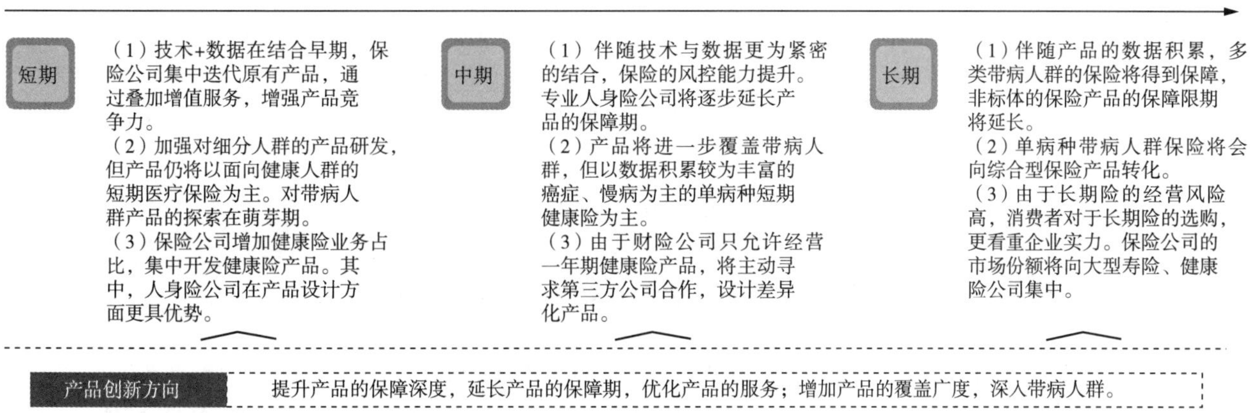

图 5 - 6　健康险产品创新方向

二、科技赋能渠道创新，“流量＋队伍”双轮驱动代理人产能提升

当前，用户仍然是保险业增长前进的源动力之一，但保险销售人海战术已到拐点，因此如何在代理人增员乏力的情况下实现产能提升成为行业亟待解决的难题之一。事实上，近年来各大险企陆续进行代理人渠道改革，如中国平安自2013年就开始实施“优才计划”，致力于打造一支高产能、高收入、高质量的代理人队伍，目前转型已初见曙光，产能提升的方式已见成效。因此，以科技赋能代理人，走高产能路线成为险企提升业绩的突破口。针对保险产品销售流程的不同阶段，目前代理人产能提升途径主要有以下两条：①获客与触客阶段：流量拓宽，提升获客及触客效率。随着科技发展及其对“公域＋私域”流量的拓宽，代理人社交半径得到扩张，且在获客阶段就能通过大数据等技术提升对客户的知悉程度，获客效率大幅提升。以中国平安为例，代理人使用的App中公域流量拓宽工具有“三板斧”，私域流量拓宽工具有“八宝箱”，运用数字化手段助力代理人提升获客和转化效率。②产品推介与业务促成阶段：队伍革新，提升代理人素质。通过革新代理人队伍的方式，增强代理人专业素质、营销水准等核心竞争力，优化产品推介，提高潜在客户转化率。未来，随着保险科技在安徽省的逐步落地使用，省内险企的代理人改革也将陆续提上议程，利用“流量＋队伍”双轮驱动代理人产能提升，不断提升自身的核心竞争力。代理人产能提升策略如图5－7所示。

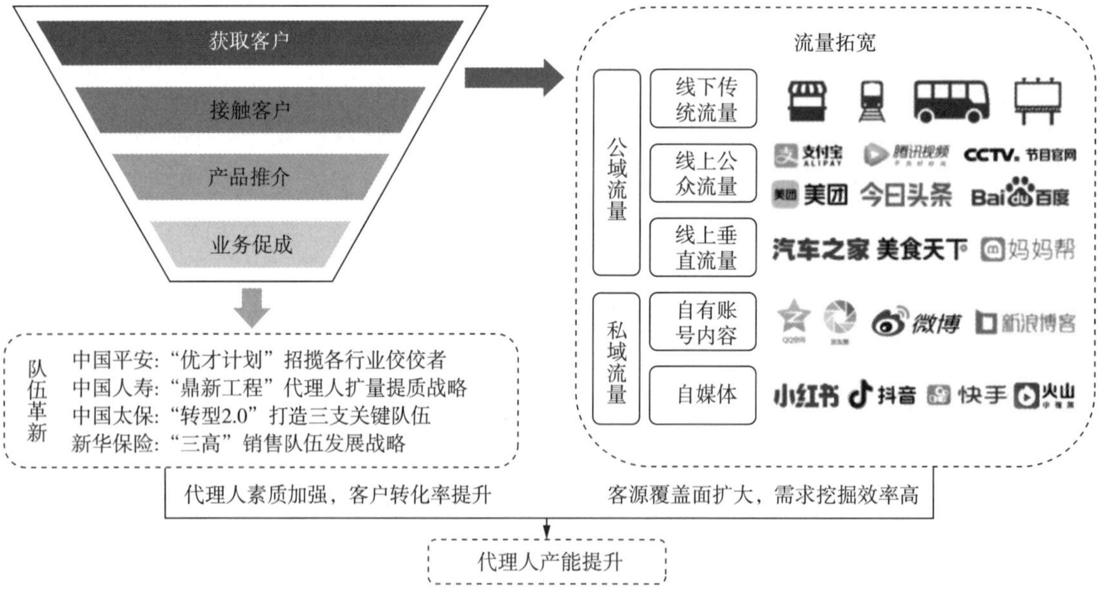

图5－7　代理人产能提升策略

三、构建数字化智能中台，沉淀业务能力，赋能前后端运营

随着保险业从高速增长向高质量发展迈进，有关保险科技的创新应用层出不穷。市场中有关保险科技的创新应用可大致归类至四个层面：营销渠道创新、保险科技产品创新、数字化智能中后台和互助平台。其中，构建数字化智能中台系统是实现保险数字化升级的核心路

径。一直以来，保险中台系统是各险企业务运转的核心部分，构建数字化智能中台系统还可辅助实现前端营销渠道创新与后端产品设计创新。数字化智能中台系统能够在不替换传统核心系统的情况下，通过 API 调用的方式释放服务能力，赋能前台应用，满足复杂的前台业务场景需求。例如，移动展业、代理人培训、渠道管理、多元渠道接入、场景营销、C 端用户池管理、C 端用户运营、流量平台合作等。面对行业监管升级，疫情对线下展业冲击，险企需加速对云计算、大数据、人工智能等技术的应用，升级信息化系统，提高运营效率，降低管理成本，控制赔付风险。目前，部分险企正在打破内部不同子公司/部门间独立的产品、销售、理赔、客户信息的数据壁垒，建立数据中台，对数据进行识别、清洗、标准化、结构化处理，辅助保险业务流程线上化，逐步到自动化，升级至智能化；反过来，业务流程改造也将进一步反哺数据中台的建设。未来随着安徽省内险企从自动化向智能化过渡，业务流程将得到进一步优化，从而为提升管理效率和降低风险提供基础。数字化智能中台系统赋能前端应用如图 5－8 所示。

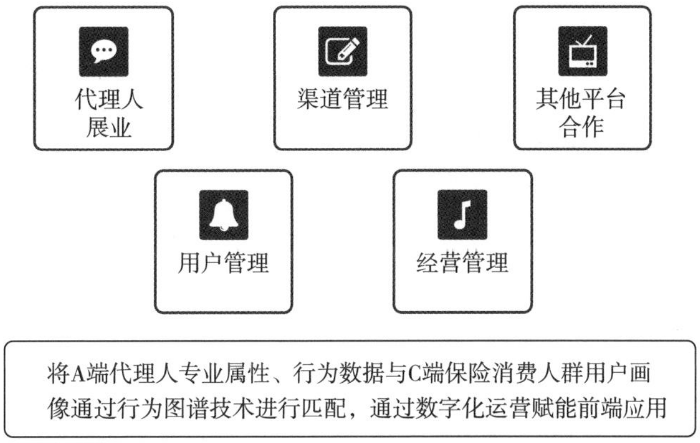

图 5－8　数字化智能中台系统赋能前端应用

四、互联网保险监管或持续趋严

自 2020 年以来，一系列旨在规范互联网保险业行为的新规新政相继出台，包括《关于规范互联网保险销售行为可回溯管理的通知》《互联网保险业务监管办法》《关于进一步规范互联网人身保险业务有关事项的通知（征求意见稿）》《关于规范短期健康保险业务有关问题的通知》《关于短期健康保险续保表述备案事项的通知》等。鉴于目前互联网保险市场仍存在非法经营、产品定价风险、销售误导风险、线下服务能力偏弱、投诉纠纷多以及信息安全风险等问题。未来监管力度将进一步趋严，打击互联网保险业务经营现存乱象，鼓励互联网保险业在风险可控的前提下创新协同发展。

此外，各地已经开始展开对互联网保险销售过程和销售人员更为严格的管理。在人员管理上，对保险销售人员要求入职培训考核评估在线考试，这是继 2015 年保险销售人员考试取消后，各地又开始重新严格要求保险销售人员的入职门槛。同时，多地展开了对保险销售行为的双录。这些要求会影响保险销售队伍的发展：对野蛮销售、虚假销售、误导消费者的管理会更加严格；也会影响保险线上和线下结合的销售模式的展开：通过对销售人员的培训、考核、指导、双录等增加保险公司和中介机构的成本，逼迫它们通过提升产品价值和销售效率实现转型。

总体来说，未来保险线上销售整体市场将面临更加严格的监管。在严格监管态势下，互联网保险健康、可持续发展的动能将更好地得到释放，全力实现从渠道、产品，到数据、技术，以及平台、模式等创新，从而满足多元消费需求。

第六章　安徽省互联网支付业务发展情况

2020 年，我国互联网支付行业整体保持较好的增长势头，市场秩序逐步规范，行业监管有力有效，服务绩效明显提升，对外开放不断深化，行业国际领先地位持续巩固，互联网支付产业已经步入高质量发展阶段。2020 年，全国银行业金融机构共办理非现金支付业务 3547.2 亿笔，金额 4013.0 万亿元，同比分别增长 7.2%和 6.2%。银行业金融机构共处理网上支付业务 879.3 亿笔，金额 2174.5 万亿元，同比分别增长 12.5%和 1.9%；移动支付业务 1232.2 亿笔，金额 432.2 万亿元，同比分别增长 21.5%和 24.5%。非银行支付机构处理网络支付业务 8273.0 亿笔，金额 294.6 万亿元，同比分别增长 14.9%和 17.9%。新冠肺炎疫情的暴发，带来了互联网支付行业的新常态，线上与线下支付加速融合，支付方式加速升级，支付产业呈现数字化趋势。不同支付机构在各自的细分领域深耕细作，我国的互联网支付市场已成为国际领先的支付市场之一。在行业整体有序发展的基础上，安徽省互联网支付行业在 2020 年也取得了不俗的成果，行业整体逐步进入良性有序的发展态势。

第一节　安徽省互联网支付业务发展现状

一、行业竞争日益激烈，市场步入新格局

相较于过去几年轰轰烈烈的断直连、备付金交存，互联网支付行业在 2020 年平静了许多，支付牌照买卖、头部公司上市、支付罚单成为 2020 年的行业关键词。多家互联网巨头获得支付牌照或注册支付商标，同时也有多家支付机构准备上市，互联网支付业务的笔数和金额都有较大幅度的增长。

2020 年 6 月，乐刷科技有限公司（以下简称“乐刷支付”）的母公司深圳市移卡科技有限公司（以下简称“移卡科技”）在港交所正式挂牌上市；2020 年 12 月，连连银通电子支付有限公司（以下简称“连连支付”）的母公司连连数字科技股份有限公司（以下简称“连连数字”）拟首次公开发行 A 股股票并在科创板上市。支付企业迎来了上市浪潮，究其原因主要还是来自市场竞争的压力。当前整个第三方支付市场份额大部分已经被支付巨头支付宝和微信支付瓜分，中小支付机构在备付金集中存管、断直连、竞争加剧、监管趋严等情况下，生存空间越来越小，谋求上市则成为大型支付机构完善生态链的重要举措。通过上市可以获得企业发展所需要的资金帮助，进一步提升自身金融科技水平，助力互联网支付企业实现自身数字化转型，从而适应激烈竞争的市场。

市场激烈竞争的同时，也在不断出清。2020 年 12 月，安徽华夏通支付有限公司（以下

简称“安徽华夏通”）发布“业务停止公告”，公告表示经公司讨论并征得央行同意，安徽华夏通于2020年12月18日停止在安徽地区开展预付卡发行业务。安徽华夏通注销支付牌照其实是近年来中小支付机构预付卡业务艰难生存的一个缩影。预付卡机构曾是非银行支付机构中数量最多、占比最重，也是近几年监管趋严后发展转型最为艰难的一类机构。究其根本，一是备付金统一交存、实名管理等对预付卡业务的影响非常大，靠备付金利息收入作为主要业务模式的机构失去生存空间；二是伴随移动支付的普及，预付卡支付便利的优势已不再，没有业务生态作为支撑的预付卡业务价值明显降低。互联网支付机构经过市场的重塑，留下的都是有实力和顺应时代潮流的企业，产业数字化转型为互联网支付企业带来了新的机遇，行业从走“量”向求“质”进行转变，市场逐步进入新的格局。2020年主要互联网公司第三方支付业务布局见表6-1所列。

表6-1 2020年主要互联网公司第三方支付业务布局

公司	日期	内容
美团	2020年5月	上线美团月付
滴滴	2020年末	上线滴滴月付
拼多多	2020年1月	获得支付牌照
	2020年12月	多多钱包上线
快手	2020年8月	收购易联支付
	2020年8月	申请“老铁支付”商标
抖音	2020年8月	获得支付牌照
	2021年1月	上线抖音支付
B站	2021年1月	提交支付域名被审核通过

二、疫情之下刷脸支付与聚合支付加速升级

2020年初，疫情的暴发给支付行业带来了多重挑战，消费整体的大幅下滑导致支付平台的交易量直线下滑，戴口罩出行使得刷脸支付遭遇“重创”。支付企业在经历了短期的蛰伏之后，迅速推出了刷脸测温的功能，同时加强二维码支付功能的推广。在技术方面，支付宝及微信支付分别对各自算法进行升级，支持戴口罩刷脸支付。在公共交通、学校、社保、税收等领域，刷脸支付不断挖掘和开拓应用场景，新的行业支付模式逐渐形成。2020年部分城市地铁刷脸乘车情况见表6-2所列。2020年部分城市公交刷脸乘车情况见表6-3所列。

表6-2 2020年部分城市地铁刷脸乘车情况

城市	日期	覆盖范围	使用渠道	覆盖对象
南宁	2020年5月	全线覆盖	轨道交通App	全体乘客
哈尔滨	2020年7月	1号线、3号线一期全线	“智惠行”App	全体乘客
无锡	2020年7月	1号线人民医院站、南禅寺站 2号线梅园开原寺站	线下注册时录入人脸信息	特殊客群

（续表）

城市	日期	覆盖范围	使用渠道	覆盖对象
福州	2020 年 8 月	全线覆盖	“e 福州” App	全体乘客
贵阳	2020 年 8 月	全线覆盖	“一应黔行” App	全体乘客
天津	2020 年 9 月	8 号线	天津地铁 App	特殊客群
呼和浩特	2020 年 10 月	全线覆盖	青城地铁 App	全体乘客
太原	2020 年 12 月	2 号线所有闸机	“听景” App	全体乘客

表 6-3 2020 年部分城市公交刷脸乘车情况

城市	日期	覆盖范围	使用渠道	覆盖对象
鞍山	2020 年 6 月	内部试点	掌上公交	所有乘客
阜阳	2020 年 7 月	9 路、16 路公交车	公交颍州通	所有乘客
柳州	2020 年 7 月	11 个封闭式 BRT 公交站台	道行龙城	所有乘客
西安	2020 年 12 月	165 路和 235 路公交车	西安公交出行或西安市民卡	所有乘客

2019 年末银联商务发布的刷脸支付终端产品“蓝鲸”于 2020 年在包括安徽省合肥市在内的全国多地市进行试点，该产品同时支持微信和银联刷脸支付，突破此前刷脸支付市场终端设备单一支付功能，将“聚合”概念首次带入刷脸支付市场，进一步打开了支付领域互联互通的大门。

2020 年聚合支付在安徽的市场亦取得了长足的进展。2020 年 9 月 15 日，中行六安分行与安徽商之都六安商厦联合正式推出安徽首家 MIS 聚合支付业务。用户可以出示微信、支付宝、银联二维码或者银行卡进行支付，实现了六安数字银行与商场智慧收银项目的完美结合，进一步推动了全省便民工程的进程。徽商银行则在 2020 年 8 月上线手机银行刷脸支付功能。在技术支持方面，安徽省内也已设立多家从事聚合支付相关业务的公司。

互联网支付的发展历程，从“各自为政”到“条码聚合”，最终走向了“互联互通”。

专栏 6-1 徽商银行推广刷脸支付 可在手机银行开通

为推进金融科技在线下开放场景的应用，建设移动支付业务新生态，提升客户支付体验，2020 年 8 月 21 日，徽商银行手机银行上线“刷脸支付”功能。

“刷脸支付”是按照央行《人脸识别线下支付安全应用技术规范（试行）》等标准，结合活体检测等保障措施，将人脸识别技术应用于线下开放场景，同时为客户提供全流程信息和资金的安全防护。客户通过徽商银行手机银行开通“刷脸支付”功能后，在商超、餐饮、药店、酒店、自助售货机等场景的银联特约商户结算时，无须拿出手机、银行卡等物理介质，根据提示完成“刷脸”操作并输入支付口令，即可成功付款。

下一步，徽商银行将继续探索金融科技在互联网场景的应用，加大新型支付工具推广力度，为客户提供更加优质、便捷、安全的金融服务。

（来源：移动支付网，https://www.mpaypass.com.cn/news/202009/10105112.html）

三、科技应用日趋成熟，数字货币推动支付创新发展

作为支付产业创新发展的关键驱动力，大数据、云计算、人工智能、区块链等金融科技发展环境不断完善，金融科技的技术逐渐成熟，5G等规模化网络基础设施的建设日益完善，这都为互联网支付创新带来了更多可能。支付机构依托科技创新和资源整合，拓展更加丰富的应用场景，提供更加智慧、便捷的支付服务。随着金融科技深入支付场景，刷脸支付、聚合支付等产品走向市场，互联网支付行业科技应用日趋成熟，社会层面则更为广泛地享受到行业发展的红利。

2020年，在经受住疫情带来的考验后，我国数字经济进入了快速发展时期。基于节点网络和数字加密算法的数字货币和电子支付工具（Digital Currency Electronic Payment，DCEP）正是为了迎合数字经济发展需要。如果说条码支付仅仅改变了货币支付的方式，那么DCEP则直接改变了货币存在的形式。从受理端来看，人民币的法偿性决定了DCEP不会存在任何支付壁垒——只要支持电子支付的地方，就必须接受DCEP；从支付端来看，只要没有支付壁垒，消费者就不会拒绝使用法定货币，无论它以何种形式存在。在支付体验设计上，DCEP的双离线支付进一步降低了消费者的使用门槛，消费者能够随时、随地、随需而付，且支付更加方便。除此之外，DCEP的匿名性可以充分保护消费者的安全和隐私。

作为数字人民币试点的典型区域，长三角区域的苏州、上海先后成为试点城市，创新应用不断落地。未来数字人民币将出现在越来越多的生活场景中，给人们带来更多的便利。2020年我国央行数字货币的发展历程见表6-4所列。

表6-4 2020年我国央行数字货币的发展历程

日期	会议/文件	主要内容
4月29日	央行数字货币研究所	目前数字人民币研发工作正在稳妥推进，基本完成顶层设计、标准制定、功能研发、联调测试等工作。先行在深圳、苏州、成都、雄安新区等地进行内部封闭试点测试
5月26日	两会期间易纲发言	数字人民币已先行在深圳、苏州、成都、雄安新区进行内部封闭试点测试
8月12日	《全面深化服务贸易创新发展试点总体方案》	公布28个全面深化试点地区，在京津冀、长三角、粤港澳大湾区及中西部具备条件的试点地区开展数字人民币试点。由央行制订政策保障措施，先由深圳、苏州、成都、雄安新区等地协助推进，后续视情况扩大到其他地区

（续表）

日期	会议/文件	主要内容
8月25日	政策例行吹风会 央行货币政策司司长 孙国峰答记者问	数字人民币研发工作正遵循“稳步、安全、可控、创新、实用”原则，在深圳、苏州、成都、雄安新区等地进行内部封闭试点测试，以检验理论可靠性、系统稳定性、功能可用性、流程便捷性、场景适用性和风险可控性
9月1日	范一飞发表《关于数字人民币M0定位的政策含义分析》	强调数字人民币的双层运营体系与央行中心化管理模式，即央行在体系中处于中心地位，负责向指定商业银行批发数字人民币并进行全生命周期管理，商业银行负责面向社会公众提供兑换流通服务
10月11日	《深圳建设中国特色社会主义先行示范区综合改革试点实施方案（2020—2025年）》	在央行数字货币研究所深圳下属机构的基础上成立金融科技创新平台。支持开展数字人民币内部封闭试点测试，推动数字人民币的研发应用和国际合作
10月24日	《中华人民共和国中国人民银行法（修订草案征求意见稿）》	规定人民币包括实物形式和数字形式，为发行数字货币提供法律依据，同时禁止任何单位和个人制作、发售数字代币
10月25日	外滩金融峰会央行数字货币研究所长穆长春发言	数字人民币应该坚持央行中心化监管，过程中要做到：①统筹管理数字人民币发行额度，保证100%的准备，杜绝超发。②要制定统一的业务标准：技术规范、安全标准和应用标准，实现指定运营机构之间的互联互通，避免支付壁垒。③要统筹管理数字人民币的信息。市场上已经出现了假冒的数字人民币钱包，所以和纸钞时代一样，央行依然面临着防伪和防假的问题。④要统筹建设数字人民币的发行基础设施，实现跨运营机构的互联互通，保证不会出现支付壁垒
10月25日	第二届布达佩斯欧亚论坛周小川发言	我国研发的DCEP与央行货币原则（出自10月9日七国央行和国际清算银行发布的《央行数字货币：基本原则与核心特征》）有所差别，DCEP更重视改进国内零售支付系统，是一个双层、动态中期演进的系统，给予第二层机构更大积极性并要求其负有更多责任
10月29日	“十四五”规划和2035年远景目标	加快数字化发展，发展数字经济，推动数字经济和实体经济深度融合，加强数字社会、数字政府建设，提升公共服务、社会治理等数字化智能化水平；提出建设现代化中央银行制度，完善货币供应调控机制，稳妥推进数字货币研发
11月1日	习近平谈国家中长期经济社会发展战略	我国线上经济全球领先，要加快数字经济、数字社会、数字政府建设，推动各领域数字化优先升级。积极参与数字货币、数字税等国际规则制定，塑造新的竞争优势

四、长三角区域支付一体化向纵深发展

2020年长三角一体化发展迈上了新台阶，从基础设施到公共服务，从疫情防控到协同创新，互联网支付领域的一体化进程不断加快。2020年4月2日，央行上海总部会同长三角生态绿色一体化发展示范区执委会等12个部门联合出台的《关于在长三角生态绿色一体化发展示范区深化落实金融支持政策推进先行先试的若干举措》提出，将提升一体化示范区跨域移动支付服务水平纳入发展规划，支持各金融市场主体创新移动支付产品，推动一体化

示范区公共交通、医疗、养老等公共服务领域创新产品形式，依法合规实现互联互通。在示范区内，将持续推进银行卡闪付、云闪付乘车码等工具在公交、地铁的应用，鼓励支付机构等市场主体积极开展合作，实现公共交通领域一卡畅行、一码畅行。

在医疗卫生领域，示范区内依托云闪付渠道，推动云闪付电子健康卡和云闪付医保电子凭证发放，实现示范区非医保自费人员电子健康卡和参保人员医保电子凭证移动支付互联互通，改进示范区同城化公共服务水平。2020 年，门诊费用跨省直接结算范围已覆盖长三角 41 个地级市，5600 余家医疗机构，累计结算超百万人次，区域内居民就医便捷度大大提升。

长三角一体化进程为安徽省带来重大发展机遇。近两年来，合肥市紧扣长三角世界级城市群副中心的战略定位，大力推进合作机制紧密互联、基础设施互联互通、科技创新优势互补、创新产业协同发展、生态环境联防共治、公共服务便利共享，在长三角一体化发展过程中做出了自己的贡献。

五、数字化发展进程加快，产业潜能进一步释放

近年来数字经济蓬勃发展，加速成为继农业经济、工业经济之后的新经济形态。习近平总书记指出，数字经济发展速度之快、辐射范围之广、影响程度之深前所未有，正在成为重组全球要素资源、重塑全球经济结构、改变全球竞争格局的关键力量。我国互联网支付产业经过十多年的发展已经达到很高的水平，行业整体逐渐进入一个瓶颈期，为了谋求突破、实现高质量发展，以支付宝、微信等为代表的互联网企业也积极利用数字化技术，更多地拥抱数字化进程。例如，支付宝利用区块链技术极大地提升了跨境支付服务时效，微信利用区块链技术助力税务机关打造电子发票服务等。对于传统行业、传统领域存在的痛点、难点问题，利用数字化技术结合支付服务进行闭环将是未来支付行业的主流趋势。

拉卡拉支付股份有限公司（以下简称“拉卡拉支付”）在产业互联网时代到来之际，主动调整优化商户和收入结构，夯实发展基础，协同“支付、金融、电商、信息”四大科技业务板块，全维度为中小微商户提供线上与线下服务。基于上述战略，拉卡拉支付向中小微商户提供支付、贷款、理财、保险、积分消费运营、广告营销、会员订阅、新零售和云分销等服务，帮助中小微商户解决经营痛点，完成“超越支付”的战略规划，从一家支付公司升级为综合性企业服务公司。当前，很多第三方支付企业通过移动支付等数字化服务赋能商户企业、消费者，提升商户企业的经营效率，带给消费者更加优质的支付体验。数字化倒逼小微企业加速转型，支付环节贯穿了经营场景，聚集了信息流、服务流与资金流等海量资源，可为小微企业打造更具针对性的服务，在融资、营销及风控等领域赋能。

六、创新支付助力便民生活，线上线下“支付＋”深度融合发展

2020 年，移动支付惠民工程取得丰硕成果，疫情激发新业态、新模式，更多线下支付场景向网络直播、医疗支付等更多消费场景迁移、延伸。线上线下“支付＋”场景深度融合，数字普惠金融实践更加丰富，各场景支付效率和用户体验得到显著提升。

在政务服务方面，中国银联配合各级财政部门、央行非税收入收缴电子化改革，助力各

地政府推进“互联网＋政务服务”。在安徽省公共支付领域，用户可通过云闪付 App 的“城市服务”进入“公共支付”页面，办理税收通用缴款书缴费、交通罚款缴纳和教育缴费等业务，极大地方便了人民群众。

在惠民生促消费方面，中国银联在多地积极响应地方政府政策助力发放消费券，带动了各地餐饮、超市、百货、旅游等消费逾 10 亿元，其中九成以上受益商家为中小微商户。2020 年 4 月 15 日至 5 月 31 日，中国银联安徽省分公司联合多家单位，举办安徽省阜阳市“春暖阜城、消费惠民”活动，在云闪付 App 内分 13 个批次发放 300 万张消费券，超 1.7 亿元的补贴资金惠及阜阳市千家万户。超千家百货、餐饮和超市等商家积极响应，加速供给和需求两端正向循环激励。此外，新兴的线上支付平台与线下小摊贩、菜场、水果店等小型实体商店等有机融合，在疫情期间受到居民青睐，成为居民日常生活中不可或缺的一部分。

在医疗健康方面，安徽省积极探索“码上支付”、推进电子健康卡、电子社保卡、医保电子凭证与“安康码”互联互通。在合肥市安徽医科大学第四附属医院，患者可以用手机扫描安康码，使用“安康码”自助建卡、挂号、取号、预约、充值、打印、查询检查报告等，完全实现线上线下就诊一体化，满足患者足不出户就能通过线上图文、视频问诊需求。亳州市于 2020 年 5 月 17 日在全市医保定点医疗机构正式上线启用医保电子凭证，全市参保群众可以通过申请的医保电子凭证进行医保登记、购药、查询等多项功能，医保从“卡时代”跨入全新的“码时代”。另外，2020 年 11 月，为推动电子社保卡、医保电子凭证和电子健康卡三卡融合，六安市 987 家医保定点药店全面启动“码”上购药，成功实现六安“安康码”与六安市社保核心平台、六安市定点医药机构系统深度对接，打通了部门间数据通道。消费者可以通过“皖事通”打开“安康码”，在医保定点药房支付时扫码即可完成身份识别、实现无卡购药。

专栏 6－2　继长三角地区后，安徽省将加快“安康码”全国互认通用

3 月 25 日，安徽省新型冠状病毒感染肺炎疫情防控应急综合指挥部办公室发出《关于印发加快推广使用“安康码”工作方案的通知》（以下简称《通知》）。《通知》要求，统一各地“安康码”的使用规则，打通“安康码”全省全覆盖的障碍堵点，全面推广使用“安康码”。

在疫情防控期间，“安康码”是一个以二维码为展现形式的“电子通行证”，供政府有关部门、用人单位、社区等综合判断个人健康风险等级，实现特殊时期动态健康认证。根据《通知》，今后“安康码”将依托“皖事通办”平台，集个人信息、电子证照、支付凭证等功能于一体，覆盖医疗、教育、政务服务、交通出行、社会保障、公用事业和金融服务等更多领域，实现从“一码通行、一码通办”到“一码共享、赋码生活”。

在政务服务领域，将“安康码”系统与一体化政务服务平台打通，推动与电子云

签、电子证照、电子印章、电子档案的有机结合，促进跨地区、跨部门、跨层级业务协同，提升办事效率。

在健康服务领域，将推进电子健康卡、电子社保卡、医保电子凭证与“安康码”互联互通，让“安康码”具备电子健康卡、电子社保卡、医保电子凭证同等功能，逐步实现“安康码”在电子医疗档案、线上预约挂号、在线诊疗、移动医保支付、社保查询、处方流转、线上购药、药店购药、异地就医与医保结算、家庭医生签约与服务、待遇资格认证等领域的应用。

同时，探索“码上支付”，先期在公共汽车城市轨道、共享单车等公共交通领域加强与第三方支付能力对接，推进“安康码”在生活领域的广泛运用。

通知要求，各市需按照《安徽省新冠肺炎疫情防控健康码管理规则》，对省内其他地市的“安康码”予以认可，共享人员健康状态信息，落实全省范围内“绿码通行”原则。有条件的场景可通过扫码验证的方式核验信息；在已经实现长三角地区互认通用的基础上，加快实现全国互认通用。做好其他省市居民来我省出示“健康码”的绿码互认、扫码核验工作，以及赴外省市地区人员使用“安康码”绿码出行的宣传引导工作。

（来源：中安在线，https://baijiahao.baidu.com/s?id=1662219546352242942&wfr=spider&for=pc）

七、支付服务继续下沉，助力农村市场发展

据央行发布的《中国普惠金融指标分析报告（2020年）》统计，2020年银行业金融机构共处理农村地区移动支付业务142.2亿笔，同比增长41.4%；网上支付业务118.8亿笔，同比下降6.2%。非银行支付机构共处理农村地区网络支付业务4670.4亿笔，同比增长6.0%。整体来看，农村地区移动支付业务增长迅速。2020年是脱贫攻坚决战决胜之年，为纾困农产品销售，中国银联联合中国优质农产品开发服务协会共建的“菜篮子”惠民专区在学习强国App和云闪付App等上线（见图6－1），安徽省霍山县就作为重点扶贫县之一受益其中。此外，中国银联坚持“支付为民”的初心，加大县域农村地区支付体系建设力度。联合中国优质农产品开发服务协会，积极搭建“全国农产品产销对接公益服务平台”。一方面，平台面向消费者，接入学习强国App、云闪付App等多个渠道，

图6－1 云闪付App上“菜篮子”惠民专区

促进网络消费扶贫；另一方面，平台联结合作社，整合商品销售、物流下单、农产品检测、涉农贷款、信息发布等多项功能，助力破解农产品上行销售“最初一公里”难题，为后续农业金融更好向县乡下沉开展有益尝试。

2020 年，中国银联安徽省分公司通过驻村帮扶和结对帮扶等方式，按照脱贫攻坚总体部署和要求，助力多个贫困县“脱贫摘帽”。同时，安徽银联积极响应国家“乡村振兴”战略号召，联合商业银行在云闪付 App 和银行 App 为受疫情影响滞销的农产品开设产销信息流通的绿色通道。安徽省歙县的“三潭枇杷”通过云闪付 App 走进千家万户，农民实实在在地享受到数字支付带来的便利与收入。

在持续助农的过程中，中国银联安徽省分公司积累实战经验，将拉动消费、助力经济发展与扶持各地特色产业贯通起来，形成了一系列有银联特色的经验做法，并将经验应用在更多领域，帮助更多农产品走出产区、走向全国。

八、线上跨境支付实现飞跃式发展

2020 年，突如其来的疫情重创出国旅游、出国留学等跨境 C 端消费，但是全球线上购物行业取得了跨越式增长，宅经济成为全球性常态。据头豹研究院统计，2020 年我国第三方跨境支付市场规模超 1.1 万亿元。新冠肺炎疫情得到有效防控后，我国经济逐渐恢复，跨境贸易逐渐频繁，跨境支付需求持续增加，预计未来 5 年行业将保持高速增长态势，2025 年市场规模有望达到 3.7 万亿元。

2020 年，中信银行、浦发银行、招行、宁波银行、稠州商业银行等相继入局跨境收款领域，汇付天下有限公司（以下简称“汇付天下”）、上海富友支付服务股份有限公司（以下简称“富友”）等不少支付机构也推出相关服务，其他头部非持牌跨境收款平台通过收购、申请等方式争取获得支付牌照。支付宝、财付通和银联基本垄断海外 C 端收单，其他中小第三方支付机构（如连连数字、PingPong、汇付天下等）主要服务跨境电商。同时，蚂蚁科技集团股份有限公司（以下简称“蚂蚁集团”）也积极布局东南亚支付市场。此外，PayPal 作为全球大型第三方支付平台，交易规模不断增长。2020 年，PayPal 收入 214.5 亿美元，增长 21%。截至 2019 年底，PayPal 已经收购国付宝信息科技有限公司（以下简称“国付宝”）70% 股份，显著扩大了其目标市场，为中国商家和消费者提供了跨境支付解决方案。

当前跨境支付市场的相关法律法规还不够完善，国际支付标准制定进程也在加快，条码支付、跨境支付等标准正在制定或探讨中，有望为以后的跨境支付市场提供一个良好的环境。

第二节　安徽省互联网支付业务监管

一、互联网支付行业严监管态势延续

2020 年，互联网支付行业整体延续了从重从严监管态势，处罚金额及处罚频次较 2019 年均有所增加。监管制度的日益完善和监管科技水平的不断精进使得支付机构的违规行为难

以藏身。

据移动支付网统计，2020 年央行针对第三方支付机构开出罚单（按处罚字号）共计 72 张，分布于 49 家不同支付机构；合计罚没总金额（含对责任人罚金）40243.2 万元，平均每张 558.9 万元。72 张罚单中，金额最低为 2 万元，最高为 11662.8 万元。相比 2019 年，2020 年对支付机构的罚单无论是从数量还是从金额来看，大额罚单占比较高，可以说这是第三方支付行业面临“严监管”最直观的体现。2017—2020 年央行对支付机构的监管处罚情况如图 6-2 所示。2017—2020 年安徽省支付结算领域的监管处罚情况如图 6-3 所示。

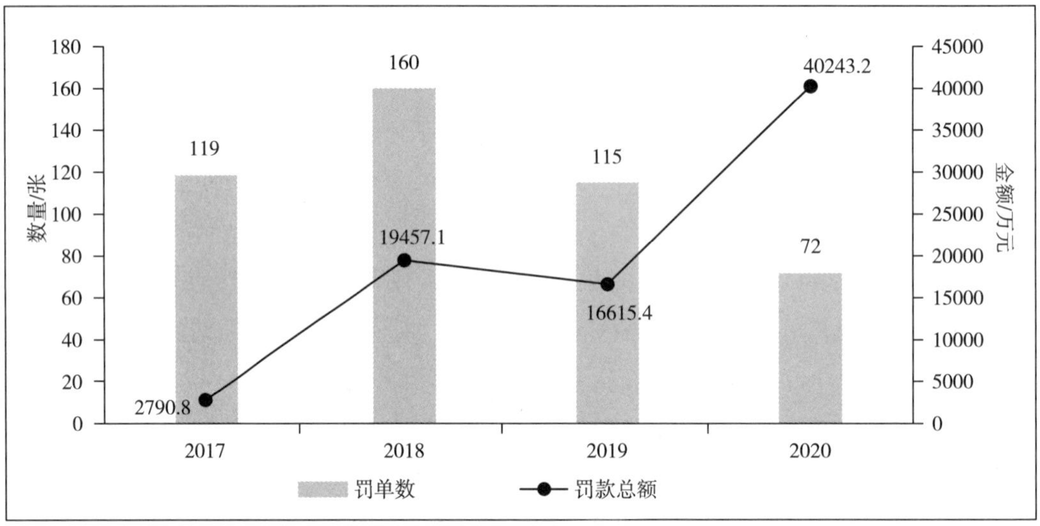

图 6-2　2017—2020 年央行对支付机构的监管处罚情况

（数据来源：央行 · 移动支付网整理）

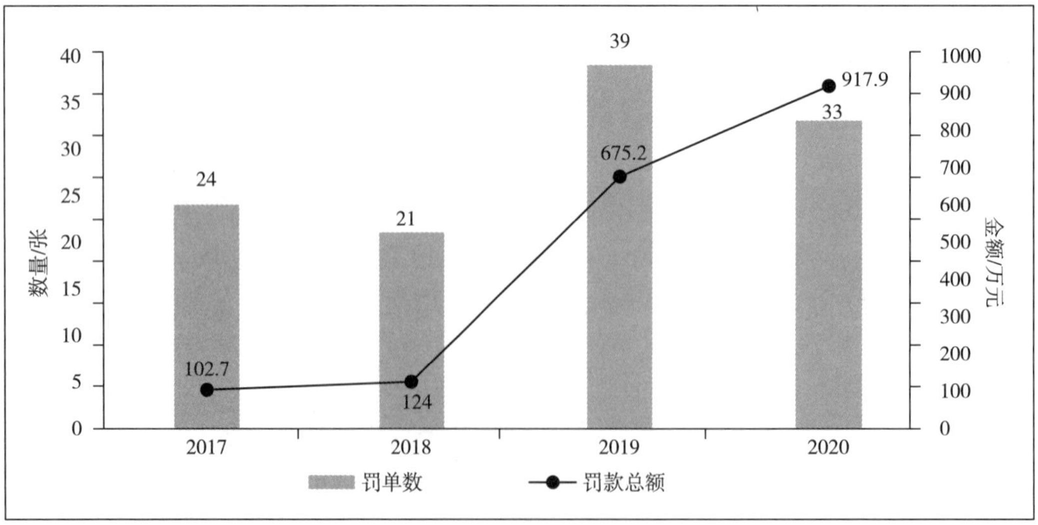

图 6-3　2017—2020 年安徽省支付结算领域的监管处罚情况

（数据来源：根据央行合肥中心支行网站披露的信息整理）

罚单之外，2020 年也新增了 4 家被注销牌照的支付机构，即御嘉支付有限公司、艾登瑞德（中国）有限公司、江苏省电子商务服务中心有限责任公司和安徽华夏通。截至 2020 年 12 月，已有 38 家支付机构被注销支付业务许可证，剩余 233 张支付牌照。互联网支付牌照的注销，说明监管力度在进一步加大。支付产业数字化发展虽然具有融合性、智能化特征，但绝不是任性发展、无序融合，始终坚守安全底线，从事金融业务必须受监管、必持牌照，持牌机构务必回归业务本源、聚焦支付主业。

2020 年，央行合肥中心支行针对安徽省内支付结算领域的违规行为开出的罚单总计 33 张，罚款总金额为 917.9 万元，较 2019 年的罚单数量略有下降，但是罚款金额明显上升。

二、反洗钱依旧是互联网支付领域的监管重心

近年来，支付行业通过技术革新和产品创新，满足了社会公众多样化的支付需求。但在高速发展的过程中，部分支付机构偏离了支付服务的本源，为灰色交易提供支付手段，甚至沦为洗钱等违法犯罪活动的通道。为更好地引导支付机构回归支付本源，反洗钱成为当前支付机构被处罚较为集中的领域。2020 年 2 月 14 日因违反《中华人民共和国反洗钱法》（以下简称“《反洗钱法》”），央行总行对 3 家法人支付机构分别开出千万级罚单，合计处罚金额 5190 万元，是近年来处罚金额较高的一次反洗钱行政处罚，代表着我国反洗钱监管及处罚进入一个新的阶段。第十三届全国人大常委会第二十四次会议审议通过了《刑法修正案（十一）》，其对洗钱犯罪作了进一步修改和完善，为依法惩治洗钱违法犯罪以及境外追逃追赃提供充足的法律保障。2020 年年末发布的《金融机构反洗钱和反恐怖融资监督管理办法（修订草案征求意见稿）》也将支付机构纳入反洗钱监管。从整个监管态势来看，支付机构的监管严格程度将不断向传统金融机构靠拢，其中反洗钱监管依然是重中之重。

三、监管科技应用逐渐深化，互联网支付监管体系日趋智能化和科学化

随着金融科技的进一步发展，监管机构也开始更多地把先进技术应用到日常监管活动之中。2020 年，央行等四部委约谈了 14 家涉金融业务的大型互联网科技企业，对它们的监管、整改治理包括账户链接、数据信息、算法应用等方面。其中，涉及互联网支付领域的内容包括持牌经营；支付回归本源，断开支付工具和其他金融产品的不当链接；打破信息垄断；加强对股东资质、股权结构、资本、风险隔离、关联交易等关键环节的规范管理，加强监督并规范与第三方机构的金融业务合作；等等。此次约谈是我国监管科技应用的有效成果体现。

2020 年，北京、上海、成都等多个城市启动了监管沙盒试点项目，并尝试将监管科技进引入沙盒，监管机构可以及时了解监管新技术在测试条件下的运行情况，并解决新技术应用过程中可能遇到的问题和风险。

通过监管科技的应用，构建大数据分析和风险预警机制，可以同时统筹支付监管的事前、事中、事后各个环节，实现系统化监管。现阶段，支付科技在监管侧的应用更多的还是集中在形成报告、数据管理等事中监管阶段，同时不断加强支付科技监管事前、事后阶段的运用。随

着新兴科技的不断发展和技术应用的不断成熟，支付科技在未来将会覆盖更多的监管流程，互联网支付监管体系也将变得更加智能化、科学化。支付监管科技应用如图 6－4 所示。

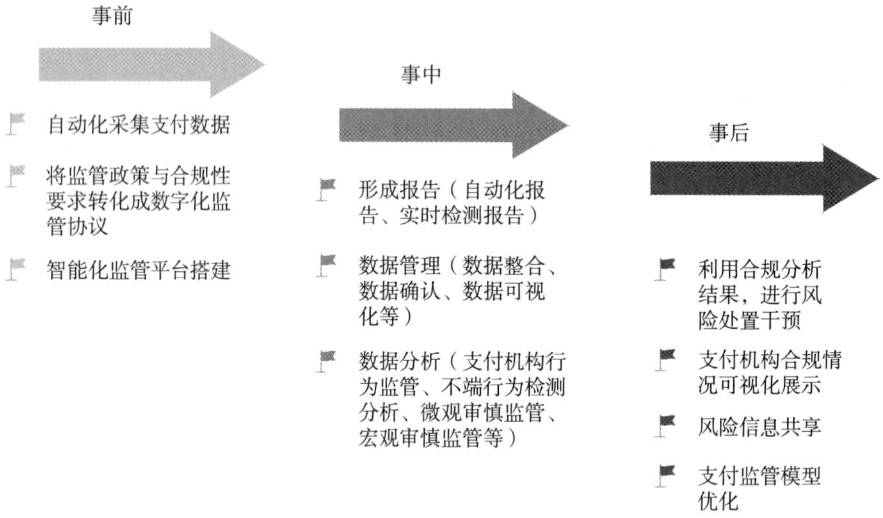

图 6－4　支付监管科技应用

四、监管条款不断细化，监管部门参与程度持续深入

自 2016 年 10 月央行等 14 部门联合印发《非银行支付机构风险专项整治工作实施方案》起，互联网支付领域进入强监管时代已经六年多。2020 年，监管机构等各部门针对互联网支付行业的监管出台了一系列文件，监管内容进一步细化。这彰显出各部门之间的协调配合机制更加完善。这一切均意味着支付严监管仍将继续。部分监管文件一览表见表 6－5 所列。

表 6－5　部分监管文件一览表

时间	部门	文件	内容与意义
2019 年 12 月 30 日	央行、中国银保监会	《关于修改〈银行卡清算机构管理办法〉的决定（征求意见稿）》	监管部门修订《银行卡清算机构管理办法》
2020 年 6 月 8 日	央行	《中国人民银行关于加强支付受理终端和相关业务管理的通知（征求意见稿）》	进一步规范支付受理终端和相关业务管理，保障金融消费者的合法权益，防范支付业务风险
2020 年 8 月 7 日	央行	《非银行支付机构重大事项报告管理办法（征求意见稿）》	贯彻落实党中央、国务院关于防范金融风险的相关决策部署，增强支付机构监管主动性，提高支付机构风险甄别、预警和处置能力，推动支付服务市场持续健康发展
2020 年 8 月 27 日	中国支付清算协会	《收单外包服务机构备案管理办法（试行）》	加强收单业务外包服务市场规范管理，保护市场参与主体和消费者合法权益，促进收单市场健康发展。这意味着聚合支付迎来了牌照时代，也意味着收单外包市场即将走向备案制时代

（续表）

时间	部门	文件	内容与意义
2020 年 9 月 1 日	央行	《中国人民银行金融消费者权益保护实施办法》	进一步保护金融消费者合法权益和规范金融机构提供金融产品与服务的行为，维护公平、公正的市场环境及促进金融市场健康稳定运行
2020 年 9 月 30 日	中国支付清算协会	《非银行支付机构预付卡业务风险防范指引》	进一步细分规范了办理预付卡业务的操作流程与内容体系
2020 年 10 月 13 日	央行	《非银行支付机构行业保障基金管理办法（征求意见稿）》	贯彻落实党的十九大关于强化金融监管、防范金融风险的精神，建立化解和处置非银行支付机构风险的长效机制，保障客户合法权益，维护金融稳定，促进支付行业持续健康发展
2020 年 10 月 23 日	央行	《中华人民共和国中国人民银行法（修订草案征求意见稿）》	在第十七条的基础上增加了第二款，“人民币包括实物形式和数字形式”，明确了数字人民币属于人民币的法定形式，为数字人民币发行奠定了法律基础，对数字人民币意义重大
2020 年 10 月 26 日	央行	《中国人民银行关于规范代收业务的通知》	规范代收业务，保障当事人合法权益，防范支付业务风险
2020 年 12 月 21 日	最高院、最高检、公安部等五部委	《关于依法严厉打击惩戒治理非法买卖电话卡银行卡违法犯罪活动的通告》	严厉打击整治非法买卖“两卡”违法犯罪活动，进一步加强行业监管，深入推进“断卡”活动
2020 年 12 月 30 日	央行	《金融机构反洗钱和反恐怖融资监督管理办法（修订草案征求意见稿）》	包括总则、反洗钱内控和风险管理、反洗钱监督管理、法律责任和附则，完善了监管对象范围，增加非银行支付机构、从事网络小额贷款业务的小额贷款公司，以及消费金融公司、贷款公司、银行理财子公司等从事金融业务的机构

第三节　安徽省互联网支付业务存在的问题

一、疫情背景下，“数字鸿沟”问题更加突出

2020 年 8 月，一段“老人无健康码乘地铁受阻”的视频在网上热传，引发公众对于老年人遭遇“数字鸿沟”窘境的热议。随着我国互联网、大数据、人工智能等信息技术快速发展，智能化服务得到广泛应用，深刻改变了生产生活方式，提高了社会治理和服务效能。但同时，我国老龄人口数量快速增长，不少老年人不会上网、不会使用智能手机，在出行、就医、消费等日常生活中遇到不便，无法充分享受智能化服务带来的便利，老年人面临的“数字鸿沟”问题日益凸显。近两年，特别是疫情暴发之后，数字化升级迎来加速，同时适老化问题也被监管所重视，工业和信息化部也敦促 App 进行适老化改造。

从群体差异来看，年轻人对数字创新的适应能力更强，更易快速学习和使用移动支付、

预约出行、网络订餐等数字技术应用。而老年、文化程度较低、残障等群体受传统观念、学习能力等自身条件制约，成为数字经济时代的“弱势群体”。从地区差异来看，数字经济发展地区集聚效应明显，城市与乡村、东部与中西部地区之间数字化差距较大。《中国互联网络发展状况统计报告》显示，截至2020年3月我国城镇地区互联网普及率为76%，而农村地区仅为46%。2020年11月24日，国务院办公厅印发的《关于切实解决老年人运用智能技术困难实施方案的通知》要求各部门聚焦涉及老年人的高频事项和服务场景，坚持传统服务方式与智能化服务创新并行，切实解决老年人在运用智能技术方面遇到的突出困难。但就目前而言，“数字鸿沟”依旧是进一步推进互联网支付的一大难题，需要国家和社会的高度关注并出台有针对性的服务政策。

二、医保支付领域尚存在较多问题有待解决

随着5G时代的到来，智能机器人、远程医疗等技术的广泛应用，互联网医疗成为医疗领域的蓝海，发展方兴未艾。疫情防控期间，国内许多医院和互联网健康平台纷纷推出在线医疗服务，给大众提供了医疗保障。不过，在互联网医疗发展过程中，医保支付逐渐成为亟待突破的瓶颈，需要解决的难题也有很多。例如，互联网医疗的看病模式和收费方式与一般的医院看病存在很大的差异；互联网医疗服务的医保结算可能需要医保账户与卡的分离，传统的持卡看病模式不再适用；互联网医疗对医保结算的时效性要求较高，对医保数据结算系统也提出了新的挑战；等等。这些问题都需要予以关注并妥善解决。

医疗卫生机构要通过自助机具、线上服务、移动终端等多种途径，优化线上线下支付流程，改善结算模式，解决支付堵点问题。在保障信息安全的前提下，加强与医保、商保、银联、第三方支付机构合作，为患者提供多种在线支付方式。加快有关信息系统对接和数据联通共享，拓展在线支付功能，推进“一站式”及时结算，为参保人员提供更加便利的服务。鼓励互联网医疗发展，医保支付需要及时跟上。在强化监管的同时，也要为互联网医疗服务结算提供方便，这也是审慎监管的本意。

三、支付领域反垄断有待深入

大型互联网支付平台企业在提升支付服务便利性、普惠性方面发挥了重要作用，发展态势总体向好，但也暴露出公共性与引领性难以平衡，新型数据垄断、无序扩张趋势明显等问题。

支付市场具有规模越大、用户效用越高的特点。部分互联网支付机构使用低价倾销、交叉补贴等不公平竞争方式抢占市场份额，垄断用户、流量、数据，势必在较大程度上限制其他机构竞争，破坏市场公平。由于用户数据具有多价值、多用途的属性，占据资源的机构极可能在某个领域获得垄断地位之后利用垄断杠杆形成跨市场垄断。还有部分平台企业追求规模效应，持有多个金融业务牌照，并开展综合性金融服务，极易造成风险交叉传染。此类现象的出现不仅不利于自身创新，也冲击了市场公平竞争的秩序、压制产业创新、侵害消费者的合法权益，最终削弱我国互联网支付行业总体的领先优势。作为监管机构，必须坚持谦抑性原则和积极的包容审慎监管原则，加强反垄断资源和能力建设，持续推进反垄断规则协同治理。

四、互联网支付安全领域依然面临挑战

随着金融科技的快速发展，支付业务形态不断变革，计算机处理技术的进步和数据的海量增加更掀起了人工智能创新的新一波浪潮，互联网支付产业迎来了新的产业格局、发展模式和技术实现。然而互联网支付行业的风险与创新发展始终相伴相随、交织前行。随着创新的加速，网络安全威胁也在不断演变。

中国银联发布的《2020 移动支付安全大调查报告》显示，2020 年约有 8%的受访者在网络诈骗中经济受损，损失整体下降，但新型诈骗需要警惕。虚构优惠、客服退款等购物类诈骗和二维码代收款、刷单、处理交通违章、高额透支骗局成为主要的诈骗方式。电信网络诈骗犯罪手段“推陈出新”（见图 6－5）。

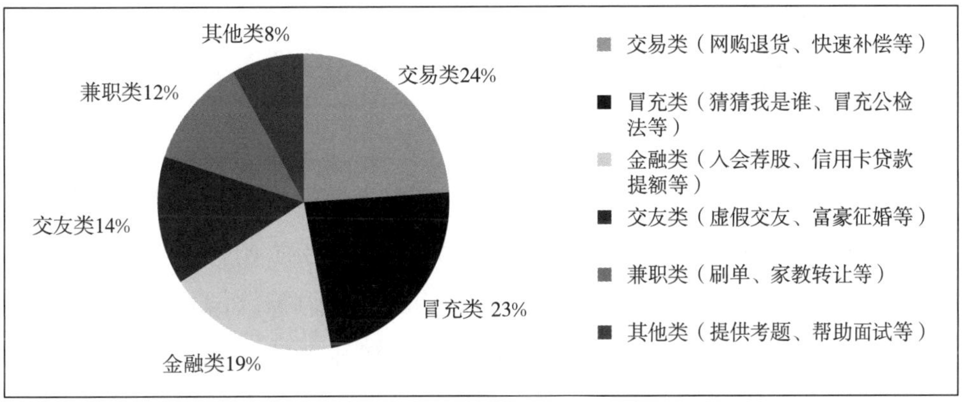

图 6－5　电信网络诈骗犯罪手段“推陈出新”

（数据来源：《2020 移动支付安全大调查报告》）

从整体上看，2020 年互联网支付风险防控呈现出新的参与方、新的业务形态、新的网络“黑产”、新的违法犯罪、新的矛盾焦点（隐私保护与数据应用的关系）五大特征；同时，风险认知尚未完全适应风险快速演变的趋势、数据应用尚未完全弥补风控体系的短板、人工智能尚未完全适配智能风控的可解释性要求、管理机制尚未完全符合数字化治理体系的要求等一系列问题的存在也进一步加大了互联网支付安全性的威胁。

第四节　安徽省互联网支付业务发展趋势与展望

一、行业整体逐步走向开放共享、互联互通

随着产业互联网时代的到来，各行各业的数字化开始提速，大量线下商家产生了对数字化的迫切需求。从支付平台的角度来看，简单的支付服务已难以满足业务扩张的需求，如何借助渠道、场景、数字化能力等提升服务商家和用户的能力，将是平台业务突破的关键。对于用户而言，不再需要下载注册各种不同的支付工具 App，支付变得更加快捷便利；对于行业而言，开放的生态对打破支付垄断、促进支付市场竞争是一种进步，良性市场竞争将逐步构建完善。

2019 年 8 月，央行发布的《金融科技（FinTech）发展规划（2019—2021 年）》第十四条明确提出，推动条码支付的互联互通，研究制定条码支付互联互通技术标准，统一条码支付的编码规则、构建条码支付互联互通的技术体系，打通条码支付的服务壁垒，实现不同 App 和商户条码标识的互认互扫。条码支付“互联互通”的实现，不仅能够降低交易成本，方便用户使用，而且“基础设施”的打通使得所有支付机构可以充分发挥自身优势、扬长避短。

开放共享是数字化发展的基本精神，互联互通的推进将总体提升移动支付行业的运营效率、服务质量。未来，互联网支付机构将继续秉承开放态度，以安全为底线，积极拓展更多支付合作场景，为用户提供更安全、便捷的支付服务，推动支付产业高质量发展。

二、农村移动支付服务环境进一步改进提升

近年来，互联网支付在农村地区的推广和普及在民生保障、助力精准脱贫、推动金融普惠、支持农村信用体系建设、服务农村经济多元化发展等方面发挥了重要作用，也成为贯彻落实乡村振兴战略的重要措施。要强化农村数字金融服务，则需要加大金融科技在农村地区的应用推广，加快研发适合广大农户、新型农业经营主体需求的支付产品，进一步完善农村支付服务基础设施建设，推进移动支付便民服务向县域农村地区下沉。

未来，国家将继续推动移动支付等新兴支付方式的普及应用，以日常支付服务、农产品分销服务等为切入点，重点解决农村地区支付服务数字鸿沟等问题，提升农村地区支付便利化水平，积极引导移动支付便民工程向乡村下沉；鼓励和支持各类支付服务主体到农村地区开展业务，鼓励符合“三农”特点的新型支付产品创新；推动支付结算服务从服务农民生活向服务农业生产、农村生态有效延伸，加强风险防范，持续开展宣传，不断提升农村支付服务水平。通过推进农村信用体系建设、改善农村支付服务环境、开展金融知识宣传教育和金融消费者权益保护等，持续完善农村基础金融服务，持续改善农村支付服务环境。

三、行业监管的法治化有待进一步改善

合规经营是互联网支付机构存续的底线和最基本要求，也是行业整体健康发展的基石。加强监管、对违法违规行为保持高压态势、不断提高违规成本，有利于支付行业健康发展，有利于维护法规和监管的严肃性，有利于保护金融消费者的合法权益。

互联网支付行业要想做到健康发展有序融合，还需从优化生态环境入手，用法治思维和法治方式来深化改革、促进发展、加强监管，最终实现支付产业和实体经济的协同发展。

四、数字货币的推广将推进移动支付场景进一步向线下延伸

2020 年，数字货币已经在部分城市进行试点并在丰富线下移动支付场景方面取得了不错的成效。目前，数字人民币已经落地了包括商场超市、生活服务、日用零售、交通出行等主流线下使用场景，以及校园、医疗、电商、物业、公益、加油、跨境、汽车养护、保险保单、飞机客船票等在内的多个线上线下典型应用场景。未来数字人民币的推动必定会延伸到更多的城市和更多的线下应用场景。

第七章　安徽省 P2P 网络借贷行业的回顾与反思

第一节　2020 年的安徽省 P2P 网络借贷行业

2020 年是防范化解重大风险攻坚战的收官之年。8 月中旬，央行党委书记、中国银保监会主席郭树清在接受中央电视台记者专访时透露，金融管理部门持续整治网络借贷等互联网金融风险，推动互联网金融风险市场出清。9 月，中国银保监会普惠金融部副主任冯燕披露，截至 2020 年 8 月末，全国在运营网贷机构 15 家，比 2019 年初下降 99%；借贷余额下降 84%；出借人数下降 88%；借款人数下降 73%。机构数量、借贷规模及参与人数已连续 26 个月下降。10 月，中国银保监会副主席梁涛在“2020 金融街论坛”的年会上表示，互联网金融风险的形势根本好转，全国实际运营的 P2P 网贷机构已经由高峰时期的约 5000 家压降到 2020 年 9 月末的 6 家，借贷规模及参与人数连续 27 个月下降。11 月 27 日，时任中国银保监会首席律师刘福寿在“《财经》年会 2021：预测与战略”上发表的讲话中指出，互联网金融风险大幅压降，全国实际运营的 P2P 网贷机构由高峰时期的约 5000 家逐渐压降到 2020 年 11 月中旬完全归零。刘福寿的讲话意味着中国 P2P 网络借贷行业就此落幕。

2020 年，安徽省 P2P 网络借贷风险整治工作加快推进，早于全国 7 个月实现了行业在营机构清零。2019 年，安徽省互联网金融协会（简称“协会”）相继发布了多份关于 P2P 网络借贷平台的风险警示，提醒投资者谨慎参与平台借款标的出借，防止自身利益受损。2019 年 12 月 13 日，安徽省互联网金融风险专项整治工作领导小组办公室梳理出全省第一批 32 家“僵尸类”网络借贷机构名单，并在网站上进行公示，同时要求“公告中所列 32 家网络借贷机构在公告期满 20 个工作日内，主动到市场监督管理部门办理注销登记或进行名称经营范围变更，关闭网站和移动互联网应用程序，退出 P2P 网络借贷行业。P2P 网络借贷机构在退出过程中，要切实保障已订立借贷合同相关当事人的合法权益，已形成的合法债权债务关系受到法律保护，借款人要依法履行还本付息义务，出借人有权继续主张债权”。从 2020 年初开始，安徽省结合为实体经济服务和金融风险防范与化解工作，严厉打击非法的金融行为和活动，P2P 网络借贷平台清退的步伐进一步加快。1—4 月，全省共发生非法集资案件 46 起，同比下降 57.8%；集资资金 9.2 亿元，同比下降 42.2%；集资资金参加人数为 4761 人，同比下降 74%。到 4 月末，全省 94 家 P2P 网络借贷机构全部停业退出，不再新发标的。

然而，需要明确的是，停止增发新标的只是遏制了新风险的产生，不少停业平台还有一定规模的存量风险业务尚未化解，各平台只有继续履行主体责任，积极解决存量问题，才能实现真正意义上的退出。以省内待收最高的 P2P 平台安徽德众金融信息服务有限公司（以下简称“德众金融”）为例，据平台的官网统计，截至 2020 年 5 月 20 日，德众金融的平台借贷余额为 8129.3 万元，涉及出借人 2326 人。可见，平台涉及的出借人数和待收金额都比较大，如后续不能很好处置，极有可能引发社会性问题。因此，从 2020 年 5 月开始，安徽省 P2P 网络借贷风险整治工作的重点转向了对 P2P 网络借贷的存量清退和兑付风险化解上。一方面，要求各地区各部门将处置存量风险作为后续较长一段时间的核心工作来抓；另一方面，持续完善停业机构的资产处置程序，在坚持市场化和法治化原则的前提下，因地制宜、多措并举，使存量风险得到有序化解。由于方向明确、措施有力，安徽省 P2P 网络借贷的存量处置工作正稳步推进，风险将逐步得到化解。

第二节 安徽省 P2P 网络借贷行业发展历程回顾

纵观安徽省 P2P 网络借贷行业的发展历程，从闪亮登场，到遍地蔓延、野蛮生长，到跑路不绝、爆雷不断，再到彻底沦陷、完全退出——始于零，又终于零，短短的 8 年里经历了一场过山车式的行业轮回，其兴也勃焉，其亡也忽焉。梳理行业发展脉络，大致可以分为以下三个阶段。

一、第一阶段：快速成长期（2013—2015 年）

2005 年，P2P 网络借贷模式在英国首次出现。2007 年在上海成立的上海拍拍贷金融信息服务有限公司（以下简称“拍拍贷”）将这一模式首次引入国内。早期的 P2P 网络借贷采用了纯线上信用借贷模式，这种业务模式尚处于早期探索阶段，风控技术不成熟，市场认可度没有建立起来，因此行业发展较为缓慢。直到人人贷商务顾问（北京）有限公司（以下简称“人人贷”）成立的 2010 年，全国仅有 10 家 P2P 网络借贷平台，贷款余额和年交易量分别是 1 亿元和 14 亿元，这 10 家平台集中分布在北京、上海、杭州等发达城市。2011—2012 年，江浙及广东沿海等地出现了中小企业倒闭潮，有很多从事民间借贷或网络技术的主体开始关注 P2P 网络借贷，他们改变了原来单纯线上融资线上信用放贷的模式，转向线上融资线下放贷，以地域性借贷为主，并将传统的抵押、担保等方式引入放贷条件，一定程度上弥补了风控能力的不足。短短两年的时间里，行业迅速扩张，截至 2012 年底，平台数量达 200 家，年交易量超过 200 亿元。这一时期的 P2P 网络借贷平台仍然集中在沿海发达地区。

2013 年，以余额宝的横空出世为标志，互联网思维成为影响并改变传统金融业态形式的冲击力量，银行、券商、基金、保险等传统金融业机构都开始在这一年谋篇布局，电商巨头都开始显现出在互联网领域打造新型产业链的竞进态势，因此这一年也被称为中国互联网金融元年。也正是在这一年，P2P 网络借贷正式在安徽省登台。2015 年 2 月，成立了安徽省内第一家 P2P 网络借贷平台——徽州贷。尽管登台亮相时间晚，但发展势头强劲，当年，安徽省内上线的平台就达到了 21 家。

2014 年，李克强总理在政府工作报告明确表示，促进互联网金融健康发展，完善金融监管协调机制，密切监测跨境资本流动，守住不发生系统性和区域性金融风险的底线。让金融成为一池活水，更好地浇灌小微企业、'三农'等实体经济之树。这一表态极大地鼓舞了部分金融从业者和创业者的信心，他们敏锐地嗅到了互联网金融的未来商机，纷纷投身 P2P 网络借贷领域。截至 2014 年底，全国 P2P 网络借贷平台数量为 1600 余家，年增近千家，年交易量高达 3000 亿元。这一年，安徽省上线的平台数同样惊人，新增平台比上一年增加了一倍，达 44 家。这一高涨的趋势在 2015 年继续强劲延伸，新增平台 68 家，累计达 133 家，遍布除亳州、滁州和安庆以外的其他 13 个地市。

由于行业早期发展处于无准入门槛、无行业标准、无机构监管的"三无"状态，在行业野蛮生长的同时，风险也开始显现，部分 P2P 网络借贷机构心生侥幸，从事违法违规经营，跑路、"僵尸"等问题平台不断增多。例如，2015 年爆雷的三农资本网贷平台，从 2015 年 1 月 15 日上线到 2015 年 12 月 23 日停业，运营时间不足一年。安徽 133 家平台中仅有 69 家仍能正常运营，其余 64 家属于问题平台，其中包括 14 家"僵尸"平台和 50 家死亡平台，问题平台占比高达 48.1％。行业的乱象引发了监管层的高度关注。2015 年 7 月央行等 14 部委联合发布了《关于促进互联网金融健康发展的指导意见》，这份被称为互联网金融业"基本法"的文件，按照"鼓励创新、防范风险、趋利避害、健康发展"总体要求，在鼓励创新和发展的同时，初步构建了中国互联网金融监管框架。《安徽省加快推进"互联网＋"行动实施方案》紧跟其后，在全国性文件的基础上，逐步探索安徽省互联网金融的监管框架。

二、第二阶段：风险爆发期（2016—2018 年）

2015 年 12 月爆出的"e 租宝"事件，引发了 2016 年 P2P 网贷平台的集中爆雷潮。《2016 中国 P2P 网贷年度报告》数据显示，截至 2016 年底，全国问题平台（不含转型平台）数量达到了 3201 家，占平台总数的 65.8％。2016 年全年共有 1106 家平台出现问题，同比减少 15.4％，月均问题平台数为 92 家。安徽省的情况同样不容乐观，全省当年新增的问题平台数不仅远远超过了当年新增平台数，也超过了当年正常运营平台数。2016 年，安徽省新增平台数 29 家，正常运营的平台仅 46 家，而新增问题平台数却高达 52 家，行业风险进入集中爆发的高危期。

行业风险集中爆发，倒逼监管体系不断完善，2016 年 4 月 12 日，国务院印发《互联网金融风险专项整治工作实施方案》。8 月 24 日，中国银监会、工业和信息化部、公安部和国家互联网信息办公室联合发布的《网络借贷信息中介机构业务活动管理暂行办法》首提网贷行业备案管理制度。10 月 13 日，中国银监会等 15 部委联合发布《P2P 网络借贷风险专项整治工作实施方案》。2017 年《网络借贷资金存管业务指引》和《网络借贷信息中介机构业务活动信息披露指引》相继出台，由此形成"1＋3"的 P2P 网络借贷行业监管制度体系，给平台合规发展指明了方向。随着 P2P 网络借贷风险专项整治工作的全面展开和监管力度的不断加大，规范信息披露、上线银行存管、加强合规建设成为 P2P 网络借贷平台关注的重点内容，行业整体发展态势有所好转。2017 年，安徽全年新增平台 38 家，较 2016 年多增了 9 家，累计平台达到 200 家；新增问题平台数大幅回落，只有 29 家。截至 2017 年底，安徽省正常运营的 P2P 平台数量增至 55 家。从平台数量和业务规模来看，安徽省大致处于全国中上游水平。2017 年末出台的《关于做好 P2P 网络借贷风险专项整治整改验收工作的通知》（“57 号文”）明确要求各地整治办按照“明确标准、严格把关、积极稳妥”的原则，一家一策、整改验收合格一家、备案一家，并给出了分类验收的五大标准。这一文件的出台被市场解读为利好消息，业界盼望已久的备案进入倒计时。

然而，2017 年的行业回暖现象在 2018 年却未能持续下去，业界盼望的备案并未如期而至，不期而来的却是一场暴风骤雨式的爆雷潮。2018 年是全国互联网金融风险专项整治的第三个年头。2018 年也注定是让众多 P2P 网络借贷市场参与者感到一波三折、刻骨铭心的一年：从年初时从业者意气风发冲刺备案，到年中时挤兑危机频频发生，债务链条陆续崩塌，整个行业岌岌可危；从年初时投资者在高收益激励下满仓而入，到年中时频频被平台爆雷跑路拖入深渊，行业景气度大幅回落。网贷之家的统计数据显示，2018 年全国退出 P2P 网络借贷行业的平台数量为 1279 家，较上年新增 556 家。虽然从退出数量看仍少于 2015 年的 1291 家和 2016 年的 1721 家，但 2018 年问题平台涉及金额较大、涉及人数众多、涉及问题复杂，由此引发的风险远大于之前的年份。2018 年，安徽 P2P 网络借贷的风险出清情况与全国保持着基本相同的态势。爆雷潮中频现头部平台的身影，这些问题平台体量大、影响范围广，相应地风险处置难度也更大。

2018 年，爆雷潮爆发是行业内外部因素综合作用的结果。一方面，行业从业者的道德风险与网贷机构的运营风险始终突出，尽管经历了 2016—2017 年的专项风险整治，但在 2018 年对全省网贷机构的合规检查中仍然发现不少网贷机构仍存在突破融资限额、涉及自融、变相保本保息、信息披露不合规、核心风控和系统外包等违规行为。更有部分机构依靠发旧还新维持经营，通过“改头换面”、故意丢失运行数据及借贷合同来规避检查。另一方面，由于缺乏统一、明确的监管规则规范和指引，行业政策性风险日益突显。以整改备案为例，2017 年 6 月，本该完成的备案工作宣布延期一年，将 2018 年 6 月底作为接受监管验收的最后期限。2017 年 12 月出台的“57 号文”要求各地在 2018 年 4 月底前完成辖区内主要 P2P 机构的备案登记工作，6 月底之前全部完成。但到了 2018 年 4 月，备案再次被宣布延期，且没有公布后续的时间表。备案一再拖延、行业发展形势始终不明朗，使 P2P 网络借贷行业的从业者、股东及投资人无所适从，悲观情绪在市场上弥漫，平台爆雷的多米诺骨牌随之倒下。

2018 年年中的 P2P 网贷爆雷潮让监管层的态度发生了明显变化。8 月 2 日，安徽省互联网金融协会发布的《安徽省网络借贷退出指引（试行）》要求决定退出的网贷机构在决定退出前主动报备，成立退出工作组，并制订明确的退出方案。此后，退出替代了备案，成为 P2P 网络借贷行业的关键词。

三、第三阶段：行业清退期（2019—2020 年）

2018 年末，市场上流传的《关于做好网贷机构分类处置和风险防范工作的意见》（以下简称“175 号文”）对下一阶段网贷机构的分类、分类处置指引、总体工作要求等做出新的规定，并对网贷风险防范工作提出具体要求。“175 号文”首次提出了坚持以机构退出为主要工作方向，能退尽退、应关尽关，由此奠定了 2019 年整个行业清退转型的主基调，此后多份重磅文件及多次高规格会议所传达的网贷整治总方针基本保持了一致性，即推动大多数机构良性退出，引导部分机构转型。

基于有序引导网贷平台退出和转型这一大方向，2019 年安徽省监管部门快速推进辖区内网贷平台清退工作，行业规模持续缩减。据安徽省互联网金融协会数据显示，截至 2019 年末，安徽省内监测到的 P2P 网贷平台共 15 家，其中正常运营的仅有 9 家，而 2018 年同期正常运营的平台为 41 家。15 家可监测 P2P 网贷平台的借贷余额总量为 16.4 亿元，较 2018 年同期下降了 43.6%。2019 年 12 月 13 日，安徽省地方金融监督管理局发布安徽省第一批“僵尸类”网络借贷机构名单公告，共 32 家网络借贷机构出现在这一名单中。

“175 号文”首次给出了 P2P 网贷平台的三大转型方向，即转型网络小贷公司、助贷机构或为持牌资产管理机构导流。直到 2019 年 11 月《关于网络借贷信息中介机构转型为小额贷款公司试点的指导意见》（“83 号文”）正式出台，转型小贷公司的相关细则开始明确。“83 号文”明确要求网贷机构应在转型期限内完成存量网贷业务清零并按规定完成相关整改，同时规定转型期限原则上不超过 1 年，存量业务规模在 50 亿元以上且借款期限大部分在 1 年以上的网贷机构，转型期限原则上不超过 2 年，并且要求实控人、主要股东及其相关主体承诺对存量业务承担兜底风险。也就是说，存量业务化解是网贷机构转型的必备前提。然而从现实情况来看，要在一到两年的转型期内实现存量业务完全消化，这对于安徽省内绝大多数 P2P 网贷机构来说，无疑是一项根本无法完成的任务。除了转型小贷公司外，另外两个转型方向，即转型助贷机构或为持牌资产管理机构导流，对资金、技术、获客等方面都有较高的门槛要求，同样令安徽省内绝大多数 P2P 网贷机构一时难以做到。

2020 年 4 月末，随着最后一家在营机构宣布停止增发新标，安徽省 P2P 网络借贷早于全国 7 个月实现了行业在营机构清零，进入存量风险化解阶段。

第三节　几点反思

运营平台归零并不等于完全市场出清，更不意味着风险归零。在做好 P2P 网络借贷善后的同时，我们更需认真反思。客观评价 P2P 网络借贷行业，肯定它在经济发展过程中的积极作用，而非一味地否认，才能真正去反思行业兴衰背后的逻辑。客观地说，P2P 网络借贷对于推动民间借贷的阳光化、推动传统金融机构的革新、推动普惠金融的发展都做出了相应的贡献，也是一次有意义的互联网金融尝试。然而，从 P2P 网络借贷行业发生、发展、到整治、清退，也留给我们许多惨痛的记忆和深刻的教训。往者不谏，来者可追，如何防范类似现象重演，才是促进金融业健康发展的重中之重。

一、坚守金融服务实体经济的初心

服务实体经济是金融的天职，更是金融的立业之本。习近平总书记指出，金融要为实体经济服务，满足经济社会发展和人民群众需要。经济是肌体，金融是血脉，两者共生共荣。纵观历史，金融一旦脱离实体经济，就是无源之水、无本之木。P2P 网络借贷行业的兴衰再次深刻地揭示，金融发展必须遵循服务实体经济这一内在规律。

从行业发展初衷来看，P2P 网络借贷借助于大数据、云计算等互联网技术与平台思维，通过降低服务门槛，精准了解客户需求，实现投资人与借款人的高效对接，这不仅极大地提升了资金配置效率，而且将金融服务拓展到传统金融难以覆盖的长尾客群。正是由于找准了普惠金融这一定位，金融服务以更包容、更便捷和更经济的方式惠及所有经济主体，特别是中小微企业、低收入人群等弱势群体，真正契合了实体经济发展和人民群众的现实需求。P2P 网络借贷行业的早期发展势头良好，得到了社会各界的包容和鼓励。

然而，受制于内外部环境的影响，尤其是资本逐利的驱动，P2P 网络借贷偏离了行业运行规律，从以撮合借贷为中心帮助中小微企业解决融资痛点，转向以集资理财为中心拼命扩张规模。从借贷平台转向理财平台、自融平台，从信息中介转向信用中介、建资金池，P2P 网络借贷模式发生了严重异化。为了吸引投资者，P2P 网络借贷平台往往开出高额回报和刚性兑付的承诺。而为了实现这些承诺，又不得不想办法去吸引更多的投资者从事更高风险的业务，从而陷入恶性循环。在宏观经济增长不断减速的背景下，这种承诺其实是这些平台为圈钱而开出的“空头支票”，由于脱离了实体经济这一根基，它们只能通过和投资者玩“击鼓传花”的游戏来实现自身的存续，其实质就是披着互联网金融外衣的庞氏融资。毫无疑问，在这样的模式中，一旦资金链断裂，整个行业的全面崩溃就是必然的结果。

二、做好风险防控是金融可持续发展的首要前提

风险是所有金融活动的内在属性。可以说，现代金融发展的历程就是一部金融业不断抵御、化解和战胜各种风险的历史。金融业最核心、最关键的部分就在于风控，一旦风控缺失，金融业便会出现诸多问题。金融从业者必须居安思危，增强忧患意识、风险意识、责任意识，时刻保持清醒头脑，“图之于未萌，虑之于未有”。

回顾安徽省 P2P 网络借贷行业兴衰发展的短暂历史，从诞生伊始，爆雷潮就如影随形，这其中原因固然多样，如宏观流动性退潮、网贷监管加强、投资者信心降低等，但最根本的原因只有一个，即风险防控全面失效。P2P 网络借贷本质仍是金融，并没有改变风险这一内在属性，而且由于互联网的特性，往往其风险波及面更广，扩散速度更快，溢出效应更强。客观地说，P2P 网络借贷的核心竞争力并非只是搭建一个撮合投融资双方的平台，而是对资产端的风控能力。再加上 P2P 网络借贷服务的客户主要是长尾市场群体，这一群体往往具有资产数量少、抵押物质量低、收入不稳定等特征，因此 P2P 网络借贷对风控能力的要求实际上比传统银行更高。反观现实，P2P 网络借贷平台大都是野蛮生长，从业人员素质良莠不齐、放贷不严、技术缺乏、管理不善，风险防控能力几乎不堪一击，从而导致风险迅速累

积并频频爆发，最终导致整个行业被清零的命运。正是因为 P2P 网络借贷行业风险意识淡薄，风险防控能力缺乏，所以从一开始就注定了其衰落的结局。

三、金融创新必须在审慎监管的前提下进行

金融具有显著的外部性，金融机构的不当行为和经营活动可能会引发系统性风险，因此必须对金融业进行监管，这一点早已成为人们的共识。但在金融创新与金融监管关系的把握方面，仍然存在着一些争论。综观全球金融发展历史可知，合理有序的金融创新有助于提升金融运行效率，推动金融业高质量发展。但金融创新也是一把“双刃剑”，没有利益制衡和外部有效监管的金融创新会扭曲市场，累积并放大风险，甚至可能诱发金融危机。

P2P 网络借贷从诞生伊始就头顶金融创新的光环。在行业早期发展中，监管层对其采取了包容甚至相对鼓励的态度，因而没有及时对相关模式进行研究，提早布局，防范风险，直至 2015 年陆续有大规模平台出现问题时才开始严肃监管、规范市场。2016 年后，随着多份指引文件陆续出台，P2P 网络借贷行业开始进入全面监管阶段。但在执行层面并未达到预想的效果，P2P 网络借贷平台内部仍然继续从事着资金池、自融、期限错配等业务，风险持续发酵，对社会造成了巨大的危害，最终触及监管层容忍底线，导致被全面清退的结局。

P2P 网络借贷行业的兴衰告诉我们，对于金融创新的监管需要一定的包容，但绝非纵容。应坚持金融活动必须依法全面纳入监管、所有金融业务都必须持牌经营这一基本方针，严厉打击那些打着金融创新幌子进行监管套利的“伪创新”“乱创新”行为。应坚持厘清各种金融创新行为的监管边界，提升监管能力和水平，优化监管框架，实现事前事中事后全链条监管。只要市场上出现某种金融活动和业态，就应该有相应的监管主体自动、主动介入，就应有相应的监管规制跟进，切实建立一整套针对金融创新活动的识别、监测、预警和监管应对机制。

四、着力提升消费者金融素养

米歇尔·渥克在《灰犀牛 2》中谈道：“如果我们想要解决今天的全球风险，就越来越需要数十亿的个体都积极地采取行动。”在当今这样一个风险具有系统性与高度关联性的社会中，每一个公民、每一名消费者都难以置身事外、独善其身。防范化解金融风险，不仅需要金融机构与监管层的共同努力，也需要广大金融消费者的积极参与。良好的金融素养能够促使消费者依法维护自身合法权益，形成正确的风险态度，理性参与金融活动，合理做出金融决策。

P2P 网络借贷市场的投资人多为自然人投资者，投资管理经验普遍缺乏，对金融产品的收益与风险缺乏良好的认知，并且持有一贯的刚性兑付的思想，因此很容易被平台鼓吹的“稳定高收益”的口号迷惑。与此同时，部分不法平台通过虚拟货币、游戏理财等高收益金融创新产品实施精准欺诈，利用钓鱼网站、仿冒 App 进行网络诈骗，借助金融科技对非法集资、校园贷、套路贷等违法行为进行粉饰包装，诱导过度借贷，收取高额利息。P2P 网络借贷行业种种乱象频频发生，固然与平台作恶、监管缺失等因素有关，但也在一定程度上反

映出在互联网金融新业态下我国消费者的风险防范意识匮乏、防范能力不足、金融素养水平亟待提升。

提升消费者金融素养是一项长期复杂的工程，金融风险教育是重中之重。可将金融风险教育纳入国民教育体系，制定面向国民的中长期规划，注重教育的阶段性与有序性。基础教育阶段着重培养合理安排个人收支的消费意识，义务教育阶段注重培养契约精神与理性的风险认知能力，高等教育阶段开设金融风险管理、金融伦理课程加强专业学习；对于广大消费者与投资者的公众教育，重点是投资风险、金融诈骗防范的案例警示与分析。同时，进一步推动金融风险教育主体多元化，无论是政府部门、教育机构、金融部门、民间组织、消费者保护组织，还是媒体、工会、雇主，都应统筹在金融风险教育运行动态过程中，形成组织者、监管者、实施者、从业者、参与者、宣传者相互协同，更具社会意义、更趋普遍价值的金融风险教育体系。

第八章　安徽省互联网金融业自律发展

第一节　安徽省互联网金融业自律工作开展情况

2020年，在新冠肺炎疫情冲击下，互联网成为广大消费者获取金融服务的主要途径，各类互联网金融服务得到了严格检验，也经受住了压力测试。作为行业沟通的桥梁与纽带，安徽省互联网金融协会认真贯彻落实安徽省地方金融监督管理局各项工作要求，在央行合肥中心支行指导下，持续配合开展互联网金融风险整治，认真应对新冠肺炎疫情，积极谋划金融科技相关工作；努力为会员打造创新、发展、规范的平台，广泛开展行业交流研究，优化会员服务，丰富会员活动，为安徽省互联网金融业发展贡献力量。

一、积极组织开展抗疫行动

2020年暴发的疫情，打破了协会原有的工作安排，面对突如其来的疫情，协会第一时间响应国家及安徽省委、省政府号召，落实行业主管部门要求，积极应对。

（1）做好疫情期间协会的工作准备。疫情暴发之后，协会积极贯彻执行《安徽省人民政府办公厅关于延迟企业复工和学校开学的通知》精神，切实加强新冠肺炎疫情防控工作，有效减少人员聚集，阻断疫情传播，同时开启线上办公模式，确保工作进展有条不紊。

（2）及时向会员单位发布《防控新型冠状病毒肺炎疫情倡议书》。倡议各会员单位高度重视疫情防控工作，积极配合有关部门做好自身动员部署，遵守关于疫情防控的各项规定。

（3）积极应对疫情，做好复工准备。根据《安徽省人民政府办公厅关于做好疫情防控期间返程、复工、返校人员管理工作的通知》等文件要求，落实协会防控主体责任。发布《关于做好返程、复工人员管理工作倡议》，配合有关部门及时做好复工准备，保障协会工作安全有序开展。

（4）减免会员单位会费。2020年疫情对安徽省经济造成较大压力，为减轻协会会员单位负担，践行协会为会员服务的宗旨，协会全额减免会员单位2020年度会费，总计258万元。

二、积极配合政府部门开展互联网金融风险专项整治

2019年，安徽省互联网金融风险专项整治成效显著，风险形势得到根本好转。2020年，互联网金融风险专项整治工作基本完成，协会持续派驻专人赴安徽省地方金融监督管理局配

合开展互联网金融风险专项整治工作。

随着互联网金融风险专项整治工作的深入开展，防风险、抓合规、促发展等各项行业自律管理工作任务艰巨繁重。2020 年，协会团结组织全体会员单位，积极落实金融管理部门相关工作要求，做好互联网金融风险专项整治配合支撑工作，持续推进行业基础设施和标准规则建设，及时发布行业动态及监管部门各项规章制度，强化金融消费者风险教育，进一步优化行业秩序和市场环境。在监管部门多项政策推动下，政府各部门及互联网金融机构多措并举，不断提升风险管控能力，为打赢防范化解金融风险攻坚战、最终完成互联网金融专项整治工作提供有力支撑。

截至 2020 年末，安徽省 94 家 P2P 网贷平台全部停业退出，存量业务连续 26 个月下降。互联网资管、众筹等重点领域整治工作进入收官阶段。安徽省互联网金融领域风险基本出清，存量业务风险持续降低，互联网金融风险专项整治工作取得积极成效。

三、组织编纂完成行业研究报告

2020 年是协会第三年组织编撰行业研究报告。《安徽省互联网金融行业发展报告（2017）》《安徽省互联网金融行业发展报告（2018）》《安徽省金融科技发展报告（2018）》顺利出版，获得了社会高度评价。作为连续 3 年出版的专业类行业研究成果，报告已经成为行业对外发声的重要载体和渠道，深受业内外人士关注。

2020 年协会组织安排安徽大学、合肥工业大学专家以线上线下结合的形式开展调研活动。疫情暴发之初，编写组先是针对会员单位发出了 30 余份线上调研资料，疫情缓解之后又先后赴国元证券、中国银联股份有限公司安徽分公司（以下简称“安徽银联”）、安徽国元互联网金融信息服务股份有限公司（以下简称“国元网金”）、安徽省征信股份有限公司（以下简称“安徽征信”）、徽商银行、安徽新安银行股份有限公司（以下简称“安徽新安银行”）等省内金融机构及金融科技企业走访调研，深入一线了解行业最新发展动态。在此基础之上撰写完成《安徽省互联网金融行业发展报告（2020）》《安徽省金融科技发展报告（2020）》。两份报告对 2020 年行业发展情况进行了梳理，分析了相关风险与挑战，多角度、全方位地对安徽省互联网金融行业及金融科技的发展状况进行了较为全面、系统、深入的分析和展望，为行业应对挑战和考验、布局业务提供了重要参考，其不仅适合监管部门和研究机构在日常工作中参考使用，也为互联网金融从业者、消费者等提供了大量有价值的信息和数据资料。

2020 年 12 月 25 日，协会成功举办 2020 年监事会暨《安徽省互联网金融行业发展报告（2020）》《安徽省金融科技发展报告（2020）》评审会。安徽省地方金融监督管理局、央行合肥中心支行、安徽银保监局、中国科学技术大学管理学院、合肥工业大学经济学院、安徽大学经济学院、安徽财经大学金融学院、徽商银行相关领导和专家出席此次会议，评审组对协会主导编写的两份报告给予了充分肯定和高度评价。

四、持续组织开展行业培训及会员活动

2020 年初，新冠肺炎疫情突然暴发，协会各类活动计划都受到一定程度的影响。2020

年4月疫情稳控后，协会立即着手组织开展行业培训及会员活动。

（1）及时发布行业动态与信息，开展专业培训。协会持续关注监管动态及当下行业热点，通过网站平台、微信公众号等渠道及时发布相关信息；紧扣互联网金融主题，邀请行业及相关法律专家适时举办《商业银行互联网贷款管理暂行办法》解读、《关于修改〈关于审理民间借贷案件适用法律若干问题的规定〉的决定》研讨会，对相关规定进行内容解读、案例分析、风险防范及相应措施建议。通过开展一系列培训活动，更好地帮助会员单位加深对有关规定的理解，助力企业合规运营，并获得了会员单位高度评价与认可。

（2）举办金融科技抗疫摄影比赛，深入挖掘疫情期间有温度、有力量的金融科技助力抗击疫情的故事，如图8-1所示。2020年6月，安徽省互联网金融协会特联合《安徽日报》报业集团《徽商》杂志社，共同举办“金融科技杯”最美金融人摄影大赛，以充分记录金融科技人硬核战役的历史性瞬间。安徽省内的金融监管部门、国有商业银行、城市商业银行、证券公司、支付公司、网贷平台等金融和类金融企业积极踊跃参赛，纷纷报送作品，充分记录了安徽省金融系统工作人员在全面抗疫这一特殊时刻主动担当作为、勇于冲锋在前的时代精神。经过6位专家两轮评审，评选出一等奖1名、二等奖3名、三等奖5名、优秀奖10名。获奖作品在《徽商》杂志社和安徽省互联网金融协会相关专栏展示。

图8-1 金融科技抗疫摄影比赛评选现场

五、密切加强对外交流学习

2020年，协会继续加强对外联络与学习，积极策划及参与一系列研讨会议活动，始终致力于联合学术界、业界的力量，打造思想交流的平台。

（1）强化协会间工作交流。2020年，协会一方面与上海、浙江、江苏等行业自律组织保持日常工作联系机制，开展部门间定期交流；一方面与山西、天津等地互联网金融协会进行现场会谈及业务交流，强化兄弟互联网金融协会间横向联系。2020 年 10 月 20 日上午，山西省互联网金融协会会长郭玉琳一行莅临协会进行相关工作交流调研，与协会秘书长王强、协会金融科技专家刘庆太等相关人员进行了深入的交流和沟通。双方重点对如何运用科技手段解决中小微企业融资难问题、为银企间搭建互信合作桥梁进行了深入的探讨。未来双方将以共同探讨、观摩交流、研讨论坛会等合作形式加强两地协会合作，为两地互联网金融发展贡献力量。

（2）积极与学术机构开展交流。协会与安徽大学互联网学院、安徽新华学院财会与金融学院等学术机构进行交流会谈，共同探讨互联网金融专业的发展方向、人才专业需求、互联网金融等领域产教融合等有关工作，建立合作关系。

2020 年 5 月 18 日下午，协会秘书长王强、协会金融科技专家刘庆太一行赴安徽大学互联网学院，与学院领导、老师就产教融合议题进行研讨。会中双方就人才培养、技术创新、工程实验室建设、就业创业等方面达成多项共识。未来，双方将进一步建立合作关系，实现优势互补、共同发展。

2020 年 11 月 6 日，时任安徽新华学院财会与金融学院院长助理张璐一行莅临协会，与协会秘书长王强、副秘书长马鑫等相关人员进行深入的交流和沟通，双方共同探讨了未来安徽新华学院互联网金融专业的发展路径。

（3）加强与监管部门间的交流与学习。2020 年 7 月 16 日，时任安徽省地方金融监督管理局监管三处副处长李瑞一行前往协会开展调研工作，协会秘书长王强向李瑞做了详细汇报。2020 年 11 月 18 日，央行巢湖中心支行党委书记、行长、巢湖市金融学会会长谢铉洋一行到安徽省互联网金融协会，与协会秘书长王强及有关专家进行座谈交流。会上，双方分别介绍了近年工作情况，并就下一步工作重点及共同关心的话题进行了深入研讨交流。2020 年 12 月 7 日，安徽省互联网金融协会秘书长王强一行应巢湖市金融学会邀请赴巢湖市开展金融科技专题讲座，时任协会金融科技专委会筹备组专定朱斌从独特的视角揭示金融科技的发展趋势，并结合当下如何应用金融科技服务实体和金融科技安全等方面做了场景金融的建设建议。

六、参加行业论坛活动，扩大行业影响力

2020 年，协会多次受邀参加行业论坛，通过一系列活动积极为安徽省互联网金融、金融科技领域发声。

（1）2020 年 10 月 30 日，由安徽商贸职业技术学院、芜湖市银行业协会、安徽迪科数金科技有限公司主办的 2020 年“长三角”区域金融人才培养高峰论坛暨校企“双元育人”模式创新研讨会在芜湖召开，协会作为指导单位出席本次会议。与会嘉宾对在长三角一体化发展背景下人才培养模式创新进行了充分的论证与展望。

（2）2020 年 11 月 5 日，协会应邀参加由北京金融科技产业联盟与中国银联股份有限公司联合主办、科大讯飞承办的金融技术论坛。此次论坛以“人工智能风险防控技术应用”为主题，进行技术交流与经验分享，推进人工智能风险防控技术在金融领域的安全

应用。

(3) 2020 年 11 月 20 日，协会秘书长王强应邀参加安徽新华学院举办的“2020 年互联网金融发展创新论坛”并做重要讲话，指出了金融科技创新对金融人才培养提出新要求，秘书长王强接受了安徽新华学院的聘请，担任该校的“客座教授”。

(4) 2020 年 12 月 29 日，协会秘书长王强受邀出席由徽商传媒主办的“新时代 新未来”2020 徽商区块链产业发展高峰论坛。论坛发布了《2020 安徽区块链产业发展报告》。

七、成立金融科技发展与研究专业委员会

随着央行《金融科技（FinTech）发展规划（2019—2021 年）》正式公布，北京、上海、重庆、深圳、河北雄安新区、杭州、苏州等地相继开展金融科技创新监管试点。有关省市纷纷提出构建金融科技示范体系，竞相打造一流的金融科技地位。为进一步加强安徽省金融科技领域交流合作，促进金融科技发展水平、提升研究质量，推进金融科技领域行业自律，实现规范健康可持续发展。2020 年 11 月 26 日，协会秘书处发起成立安徽省互联网金融协会“金融科技发展与研究专业委员会”（以下简称“专委会”）。专委会成立之后立即着手开展相关工作。2020 年 12 月，由合肥兴泰金融控股（集团）有限公司联合清华大学金融科技研究院联合举办“全球金融科技精英挑战赛暨合肥滨湖金融小镇首届金融科技大赛”，此次活动由协会协办。

未来，专委会将在央行合肥中心支行及其他相关金融监管部门的指导下，以聚焦金融科技发展创新、聚焦培育和规范金融科技服务业态为目标，助力金融领域信息技术应用创新示范、产研结合，推进行业自律，配合落实安徽省金融科技发展规划，推动安徽省金融科技领域健康快速发展。

八、扎实做好党建工作

为确保协会党建工作高质量开展，协会秘书长不断强化党建工作。一方面，积极解决秘书处党员组织问题。由于秘书处党员数量未达标准，协会秘书处积极向主管部门党组织靠拢，挂靠安徽省地方金融监督管理局第五党支部，解决组织生活问题。另一方面，始终坚持加强党建理论学习。通过定期开展理论学习，学习习近平新时代中国特色社会主义思想，领会最新会议精神，互相讨论，提高学习质量；协会注重推动党建理论和日常业务深度融合、相互促进，坚持党建工作和业务工作一起谋划、一起部署、一起落实，增强全部工作人员凝聚力、向心力、战斗力。

2020 年 12 月 15 日，协会与合肥滨湖金融小镇管理有限公司签署入驻协议，正式入驻合肥滨湖金融小镇。协会的入驻意在联合小镇为会员单位提供优质创新服务，维护会员合法权益，推进行业自律规范，维护行业竞争秩序，以聚焦金融科技发展创新，聚焦培育和规范金融科技服务业态为目标，助力金融领域信息技术应用创新示范、产研结合，开展行业自律，协助落实安徽省金融科技发展规划，推动安徽省金融科技领域健康快速发展，为安徽省经济转型升级做出积极贡献。

第二节　完善安徽省互联网金融业自律工作的相关建议

随着经济社会数字化转型步伐继续加快，互联网金融在渠道线上化、服务全时化、运营平台化、流程自动化等方面的优势更加突出。今后安徽省互联网金融协会将在安徽省社会组织管理局、安徽省地方金融监督管理局、央行合肥中心支行的指导下，积极响应省政府关于“注重发挥行业商会、协会在经济社会治理中的作用”的号召，强平台、重服务，围绕开局“十四五”、开启新征程，强化团结引领、深化科技创新、突出开放发展、优化工作机制，在金融科技、学术交流、协会治理上下功夫，以高质量发展统揽全局、以新发展理念贯彻始终，认真落实协会常务理事、理事会有关重要决定举措，抓紧抓实，认真做好安徽省互联网金融及金融科技领域自律、协会会员服务、行业研究等工作，为安徽省互联网金融、金融科技高质量发展贡献力量。

一、配合主管部门工作，进一步发挥行业桥梁与纽带作用

作为监管部门与从业机构间的桥梁与纽带，今后安徽省互联网金融协会将不断强化工作力度，持续配合监管部门工作，积极开展互联网金融风险监测，落实安徽省地方金融监督管理局、央行合肥中心支行工作要求。

（1）持续开展风险监测。协会将指派专人进行线上风险监测工作，通过对工商新注册的金融机构开展疑似互联网金融业务线索排查，每周汇总纳入观察名单并持续关注；严防新发互联网金融风险。协会派专人定期关注已出清及正在出清网贷机构发标情况，严禁新发融资标的，并定期上报监管部门。

（2）助力网贷机构向互联网小贷转型。向拟转型小额贷款公司的P2P网贷会员单位提供政策解读、案例借鉴、调研交流等支持，供其学习参考，助力会员机构通过转型化解风险。

（3）参与落实监管部门行业指导工作会议要求。积极参加地方金融监督管理局、央行合肥中心支行等金融监管部门工作会议，积极落实会议工作要求，助力行业规范发展。

（4）进一步改进和完善行业自律公约。在前期颁布的行业公约基础之上，根据行业及监管发展动态对现有自律公约进一步改进和完善，同时发布金融科技行业自律公约。

二、进一步挥专业委员会作用

继续发挥金融科技等专委会力量，进一步优化专委会的人员结构，建立起专委会沟通协调的常态化机制，为安徽省金融科技工作提供支持。重点加强金融科技政策研究、建设区域性行业自律体系，着力推进金融科技创新健康有序发展；广泛开展交流与合作，着力提升全省金融科技行业能力水平。加强产学研结合，建立专业智库，着力打造安徽省金融科技高水平人才队伍。加强评优选先、推进金融科技成果转化，着力提升安徽省金融科技整体对外

形象。

三、构建金融科技服务平台

（1）打造安徽金融行业专家智库平台。成立安徽省互联网金融协会金融科技专家智库（金安智库），着力为地方金融行业科技创新建言献策，当好参谋；为会员单位科技赋能号脉问诊，搭好平台；为地方金融科技产业发展提挡加速，把好方向。

（2）探索打造金融科技创新平台。依托协会金融科技专家，联合协会会员单位的产学研资源，研究探索共建安徽省金融科技创新中心（金融工程实验室）。为地方金融机构和金融科技企业孵化新技术、新产品，形成安徽区域的金融科技核心知识产权，提升安徽金融科技的整体水平和档次。

（3）着力打造高端论坛展会平台。通过组织安徽省金融科技高端论坛，展示金融科技成果，开拓发展思路，为安徽金融科技行业诊断问题和短板，聚焦安徽金融科技整体发展模式和方向，汇聚安徽金融科技产业发展动能。

（4）打造跨区域金融科技合作与交流平台。加强“长三角”互联网金融协会及北京、深圳、天津等金融科技发展重点地区间交流互动，适时开展调研、论坛、邀请讲座等交流活动，为安徽省全面融入“长三角科创走廊”补上金融科技的短板。

（5）打造会员单位金融科技赋能培训平台。牵头组织开展金融信息安全、新科技应用（区块链、大数据、云计算、人工智能等）、各类行业规范性文件解读等行业培训工作，为安徽省金融科技人才培养提供强有力支撑。

四、丰富会员活动，推进行业发展

（1）根据疫情防控情况，协会适时开展线上线下会员活动。主要内容：一是紧密结合金融科技、行业监管等热点领域继续举办专业化培训。二是持续举办游泳、羽毛球等体育比赛，增加毅行等休闲活动，丰富会员活动形式。三是主办、协办各类行业论坛，树立协会品牌形象，力争打造具有一定行业影响力和较好口碑的论坛活动。

（2）拓宽视野，了解国内互联网金融行业最新动态和科技成果。协会赴北京、上海、深圳、南宁等地进行访问交流，加深拓宽互联网金融行业的交流合作，建立起“合作双赢、共享资源、共谋发展、共营氛围”的战略合作机制，为会员搭建交流桥梁。同时选择经典案例机构组织会员单位观摩，促进行业学习交流。

五、拓宽行业研究方向

（1）组织开展《安徽省互联网金融行业发展报告（2021）》《安徽省金融科技发展报告（2021）》的编撰工作。报告在以往的经验与基础之上持续深入探索金融机构数字化转型等方向研究工作。

（2）持续跟踪研究行业热点、重点问题，及时发布行业研究方向，组织行业研讨活动，提供更为全面的基础服务。

道阻且长，行则将至。作为联系监管部门与从业机构的沟通桥梁，面对不断发展变化的经济金融形势和行业政策，协会将时刻坚守岗位，不断自我调整、自我革新，紧跟行业变化。未来，协会将继续凝聚广大会员单位力量，配合互联网金融监管，聚焦移动金融发展和金融机构数字化转型，加强互联网金融理论与实务研究；认真做好会员服务，进一步加强会员单位间的联系与合作，群策群力，牢记普惠金融初心，力争取得更多对行业有贡献、对社会有意义的成果，为互联网金融治理提供更强有力的支撑，为促进和推动安徽省互联网金融行业规范发展、建立健康良性的金融科技生态圈和产业链添砖加瓦。

第九章　安徽省数字普惠金融发展情况

第一节　安徽省数字普惠金融发展总体概况

2015 年底，国务院发布了《推进普惠金融发展规划（2016—2020）》，首次在国家层面明确了普惠金融的定义，即普惠金融是指立足机会平等要求和商业可持续原则，以可负担的成本为有金融服务需求的社会各阶层和群体提供适当、有效的金融服务。近年来，随着互联网、大数据和云计算等信息技术在金融领域的深化运用和快速推广，进一步提升了普惠金融服务的广度和深度，普惠金融越来越呈现出数字化趋势。2016 年 9 月，G20 杭州峰会上发布了《G20 数字普惠金融高级原则》，这是国际社会普惠金融领域的首个高级别指引性文件，这一文件将数字普惠金融定义为泛指一切通过使用数字金融服务以促进普惠金融的行动，包括运用数字技术为无法获得金融服务或缺乏金融服务的群体提供一系列正规金融服务，其所提供的金融服务能够满足他们的需求，并且是以负责任的、成本可负担的方式提供，同时对服务提供商而言是可持续的。作为面向社会各阶层提供金融服务的重要形式，普惠金融的成本可负担性一直备受关注。而以大数据、云计算、区块链和人工智能为主要代表的数字技术，能够有效降低普惠金融的风险识别成本、数据处理成本和传统经营成本，并经过不断迭代升级最终促成移动支付、网上理财、小微信贷和互联网保险等一系列数字普惠金融的相关应用。

为了全面反映近年来安徽省数字普惠金融的发展情况，本报告利用北京大学数字金融研究中心发布的数字普惠金融指数，并结合安徽省数字普惠金融的现实发展进行综合分析。北京大学数字普惠金融指数自 2016 年开始编制，2019 年和 2021 年分别进行了两次更新，涵盖中国内地 31 个省（自治区、直辖市）、337 个地级以上城市（地区、自治州、盟等）以及约 2800 个县（县级市、旗、市辖区等）三个层级，是目前国内用于测度数字普惠金融发展的最权威指数。该指数包括 3 个维度、33 项具体指标（见表 9－1），3 个维度分别是数字金融覆盖广度、数字金融使用深度和普惠金融数字化程度。

表 9－1　数字普惠金融指数

一级维度	二级维度	具体指标
数字金融覆盖广度	账户覆盖率	每万人拥有支付宝账号数量
		支付宝绑卡用户比例
		平均每个支付宝账号绑定银行卡数

（续表）

<table>
<tr><th>一级维度</th><th colspan="2">二级维度</th><th>具体指标</th></tr>
<tr><td rowspan="20">数字金融使用深度</td><td colspan="2" rowspan="3">支付业务</td><td>人均支付笔数</td></tr>
<tr><td>人均支付金额</td></tr>
<tr><td>高频度（年活跃 50 次及以上）活跃用户数占年活跃 1 次及以上用户数的比重</td></tr>
<tr><td colspan="2" rowspan="3">货币基金业务</td><td>人均购买余额宝笔数</td></tr>
<tr><td>人均购买余额宝金额</td></tr>
<tr><td>每万支付宝用户购买余额宝的人数</td></tr>
<tr><td rowspan="6">信贷业务</td><td rowspan="3">个人消费贷</td><td>每万支付宝成年用户中有互联网消费贷的用户数</td></tr>
<tr><td>人均贷款笔数</td></tr>
<tr><td>人均贷款金额</td></tr>
<tr><td rowspan="3">小微经营者</td><td>每万支付宝成年用户中有互联网小微经营贷的用户数</td></tr>
<tr><td>小微经营者户均贷款笔数</td></tr>
<tr><td>小微经营者平均贷款金额</td></tr>
<tr><td colspan="2" rowspan="3">保险业务</td><td>每万支付宝用户中被保险用户数</td></tr>
<tr><td>人均保险笔数</td></tr>
<tr><td>人均保险金额</td></tr>
<tr><td colspan="2" rowspan="3">投资业务</td><td>每万支付宝用户中参与互联网投资理财人数</td></tr>
<tr><td>人均投资笔数</td></tr>
<tr><td>人均投资金额</td></tr>
<tr><td colspan="2" rowspan="2">信用业务</td><td>自然人信用人均调用次数</td></tr>
<tr><td>每万支付宝用户中使用基于信用的服务用户数
（包括金融、住宿、出行、社交等）</td></tr>
<tr><td rowspan="10">普惠金融数字化程度</td><td colspan="2" rowspan="2">移动化</td><td>移动支付笔数占比</td></tr>
<tr><td>移动支付金额占比</td></tr>
<tr><td colspan="2" rowspan="2">实惠化</td><td>小微经营者平均贷款利率</td></tr>
<tr><td>个人平均贷款利率</td></tr>
<tr><td colspan="2" rowspan="4">信用化</td><td>花呗支付笔数占比</td></tr>
<tr><td>花呗支付金额占比</td></tr>
<tr><td>芝麻信用免押笔数占比（较全部需要押金情形）</td></tr>
<tr><td>芝麻信用免押金额占比（较全部需要押金情形）</td></tr>
<tr><td colspan="2" rowspan="2">便利化</td><td>用户二维码支付的笔数占比</td></tr>
<tr><td>用户二维码支付的金额占比</td></tr>
</table>

资料来源：根据北京大学数字金融研究中心课题组的资料整理。

由北京大学数字金融研究中心课题组提供的数据可知，安徽省数字普惠金融在 2011—2020 年实现了跨越式发展，2011 年数字普惠金融指数仅为 33.1，在中国内地 31 个省（自治区、直辖市）中排名为第 18 位；2015 年数字普惠金融指数迅速增长到 211.3，在中国内地的排名上升至第 16 位；2020 年数字普惠金融指数为 350.2，相当于 2011 年的 10 倍以上，在中国内地的排名迅速上升至第 8 位。短短 10 年间，安徽省数字普惠金融指数平均每年增长 35.2，在中国内地的排名从第 18 位上升至第 8 位，呈现出快速发展的良好势头。

分指标来看，安徽省数字普惠金融的数字金融覆盖广度与总指数的变化趋势基本保持一致，而数字金融使用深度与普惠金融数字化程度却呈现出波动的特征（见图 9－1）。从图 9－1 可知，数字金融使用深度和普惠金融数字化程度的波动主要发生在 2013—2017 年。2013 年被称为中国互联网金融元年，以余额宝的横空出世为标志，互联网理财、P2P 网络借贷、第三方支付等数字普惠金融业务开始呈现出井喷式的增长。在这一背景下，安徽省普惠金融数字化程度急剧提升，在 2015 年达到阶段性的峰值。这一时期的数字普惠金融业务大多是由互联网企业主导，游离于传统金融体系之外，缺乏相应的监管，因此积聚了大量的风险，导致市场乱象横生。为了整治这些市场乱象，2016 年 4 月国务院印发了《互联网金融风险专项整治工作实施方案》，正式拉开了行业监管的序幕。在严监管的背景下，2016—2017 年 P2P 网络借贷、互联网众筹等业务乱象逐步得到治理，行业初期野蛮生长的态势得到扭转。相应地，这一时期安徽省普惠金融数字化程度表现出下降趋势。随着市场秩序逐步恢复正常，行业发展进入相对平稳期。2013—2017 年，安徽省数字金融使用深度的趋势与普惠金融数字化程度正好相反，呈现出先降后升的趋势。2011—2020 年安徽省数字普惠金融发展情况如图 9－1 所示。

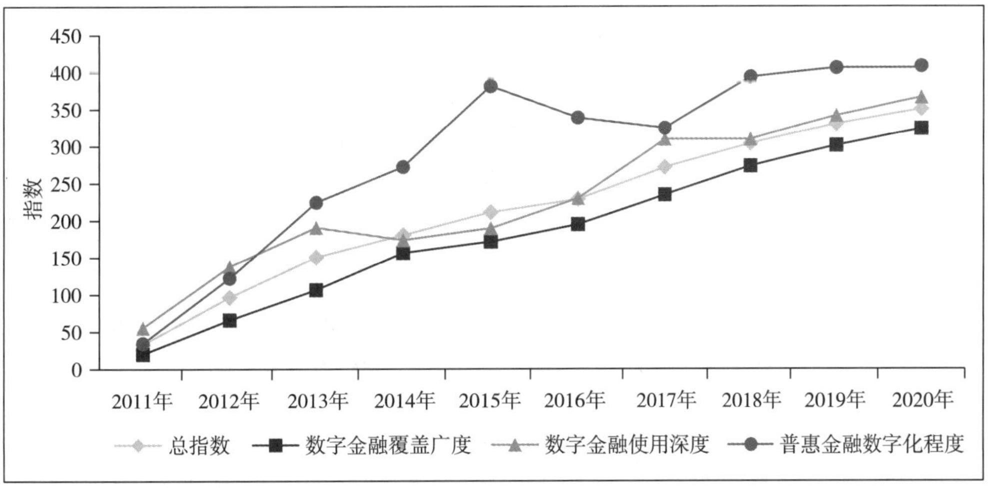

图 9－1　2011—2020 年安徽省数字普惠金融发展情况

（数据来源：根据北京大学数字金融研究中心课题组的数据整理）

第二节　安徽省与其他省市数字普惠金融发展比较

一、基于总指数的比较

为了更好地反映安徽省数字普惠金融的发展情况，本报告选取了 2020 年数字普惠金融总指数得分最高的上海市、得分最低的青海省和中国内地平均水平作为参照，进行对比分析。同时，进一步对长三角地区三省一市的数字普惠金融发展进行比较与分析。

总体来看，近几年安徽省数字普惠金融发展速度快于中国内地平均水平（见图 9-2）。由图 9-2 可知，2011—2017 年，除 2014 年外，安徽省数字普惠金融指数均落后于中国内地平均水平。2018 年，安徽省数字普惠金融发展水平开始反超中国内地平均水平，且 2018—2020 年二者差距逐渐拉大。究其原因，主要有以下三点：其一，近年来安徽省社会经济发展水平快速提升，城乡差距逐步缩小，基础设施日益完善，这为数字普惠金融提供了良好的外部环境和发展基础；其二，近年来安徽省加大对普惠金融的支持力度，从增加普惠金融服务室个数、精准扶贫到提升互联网普及率，使得数字普惠金融服务发展呈现规模化、移动化，极大地提高了安徽省数字普惠金融水平；其三，近年来安徽省内金融机构数字化转型进程明显加快，金融科技应用水平不断提升，快速推进了数字普惠金融业务向纵深发展。

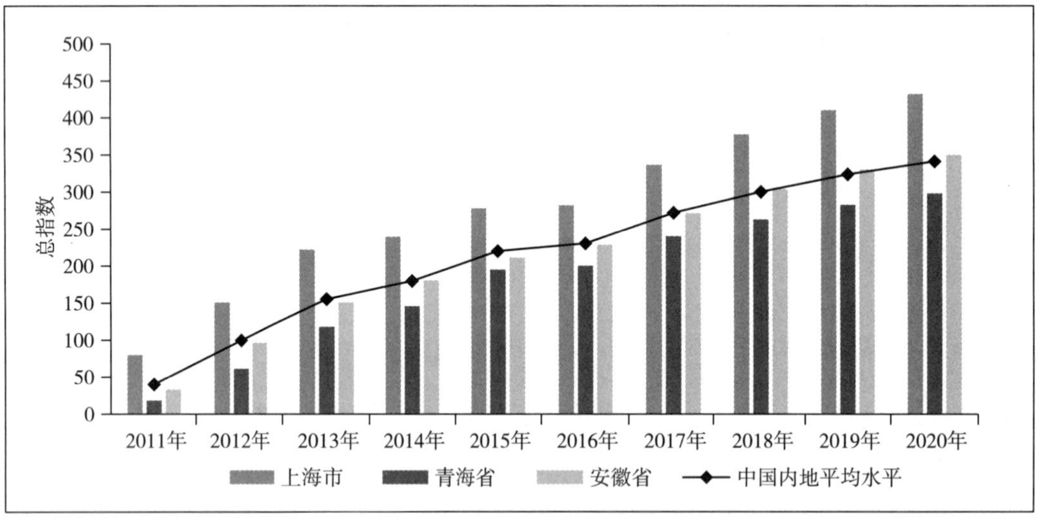

图 9-2　2011—2020 年安徽省与其他省市数字普惠金融总指数对比

（数据来源：根据北京大学数字金融研究中心课题组的数据整理）

值得注意的是，通过与上海市和青海市的比较可以看出，2017 年是一个转折点。2017 年之后，安徽省数字普惠金融发展水平与上海市和青海省的差距都呈现出明显扩大的趋势，这在一定程度上反映出数字普惠金融的发展可能具有马太效应。这是因为，相对于传统金融来说，基于互联网平台和数字技术之上的数字普惠金融的业务边际成本几乎可以忽略不计，规模效应更显著。一个地区的数字普惠金融发展不仅与区域内经济金融发展水平有关，还与区域内金融科技水平、基础设施投入等因素密切相关。一旦基础设施完善，数字普惠金融就会发挥出其巨大的规模效应，从而加剧区域间的差异性。

进一步比较长三角地区的数字普惠金融发展，同样可以观察到上述现象。总体来看，上海市的数字普惠金融发展水平一直居于领先地位，浙江省次之，江苏省第三，安徽省靠后。值得注意的是，近年来安徽与苏浙沪的差距有扩大的趋势。2019 年 12 月 1 日，中共中央、国务院发布了《长江三角洲区域一体化发展规划纲要》，长三角一体化进程明显加快。推进金融基础设施的互联互通是近年来长三角一体化发展的重点内容之一。安徽省应抓住机遇，积极融入长三角，加快数字普惠金融的发展。2011—2020 年长三角地区数字普惠金融总指数对比如图 9－3 所示。

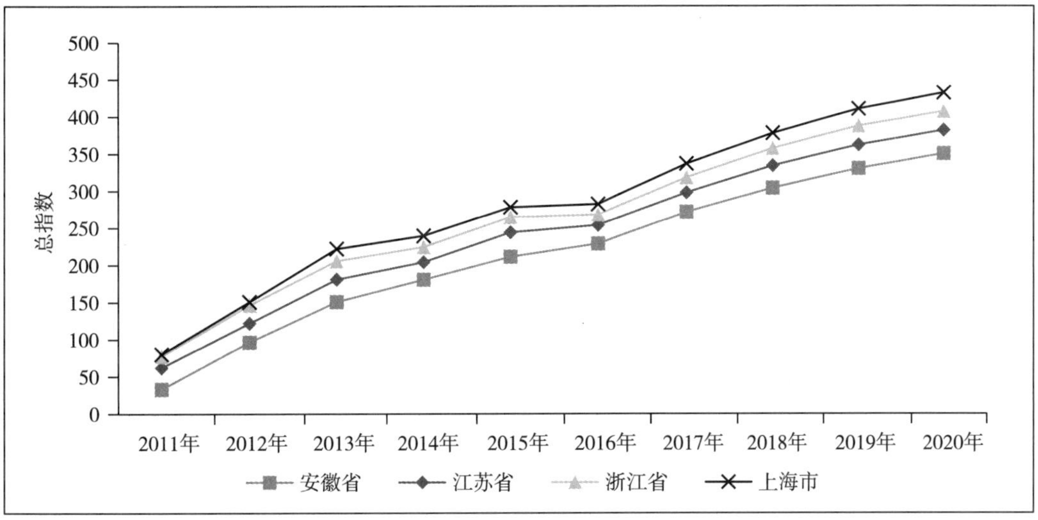

图 9－3　2011—2020 年长三角地区数字普惠金融总指数对比

（数据来源：根据北京大学数字金融研究中心课题组的数据整理）

二、基于数字金融覆盖广度的比较

数字普惠金融的核心目标就是为有金融服务需求的社会各阶层和群体提供有效的金融服务，包括服务那些传统金融很难触及的小微企业、农民、城镇低收入人群、贫困人群和残疾人、老年人等特殊群体。因此，数字金融覆盖广度是衡量数字普惠金融发展的一项重要指标。图 9－4 为 2011—2020 年安徽省与其他省市的数字金融覆盖广度对比。从图 9－4 可以

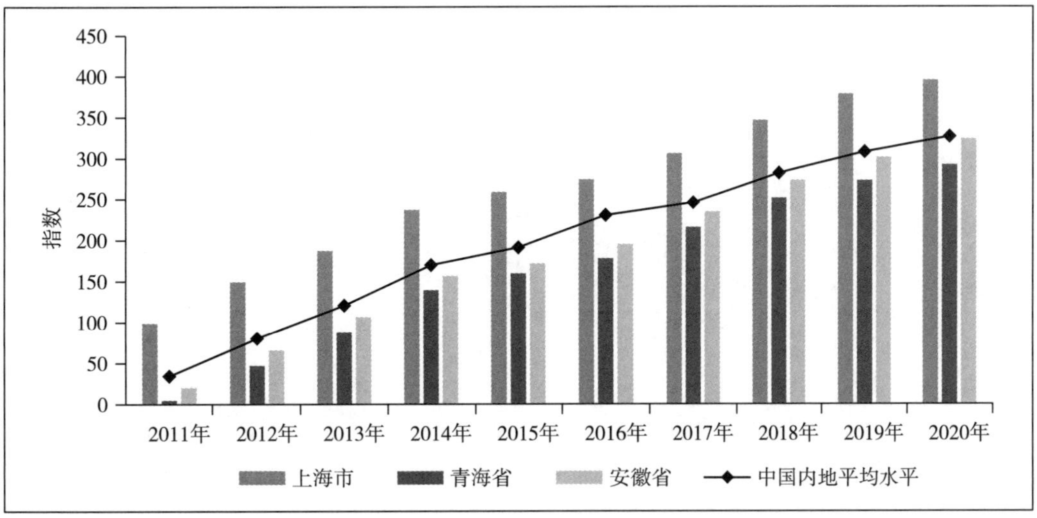

图 9－4　2011—2020 年安徽省与其他省市数字金融覆盖广度对比

（数据来源：根据北京大学数字金融研究中心课题组的数据整理）

看出，2011—2020 年安徽省数字金融覆盖广度保持着持续上升的态势，但一直落后于中国内地平均水平，不过近年来随着安徽省数字普惠金融发展水平的快速提升，二者的差距正在逐步缩小。如上文所述，安徽省数字普惠金融总指数在 2018 年就超越了中国内地平均水平。相对来看，安徽省在数字金融覆盖广度上的表现稍显落后。究其原因，主要有以下两点：其一，安徽省城镇化水平仍然偏低。2020 年安徽省城镇化率低于全国 5.6 个百分点，居中部六省第 5 位。其二，安徽省作为一个人口输出大省的现状仍未改变，人口聚集度不高。相信随着安徽省经济活力不断增强，新型城镇化建设步伐加快，省内人口的聚集程度进一步提高，其数字金融覆盖广度将会持续增加，有望在短期内超越中国内地平均水平。

值得注意的是，与上海市相比，2016 年前安徽省数字金融覆盖广度明显落后，自 2016 年开始二者差距有所缩小，但安徽的追赶速度仍不理想，2020 年二者差距仍高达 71.4。这在很大程度是因为城镇化水平的不同，上海市的城镇化水平远远高于安徽省的城镇化水平，2020 年二者城镇化水平差距高达 31.0。进一步比较安徽省与青海省的数字金融覆盖广度，二者差距近年来呈现出明显扩大的趋势。2020 年，安徽省数字金融覆盖广度指数比青海省高出 31.7。

进一步比较长三角地区数字金融覆盖广度情况（见图 9 - 5）。由图 9 - 5 可知，2011—2020 年安徽省与苏浙沪三地数字金融覆盖广度的差距总体呈缓慢缩小趋势，尤其是 2016 年以后，伴随着安徽省数字金融覆盖广度的快速增长，这种差距缩小的态势较为明显。2020 年新冠肺炎疫情的暴发对各地数字普惠金融都产生了不同程度的负面影响，安徽省数字金融覆盖广度的增速从 2019 年 10%跌至 8%，下跌了 2 个百分点，同期上海市、浙江省和江苏省数字金融覆盖广度的增速分别下跌了 5 个百分点、4 个百分点和 3 个百分点。相对来看，安徽省数字金融覆盖广度增速受疫情的影响最小。可以预计，随着近年来金融基础设施投入的不断增加，未来安徽省与苏浙沪三地数字金融覆盖广度的差距有望进一步缩小。

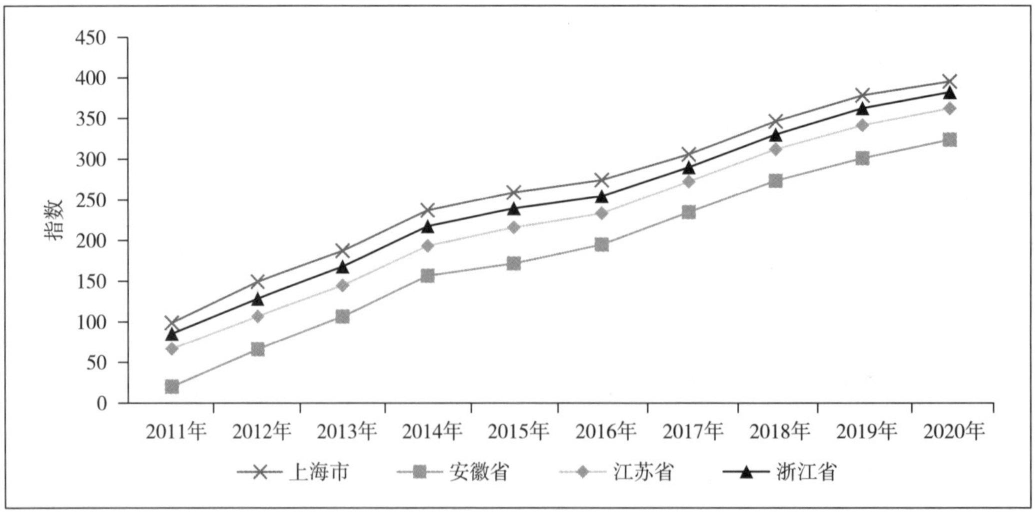

图 9 - 5　2011—2020 年长三角地区数字金融覆盖广度对比

（数据来源：根据北京大学数字金融研究中心课题组的数据整理）

三、基于数字金融使用深度的比较

数字金融使用深度指标主要反映不同类型数字普惠金融服务的实际使用情况，具体包括支付、货币基金、信贷、保险、投资、信用等服务。图 9-6 所示为 2011—2020 年安徽省与其他省市数字金融使用深度对比。由图 9-6 可知，2011—2020 年安徽省数字金融使用深度一直高于全国平均水平，并从 2017 年开始平缓拉开与中国内地平均水平的差距。2020 年二者差距达到 28.1。这是因为，受到数字经济时代的影响，安徽省积极推进金融机构向数字化转型，通过金融科技优化基础设施建设，支撑业务良性发展。比如，安徽省银行业积极利用数字技术开展移动终端金融服务，实现线下与线上结合的金融服务模式，提升场景运营能力，实现管理数字化，充分发挥数字金融的影响力，从而提高了数字金融使用深度。

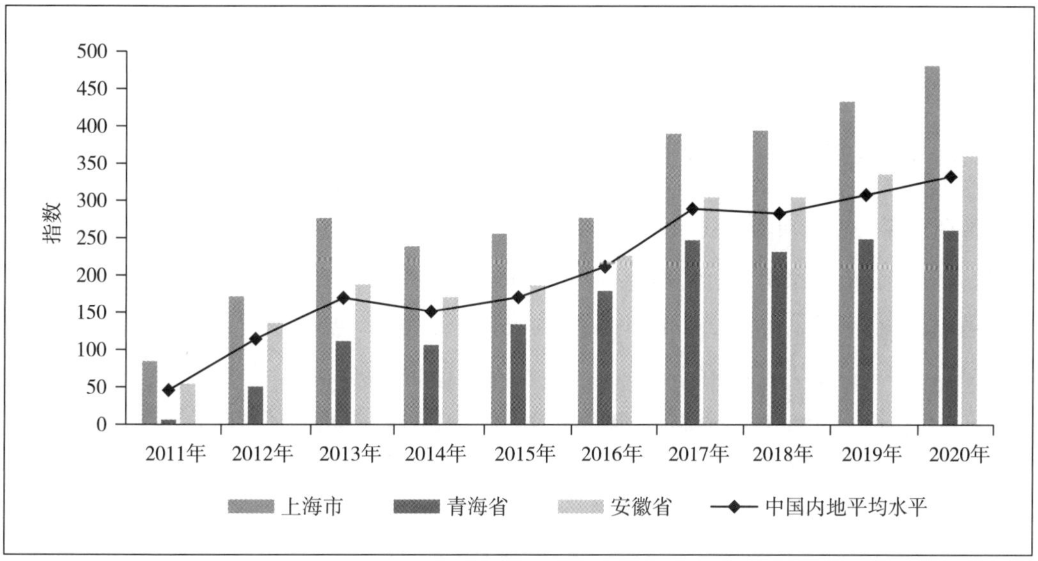

图 9-6 2011—2020 年安徽省与其他省市数字金融使用深度对比

（数据来源：根据北京大学数字金融研究中心课题组的数据整理）

2017 年前，安徽省与上海市的数字金融使用深度差距大多在 70 的范围内上下波动，但由于上海市经济快速发展，两者的差距不断拉大。2020 年，两者差距更是达到 122.5。同样地，2017 年前安徽省数字金融使用深度与青海省的差距不断缩小，但 2017 年后两者差距却不断上升。2020 年安徽省数字金融使用深度领先青海省 101.5。通过这些数据对比可以看到，数字普惠金融的区域间发展差异越来越大。

进一步比较长三角地区数字金融使用深度情况（见图 9-7）。由图 9-7 可知，2011—2020 年，安徽省与上海市和浙江省数字金融使用深度的差距均经历了由缩小到缓慢扩大的转变。2020 年安徽省数字金融使用深度比上海市和浙江省分别低 122.53 和 73.1。而与江苏省相比，两者的差距变化不大，一直保持在 30 的范围内上下波动。

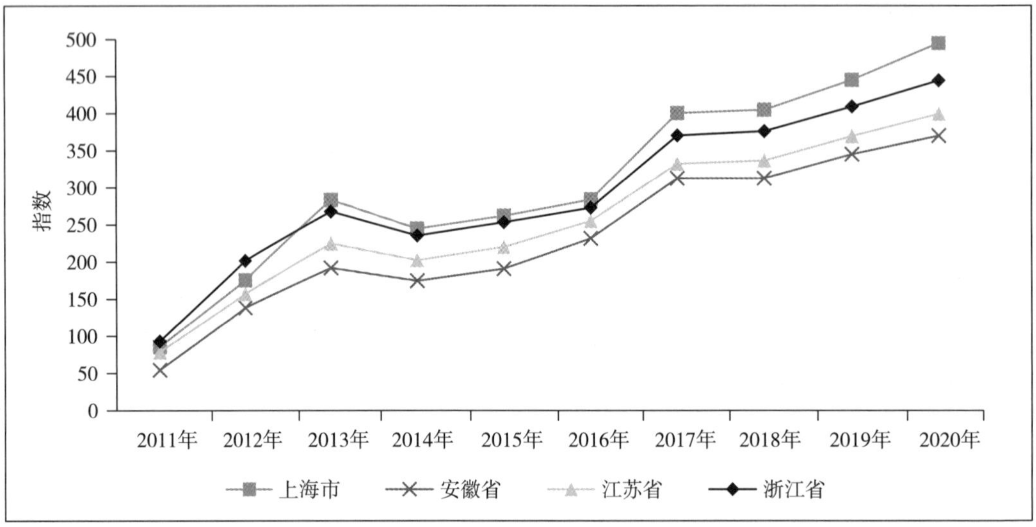

图 9-7 2011—2020 年长三角地区数字金融使用深度对比

（数据来源：根据北京大学数字金融研究中心课题组的数据整理）

四、基于普惠金融数字化程度的比较

数字技术在普惠金融领域的应用，一方面极大地提升了金融服务的便利性，另一方面又显著地降低了获得金融服务的门槛和成本。因此，普惠金融数字化程度也是衡量数字普惠金融的重要指标。图 9-8 所示为 2011—2020 年安徽省与其他省市普惠金融数字化程度对比。由图 9-8 可知，2016 年以前，除 2014 年外，安徽省普惠金融数字化程度一直落后于中国内地平均水平。2016 年开始，安徽省普惠金融数字化程度开始反超中国内地平均水平，并且

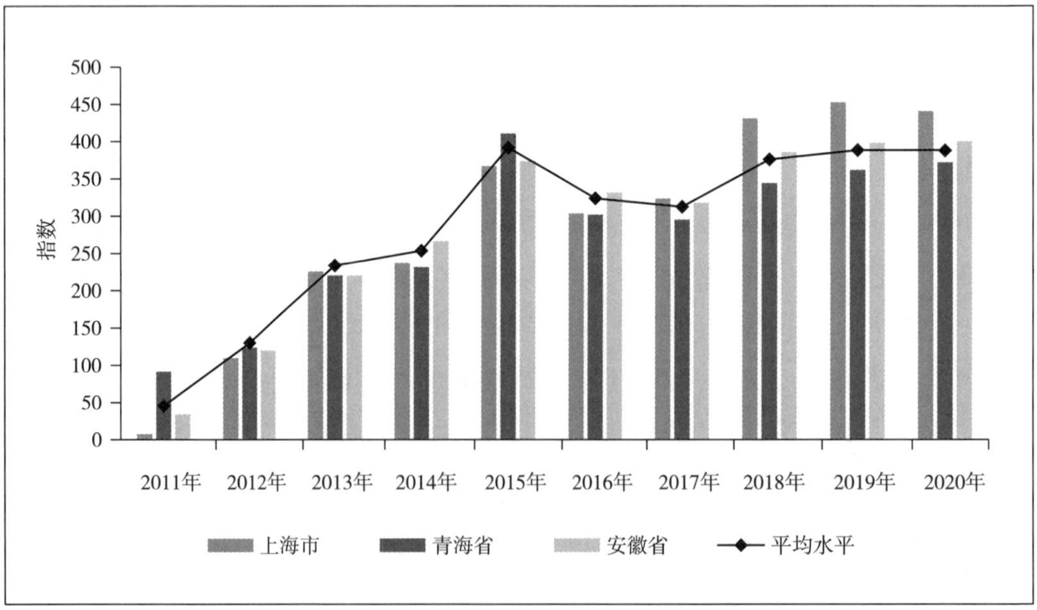

图 9-8 2011—2020 年安徽省与其他省市普惠金融数字化程度对比

（数据来源：根据北京大学数字金融研究中心课题组的数据整理）

差距逐年拉开。2020 年安徽省普惠金融数字化程度指数已经比中国内地平均水平高出 13.3。值得注意的是，2011—2017 年，安徽省普惠金融数字化程度仅在 2013 年稍落后上海市，其余年份均领先于上海市。但 2017 年之后安徽省普惠金融数字化程度明显落后于上海市。与青海省相比，2011—2015 年，安徽省普惠金融数字化程度仅在 2014 年领先青海省 36.0，其余年份均落后于青海省，但 2015 年之后安徽省普惠金融数字化程度明显领先于青海省。

进一步比较长三角地区数字普惠金融数字化程度情况（见图 9-9）。由图 9-9 可知，2017 年以前，长三角地区各省市普惠金融数字化程度的差异并不明显，尤其是与其他省市相比，安徽普惠金融数字化程度在 2011 年、2012 年、2014 年和 2016 年均处于领先水平。但 2017 年以后，安徽省这一领先地位再也不曾出现，反而在区域内垫底。2020 年安徽省普惠金融数字化程度相比 2019 年下降 14.1。

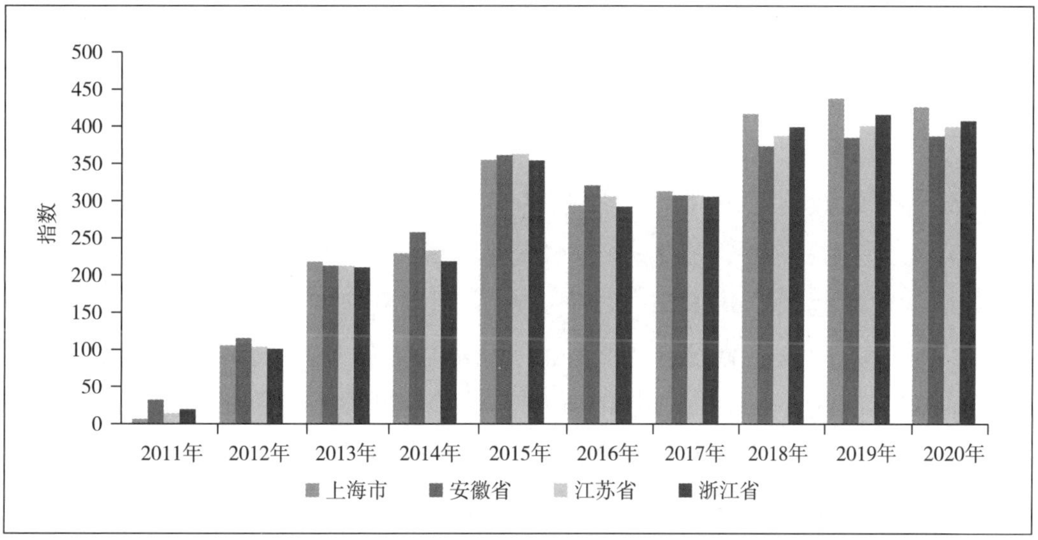

图 9-9　2011—2020 年长三角地区普惠金融数字化程度对比

（数据来源：根据北京大学数字金融研究中心课题组的数据整理）

第三节　安徽省各地市数字普惠金融发展比较

一、基于总指数的比较

总体上看，安徽省 16 个市的数字普惠金融发展水平基本呈上升趋势，但增长速度逐年下降，且各市各县（区）之间具有明显的地区差异。安徽省按地理位置可分为皖南、皖中及皖北三大经济区域，2011—2020 年安徽省分地区数字普惠金融总指数对比如图 9-10 所示。

皖南地区的经济发展水平总体处于全省前列，城乡差距相对较小，这给数字普惠金融发展提供了坚实的基础。2011—2015 年，皖南地区数字普惠金融发展水平明显领先于皖中地区和皖北地区，2016 年开始被皖中地区小幅赶超。

皖中地区数字普惠金融增速强劲，原因主要在于合肥经济圈的快速发展。合肥作为省会城市、“一带一路”和“长江经济带”双节点城市，以“数字合肥”作为主攻方向，着力打

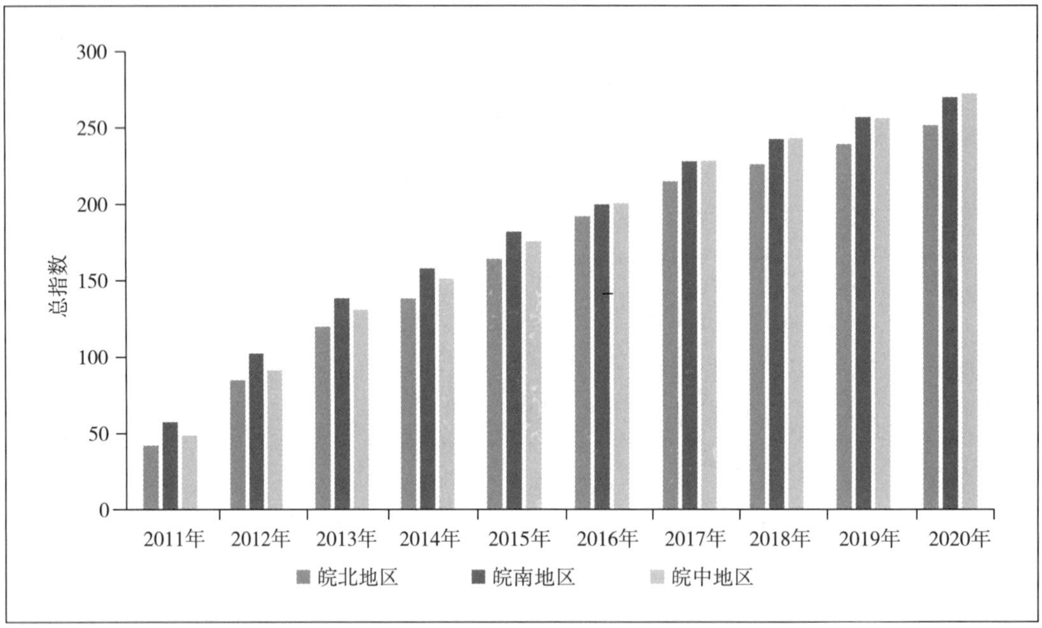

图 9-10　2011—2020 年安徽省分地区数字普惠金融总指数对比

造具有国内比较优势的数字经济高地。各大银行深入推进普惠金融数字化管理，精准引流、丰富线上产品，大力发展普惠金融业务。2020 年合肥“智慧快贷”服务成功上线，将政务数据整合、盘活、运用起来，并依托“数据开放应用创新实验室”与多家银行开展“赋能金融”工作，确保资金不断流、金融服务 24 小时不停歇，帮助解决了个人和中小企业在疫情期间融资难的问题。同时，相对省内其他城市来说，合肥具有较强的人才吸引力，聚集了大量金融科技人才。合肥凭借其特定资源优势，以及皖中地区其他城市的发展潜力，使得皖中地区的数字普惠金融发展水平得到明显的提高。

皖北地区受经济金融发展水平、地域文化、基础设施投入等多种因素影响，数字普惠金融发展相对滞后，且近年来与皖中地区和皖南地区的差距逐渐拉大，皖北地区急需迎头赶上，加快数字普惠金融的发展。

进一步分析省内各地级市的数字普惠金融发展情况，2016—2020 年安徽省 16 个地级市数字普惠金融总指数排名见表 9-2 所列。2016—2020 年，除个别城市外，安徽省内各地级市数字普惠金融总指数排名相对稳定。

表 9-2　2016—2020 年安徽省 16 个地级市数字普惠金融总指数排名

区域	城市	总指数排名				
		2016 年	2017 年	2018 年	2019 年	2020 年
皖北地区	宿州市	15	16	16	16	16
	淮北市	1	10	13	13	13
	蚌埠市	9	9	6	7	9
	阜阳市	14	14	14	14	14
	淮南市	13	8	10	10	12
	亳州市	16	15	15	15	15

（续表）

区域	城市	总指数排名				
		2016年	2017年	2018年	2019年	2020年
皖中地区	合肥市	2	1	1	1	1
	六安市	12	12	11	12	5
	滁州市	7	6	8	8	7
	安庆市	10	13	12	11	11
皖南地区	黄山市	6	4	4	4	4
	芜湖市	4	2	2	2	2
	马鞍山市	3	3	3	3	3
	铜陵市	8	11	7	5	6
	宣城市	11	5	5	6	8
	池州市	5	7	9	9	10

数据来源：根据北京大学数字金融研究中心课题组的数据整理。

分区域来看，安徽省16个地级市数字普惠金融发展水平的变化情况如下：

皖南地区的芜湖、马鞍山和黄山一直稳居全省前几名，带动了整个区域的发展水平。相对而言，铜陵市、宣城市、池州市的排名波动较大。值得注意的是，池州市近年来的排名一直处于下降趋势，2016年全省排名第5位，2020年已滑落到全省第10位。

皖中地区各市之间发展水平差异明显。合肥市凭借省会地位，近几年一直稳居全省第一，滁州市的排名保持在全省第7位左右，而六安市和安庆市则几乎处于全省中等偏下的水平。2020年六安市的排名有较大提升，原因可能在于六安市在2019年正式引入数字金融“一贷通”平台，平台利用政府大数据和互联网数据，通过云计算、大数据、AI等关键技术构建信用决策体系，实现企业、个人融资合理配置，帮助金融机构为企业、个人提供一站式金融服务，有效扩展了六安市金融服务的类型与使用情况，大大提高了数字金融的使用深度，从而促进了数字普惠金融的发展。

皖北六市中除蚌埠市以外，其他各市均排名倒数。2016—2020年，宿州市、亳州市和阜阳市始终处于全省排名倒数3位。淮北市在2016年排名第1，其在2015年和2017年的排名分别为第11和第10位，由此推断2016年淮北市的数据可能存在某种异常，并不能反映数字普惠金融发展的真实水平。

进一步比较安徽省县（区）数字普惠金融发展情况。2020年县（区）数字普惠金融总指数极差为28.0，数字普惠金融发展水平最高的县（区）为合肥市包河区，蜀山区、庐阳区紧随其后，发展水平最低的是淮北市烈山区。县域的数字普惠金融发展水平显著低于城市。

表9-3列出了2018—2020年安徽省16个地级市县（区）数字普惠金融总指数均值和标准差系数，比较各地级市的县（区）发展的差异度。分区域主要存在以下几种情况：一是发展程度不高但地区内差异较小，如亳州市、宿州市；二是发展程度不高且地区内差距较大，如淮北市；三是发展程度高，地区内差异也较大，如合肥市；四是发展程度高且区域内

差异较小，如黄山市、芜湖市、宣城市。

表 9-3　2018—2020 年安徽省 16 个地级市县（区）数字普惠金融总指数均值与标准差系数

地区	城市	2018 年		2019 年		2020 年	
		均值	标准差系数	均值	标准差系数	均值	标准差系数
皖北地区	宿州市	101.9	0.038	109.6	0.034	112.1	0.028
	淮北市	104.6	0.063	112.4	0.059	114.0	0.061
	蚌埠市	109.6	0.075	117.2	0.071	118.3	0.058
	阜阳市	106.5	0.041	114.1	0.038	116.6	0.035
	淮南市	109.4	0.054	116.0	0.050	117.3	0.043
	亳州市	103.6	0.023	111.2	0.022	114.0	0.021
皖中地区	合肥市	119.8	0.062	126.7	0.059	127.2	0.058
	六安市	106.8	0.065	114.9	0.034	116.1	0.031
	滁州市	111.1	0.045	118.0	0.045	120.1	0.045
	安庆市	107.0	0.063	115.4	0.042	117.9	0.039
皖南地区	黄山市	111.3	0.037	118.0	0.036	120.1	0.036
	芜湖市	115.5	0.049	122.9	0.047	124.0	0.046
	马鞍山市	114.0	0.051	120.8	0.049	122.1	0.045
	铜陵市	113.5	0.051	119.5	0.046	121.5	0.040
	宣城市	110.8	0.013	118.0	0.013	120.0	0.011
	池州市	107.9	0.038	115.2	0.036	116.8	0.036

注：2018 年之后统计县（区）域的城市固定。

数据来源：根据北京大学数字金融研究中心课题组的数据整理。

二、基于分类指数的比较

2011—2020 年安徽省分地区数字金融覆盖广度对比如图 9-11 所示。从图 9-11 可以看出，安徽省各地区数字金融覆盖广度呈逐年增长趋势，并与数字普惠金融总体发展水平的变化呈现一致性。2011—2015 年，皖南地区的数字金融覆盖广度明显高于皖北地区和皖中地区；但在 2016 年之后，皖中地区与皖南地区持平，甚至高于皖南地区，皖北地区仍处于较低水平。

2011—2020 年安徽省分地区数字金融使用深度对比如图 9-12 所示。从图 9-12 可以看出，安徽省各地区数字金融使用深度呈现不断增长的态势。除 2020 年外，皖南地区的使用深度均高于皖北地区和皖中地区。2012—2015 年，皖南地区与其他两个地区差距较大；2016—2020 年，皖中地区的数字金融服务逐渐丰富，发展迅速，数字金融使用深度与皖南地区的差距逐渐缩小，甚至在 2020 年超越皖南地区，皖北地区仍处于较低的水平。

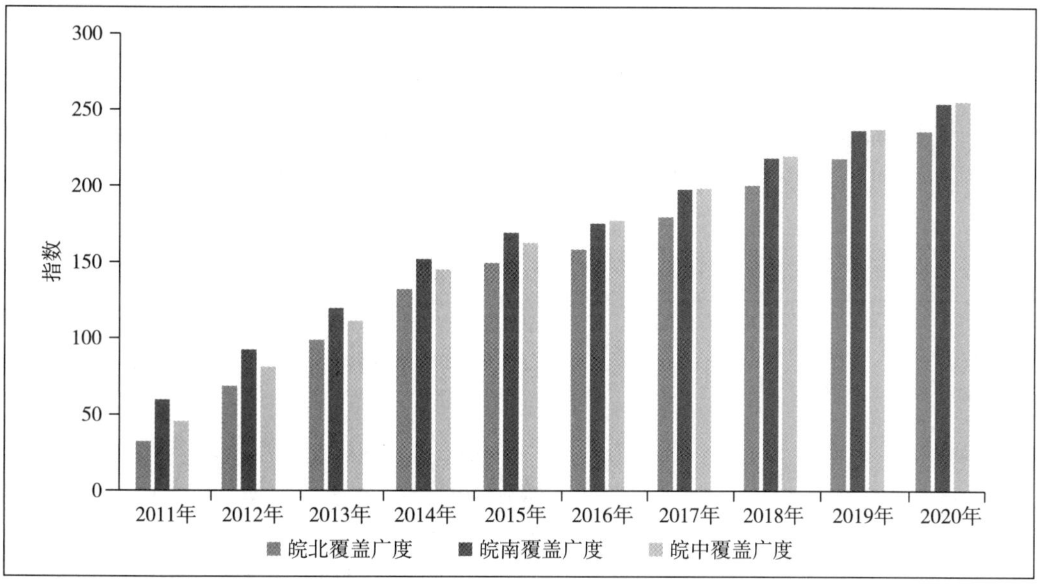

图 9－11 2011—2020 年安徽省分地区数字金融覆盖广度对比

（数据来源：根据北京大学数字金融研究中心课题组的数据整理）

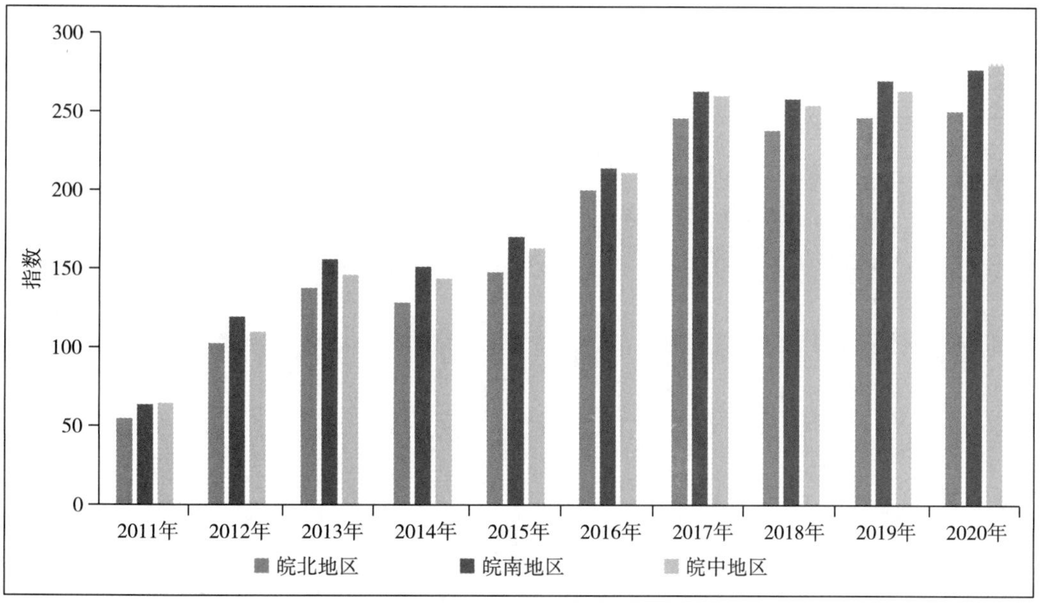

图 9－12 2011—2020 年安徽省分地区数字金融使用深度对比

（数据来源：根据北京大学数字金融研究中心课题组的数据整理）

2011—2020 年安徽省分地区普惠金融数字化程度对比如图 9－13 所示。从图 9－13 可以看出，安徽省各地区普惠金融数字化程度整体呈上升趋势，与分地区数字普惠金融总体发展水平有较大的不同。2011 年、2012 年、2016 年、2017 年皖北地区普惠金融数字化程度较高，高于皖南地区和皖中地区。2018—2020 年，皖中地区普惠金融数字化程度较高，皖南地区次之，皖北地区最后，但总体差距不大。然而皖北地区的数字普惠金融发展一直处于较低的水平，与皖南地区和皖中地区的差距也比较大，说明对于皖北地区来说，数字普惠金融的发展水平与普惠金融数字化程度的高低并无直接联系。这种情况的出现可能与地区的经济水平有关，当地区的经济发展状况不佳时，普惠金融数字化程度和数字普惠金融发展程度的关联性较小。要提高地区的数字普惠金融发展水平，应着力于丰富数字金融服务，为企业或个人提供创新性的线上金融服务，提高数字金融的覆盖广度和使用深度，进而促进数字普惠金融的发展。

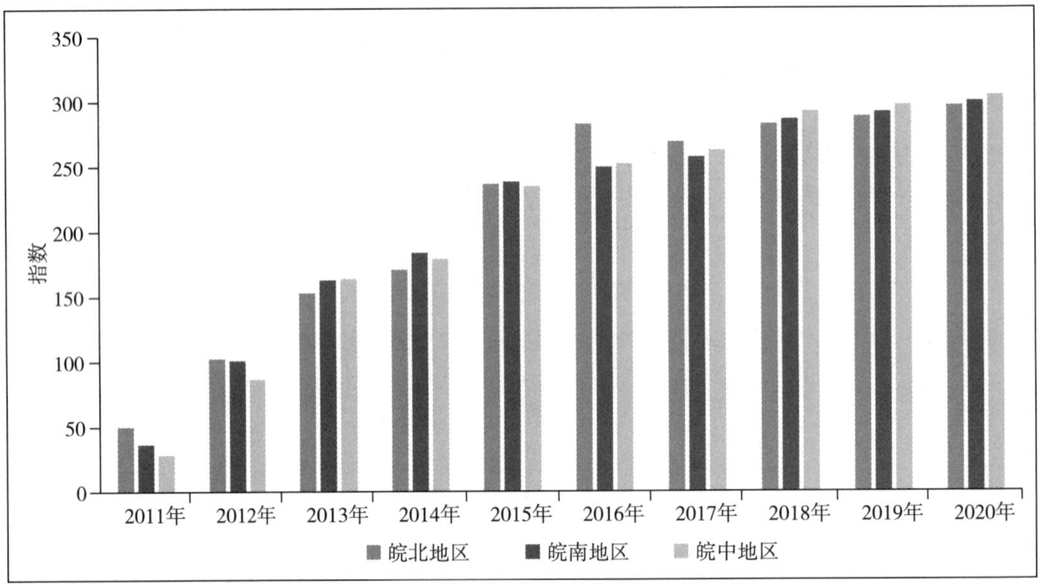

图 9-13　2011—2020 年安徽省分地区普惠金融数字化程度对比

（数据来源：根据北京大学数字金融研究中心课题组的数据整理）

第十章　安徽省居民数字普惠金融认知和参与情况的问卷调查分析

第一节　问卷调查说明

数字普惠金融是数字技术与普惠金融的有机结合，是指在数字技术的支持下通过金融服务促进普惠金融的行动。作为面向社会各阶层提供金融服务的重要形式，普惠金融的成本可负担性一直备受关注，而以大数据、云计算、区块链和人工智能为主要代表的数字技术，能够有效降低普惠金融的风险识别成本、数据处理成本和传统经营成本，并经过不断迭代升级最终促成移动支付、网上理财、小微信贷和互联网保险等一系列数字普惠金融的相关应用。数字普惠金融的快速发展已成为近年来我国金融领域最令人瞩目的现象，尤其是 2020 年，数字普惠金融更是获得了前所未有的社会关注度。疫情期间人们对"非接触金融"的需求催生了数字技术与普惠金融服务的不断融合。金融科技的信息优势、成本优势、风控优势使金融服务惠及社会低收入群体、小微企业及其他相对弱势群体。数字普惠金融从经济发达地区快速拓展到偏远农村地区，给乡村农户带来更多的金融体验。2021 年初，数字普惠金融作为一个固定提法被首次写入中央一号文件。

为了更好地了解安徽省数字普惠金融的发展情况，2021 年 1—3 月，我们在安徽省 16 个地级市随机选择部分居民，开展了关于数字普惠金融认知和参与情况的问卷调查。考虑到样本分布的合理性，因部分居民可能无法使用互联网等通信设备，此次调查采取了线上和线下结合的方式，其中线下调查对象侧重于农村居民和年龄偏大的居民。本次调查共收回有效样本有 869 份。本次调查主要针对安徽省内居民，其中户籍所在地为安徽省的居民所占比例为 89.5%，工作或日常居住地为安徽省的居民所占比例为 83.5%，大多数问卷对象属于安徽省常住居民，如图 10－1 所示。

本次调查对象男女比例接近 1∶1。绝大多数调查对象的年龄在 60 岁以下，其中 18～25 岁、25～40 岁、40～60 岁的比例较为接近，均在 30%左右。调查对象的学历在本科及以上的占比超过 60%，初中及以下学历的占比约为 17%。调查对象的职业包括公务员或事业单位职工、在校学生、本地务农或务工、外出务工和自主创业人员等。总体来看，调查对象的样本特征较为多样，覆盖人群较为广泛，且分布较为均衡，如图 10－2 所示。因此，样本具有一定的合理性，能够大致反映安徽省内民居的总体情况。

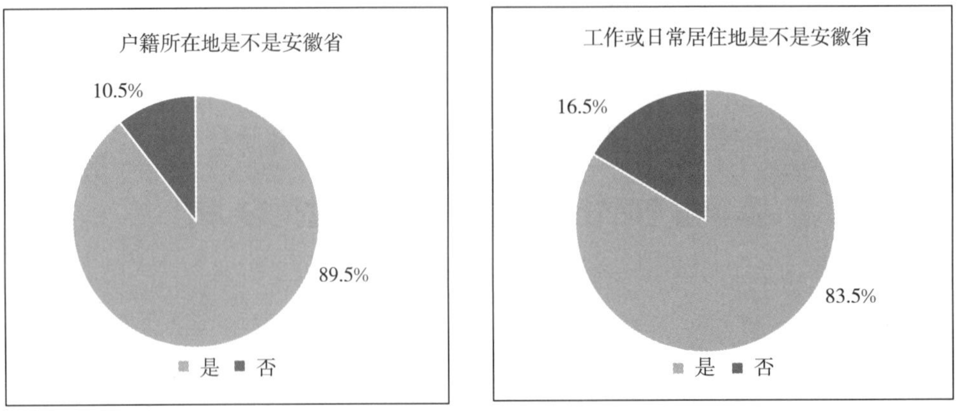

图 10－1　调查对象常住地

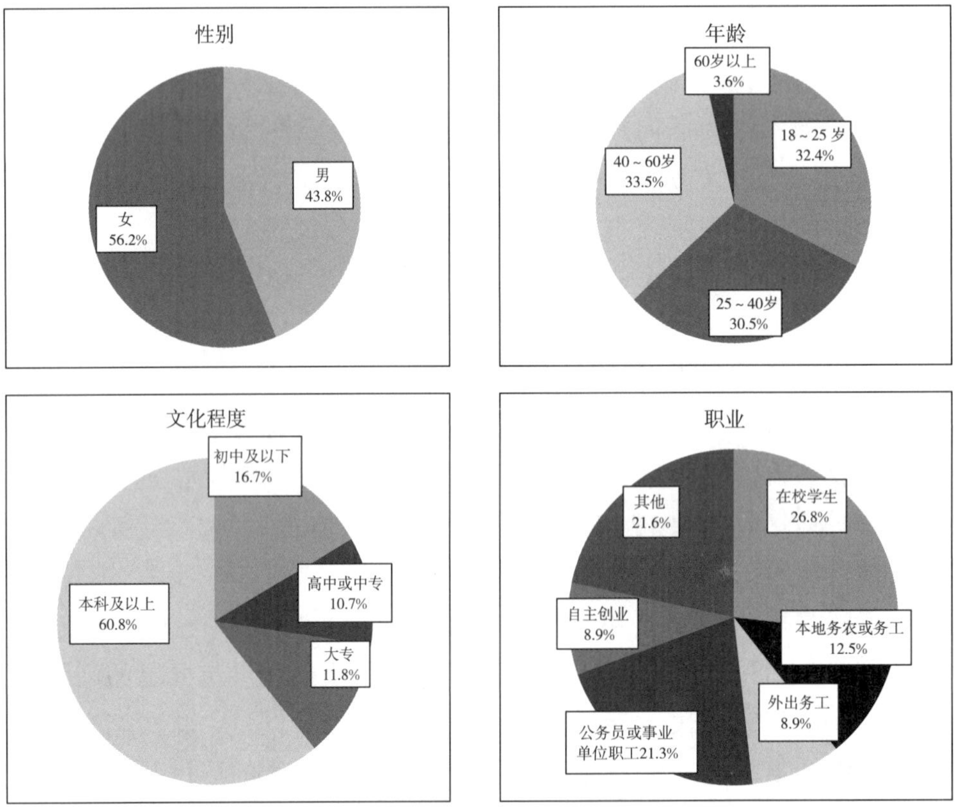

图 10－2　调查对象特征

第二节　问卷调查结果分析

此次问卷共设计了 21 个问题，主要围绕办理数字普惠金融业务的类型、渠道、服务体验及主要诉求等方面调查安徽省城乡居民对数字普惠金融的认知和参与情况。具体调查结果如下。

一、手机银行成为居民办理银行业务的主渠道

问卷调查结果（见图 10－3）显示，有超半数的居民在手机上办理银行业务，三成以上

居民去银行柜台办理，约一成的居民在银行自助柜员机办理业务，仅有 2.3%的居民在电脑上办理业务。可见，手机银行已经成为安徽省城乡居民办理银行业务的最主要渠道，这一方面得益于智能手机的发展与普及，此次问卷调查结果显示，几乎所有居民都拥有智能手机；另一方面也与近年来省内银行业大力推广手机银行 App 有关，如交行安徽省分行创新手机银行产品和服务，强化便民功能体验，持续开展消费市场对接，为更多客户送去便利和实惠，同时为普惠金融服务延伸手臂。

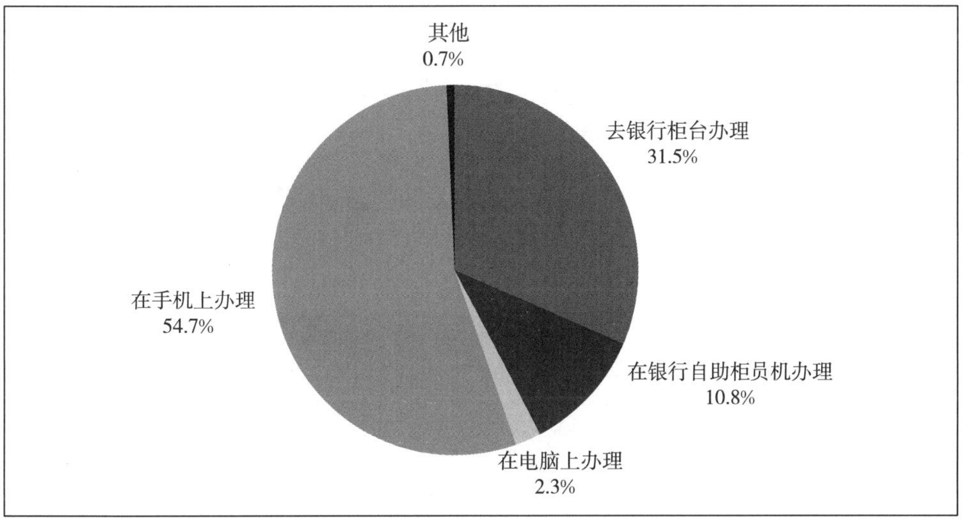

图 10－3　办理银行业务方式选择

二、手机银行 App 的使用情况

问卷调查结果（见图 10－4）显示，有 86.7%的调查对象已安装手机银行 App。其中，农行安装用户超半数；建行安装用户次之，为 45.0%；工行安装用户占三成以上；中行和邮储银行安装用户数接近，所占比例约为 20%；招行、徽商银行和农商银行安装用户数占比接近，为 15%左右；交行与光大银行安装用户数占比均为 5%～10%；其他银行包括中信

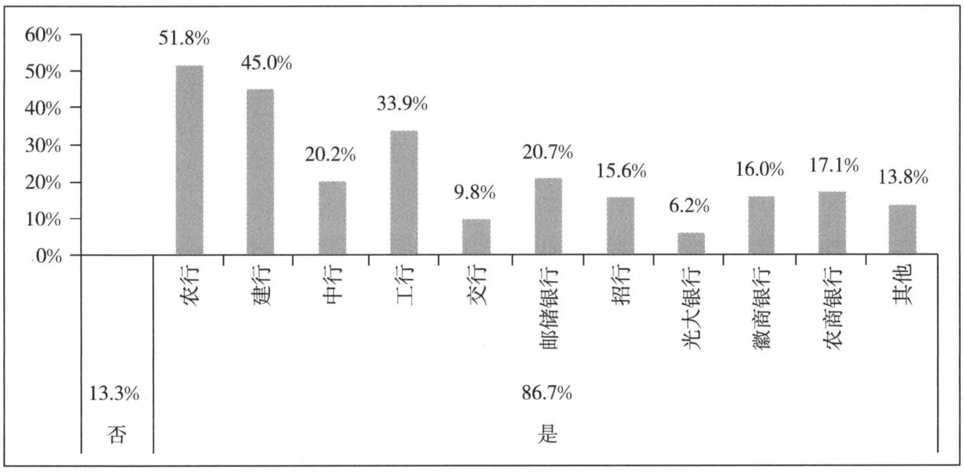

图 10－4　手机银行 App 安装情况

银行、平安银行、浦发银行等，占比较低。国有五大行 App 安装用户多的主要原因在于其自身客户基数大、覆盖面广。农行之所以遥遥领先，也是因为其在县域以下的客户覆盖面要高于其他银行。

问卷调查结果（见图 10－5）显示，90%以上的居民使用手机银行 App 的一个重要原因是其方便快捷，其余原因依次为银行工作人员的推销（19.6%）、业务选择多（16.6%）、业务指定（如发工资等）（14.7%）、个人偏爱（10.5%）、受身边亲朋好友的影响（8.1%）等。相对而言，优惠力度对人们使用手机银行的激励作用并不大，仅有 6%左右的调查对象是因优惠力度大才选择使用手机银行。由此可见，商业银行还是要将主要精力放在如何完善手机银行功能、增强主动营销意识、上线更多手机银行业务上，切实提升用户使用的便捷性和有效性，不能一味地打价格战。

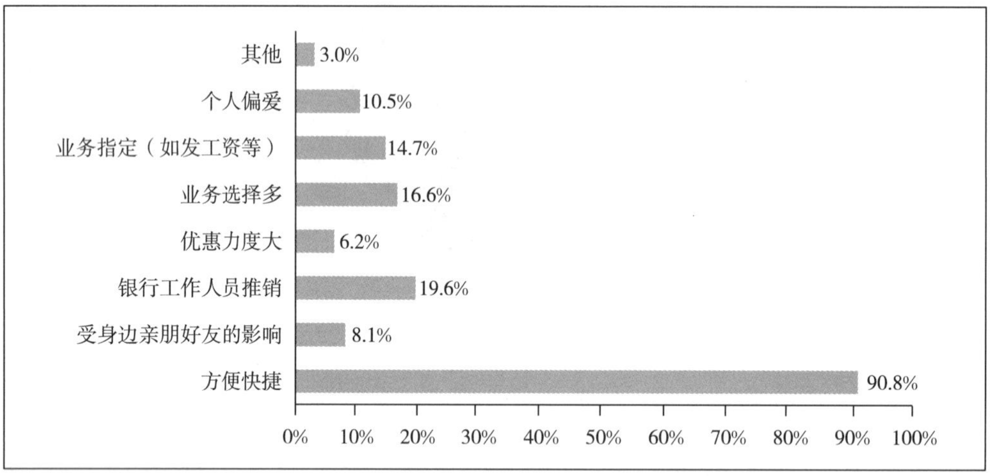

图 10－5　使用手机银行 App 的主要原因

问卷调查结果（见图 10－6）显示，利用手机银行办理最多的前三项业务依次是转账（75.8%）、查询信息（74.4%）和收/付款（44.1%），而办理借款的不到 2%，这说明目前安徽省城乡居民对手机银行的使用主要围绕在满足日常生活中产生的金融服务需求，较少涉及金融投资理财和借贷等相对风险较高的业务。

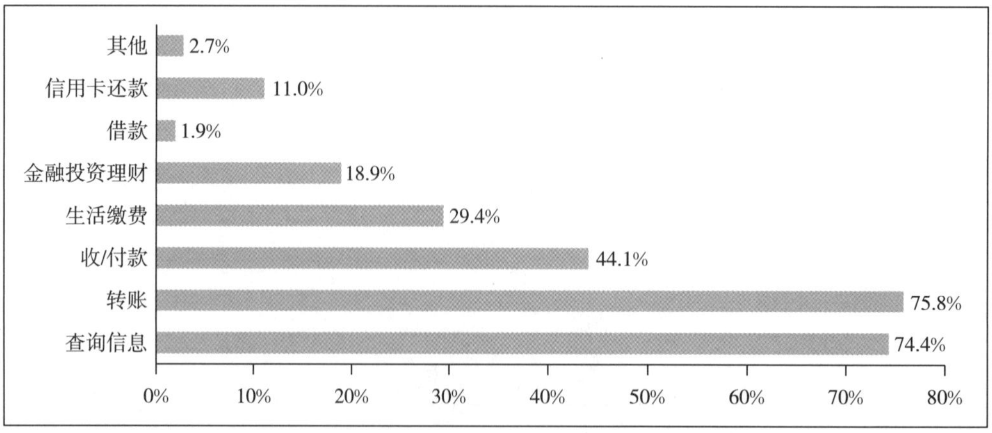

图 10－6　使用手机银行 App 办理金融业务情况

三、互联网金融业务办理情况

问卷调查结果（见图 10－7）显示，有 78.6%的调查对象在手机或电脑上办理过诸如收付款、存贷款、转账汇款、购买理财产品、买卖股票、购买保险等网络金融业务。被调查者未办理过网络金融业务排名前三的原因是不会操作（38.7%）、担心安全问题（35.0%）和线上操作过于复杂、嫌麻烦（28.0%）。仅有 1.1%的调查对象是因为银行人员没有推销才没有办理过网络金融业务。由此看来，银行要想提高网络金融业务使用率，应着重关注业务操作与安全问题，操作便捷、使用安全的业务必然会吸引一大批使用者。

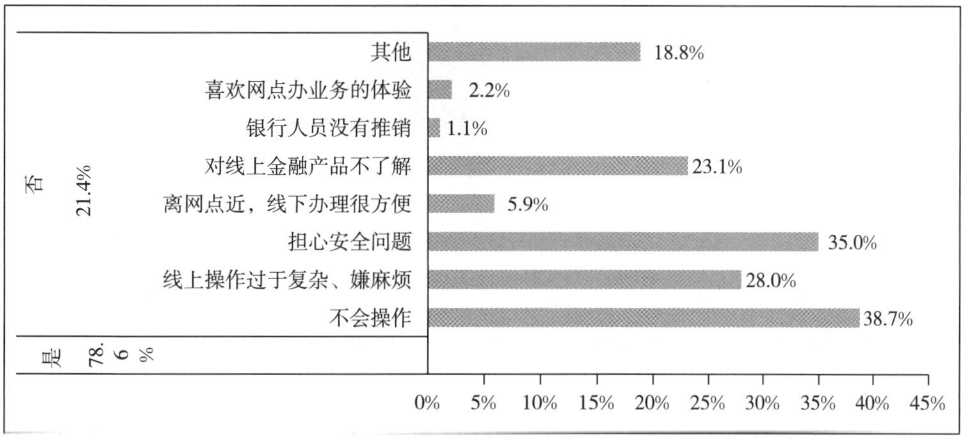

图 10－7　互联网金融业务办理情况

四、手机支付功能的使用情况

问卷调查结果（见图 10－8）显示，目前手机支付的两大巨头仍是微信（94.5%）、支付宝（80.7%），且使用微信支付的居民相对较多。使用现金、银行 App 支付的居民有 6%左右；使用刷银行卡、云闪付支付的居民有 2%左右；使用翼支付的居民更是不足 0.5%。这说明微信、支付宝的支付方式已渗透到绝大多数人的生活中。

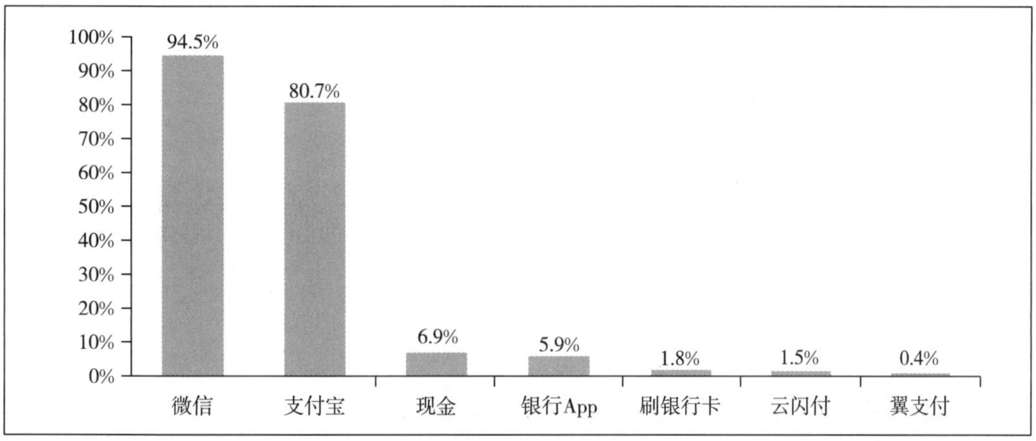

图 10－8　支付方式选择

问卷调查结果（见图 10－9）显示，有 47.6％的调查对象平均每天使用微信、支付宝或手机银行 App 等进行支付的笔数为 1～2 笔，36.4％的居民会支付 3～5 笔，12.3％的居民支付 5 笔以上，不使用手机支付的居民仅占 3.7％。可见，安徽省城乡居民平均每天使用手机支付的笔数集中在 1～5 笔。

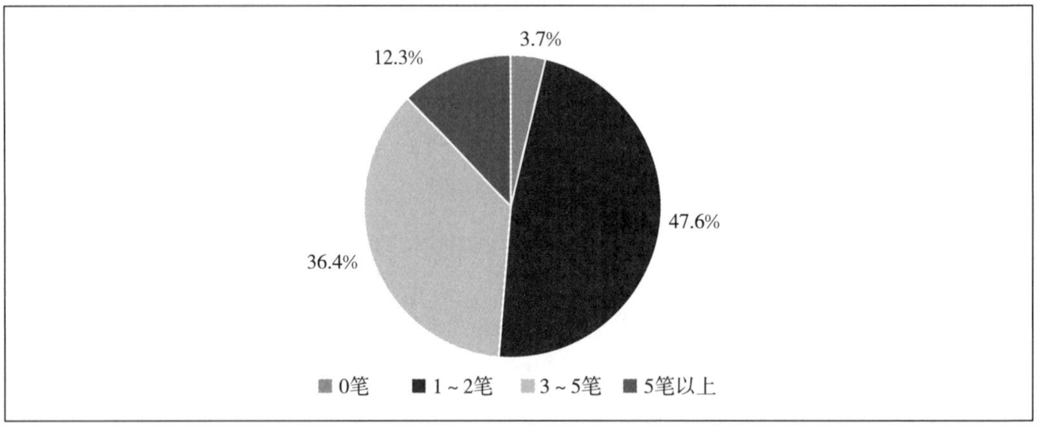

图 10－9　平均每天移动支付笔数

问卷调查结果（见图 10－10）显示，90％以上的调查对象的手机支付使用最多的场景是日常购物（93.5％），其他场景依次是餐饮（66.6％）、转账（57.4％）、公交地铁（54.7％）、菜市场（45.7％）、公共缴费（44.2％）、校园（25.4％）、自助售货（21.9％）、医疗健康（19.0％）、交通罚款（12.3％）。由此可见，手机支付已经覆盖了我们日常衣食住行的方方面面。

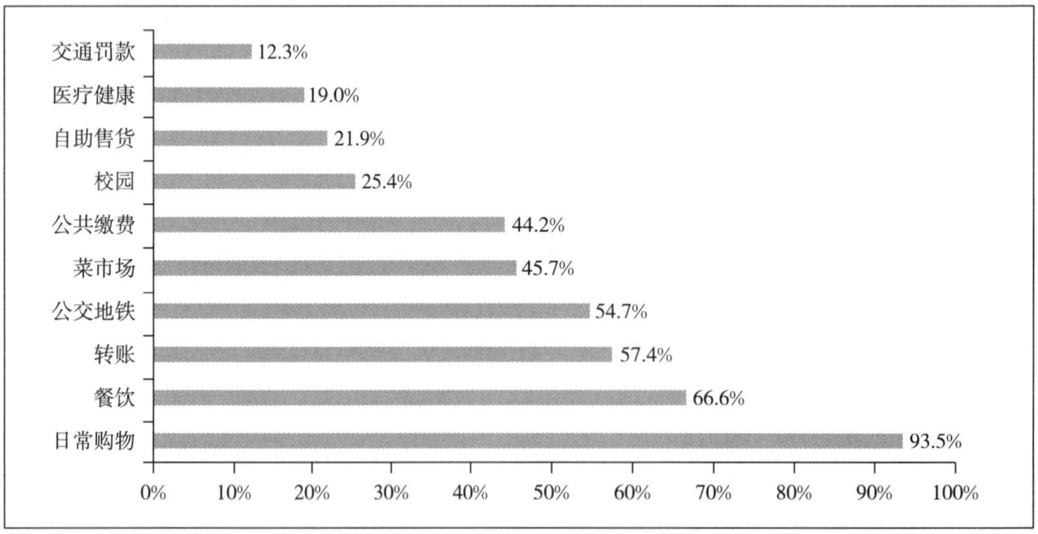

图 10－10　手机支付场景

五、互联网消费金融与互联网借款功能的使用情况

问卷调查结果（见图 10－11）显示，有 57.3％的调查对象已开通了蚂蚁花呗。其中，

消费额度占比较高的依次为 2000～5000 元（31.5%），10000 元以上（31.1%），2000 元以下（23.7%），5000～10000 元（13.7%）。蚂蚁花呗作为一款消费信贷产品，一问世就拥有其他消费信贷产品无可比拟的消费场景。不仅如此，作为国内最大的第三方支付平台，支付宝还为蚂蚁花呗接入了外部消费平台。

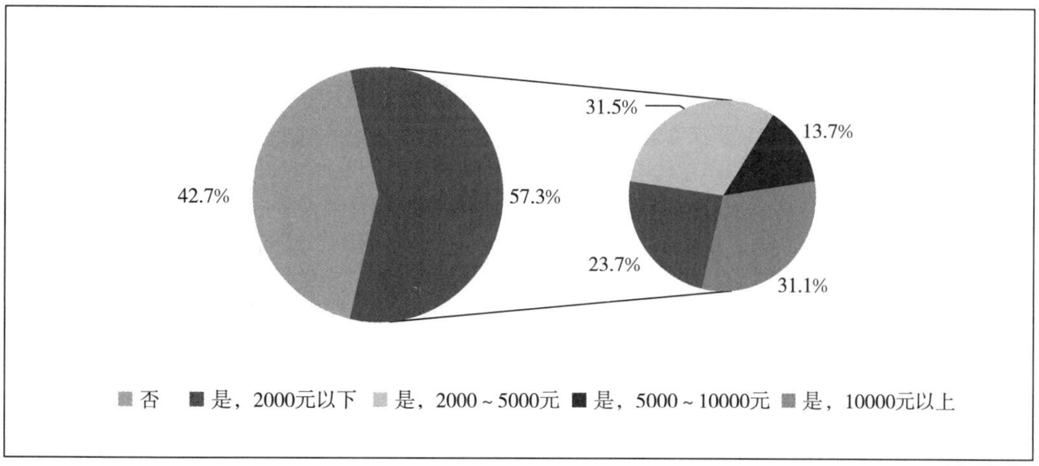

图 10－11　蚂蚁花呗使用情况（消费额度）

问卷调查结果（见图 10－12）显示，85%以上的调查对象未使用过互联网借款。互联网借款使用率较低，其主要原因是目前金融机构放贷程序合规性和风控技术要求较高，网贷产品种类单一，业务量偏少。除手机 App 提供的网贷和信用卡透支外，互联网借款主要通过互联网金融平台，如支付宝和微信等。调查结果也显示，使用过网络借款的第一大渠道是支付宝借呗（50.4%），其他方式依次是手机银行 App（38.2%）、信用卡透支（34.2%）、京东白条（26.8%），使用微粒贷借款的不足 5%。

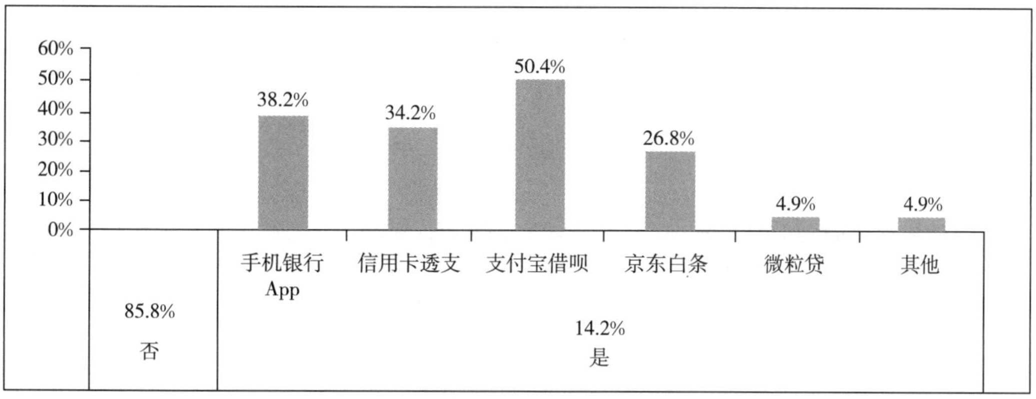

图 10－12　互联网借款使用情况与渠道

问卷调查结果（见图 10－13）显示，使用互联网借款的调查对象中有 74.8%是由于流程简便而选择互联网借款，其余原因依次为放款速度快（54.5%）、申请条件低（33.3%）、贷款金额门槛较低（26.0%）、利率低（25.2%）。由此可见，操作简单、快捷是居民办理金融业务时最看重的一个特征。

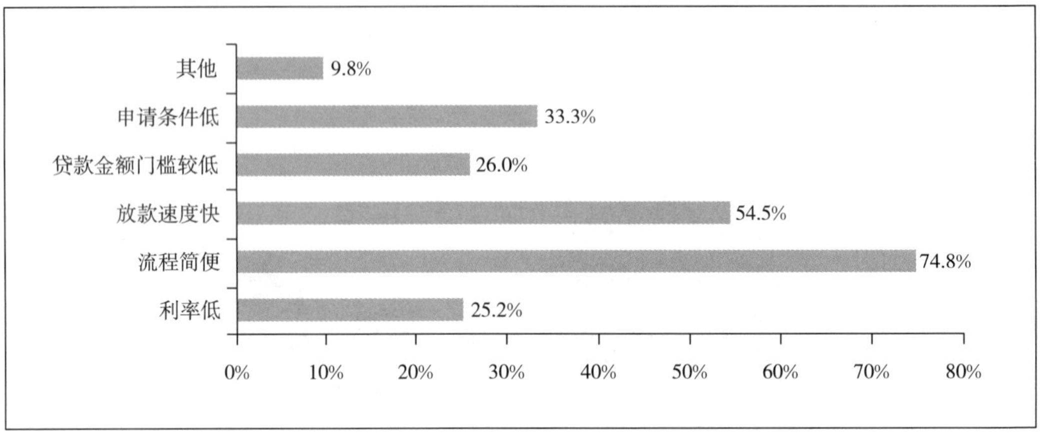

图 10－13 使用网络借款的原因

问卷调查结果（见图 10－14）显示，使用过互联网借款的调查对象有 73.2％是为了日常消费，这也是网络借款最主要的用途，与手机支付使用最多的场景——日常购物有效衔接。其余用途依次为买车与买房（均占比 16.3％），生产经营（11.4％），教育支出和医疗健康（均占比 9.8％），创业（7.3％）。这说明借款可能只是为了满足一时的购买欲，教育支出、医疗健康与创业等所需金额较大，往往不会选择互联网借款的方式来获取资金。

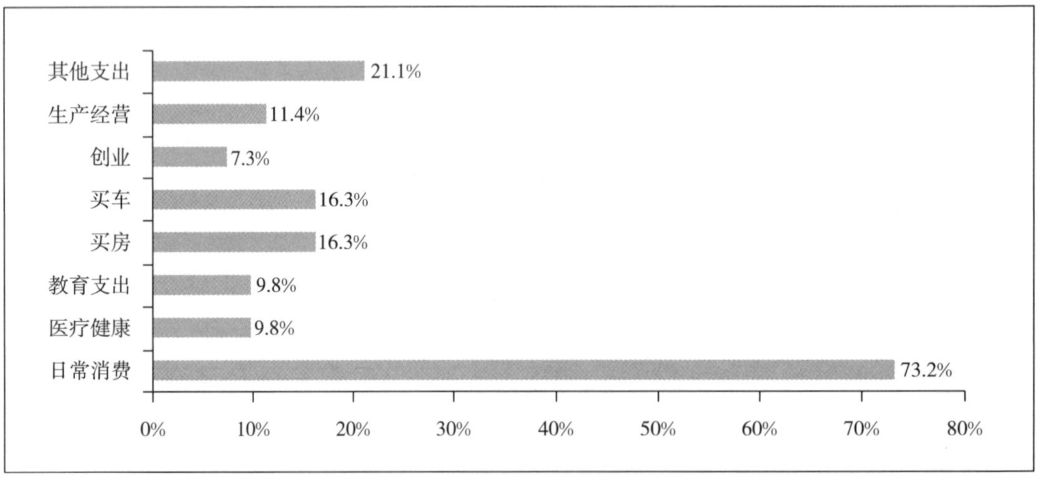

图 10－14 网络借款资金用途

问卷调查结果（见图 10－15）显示，有 43.9％的借款者单次借款金额在 3000 元以下，其余借款金额依次为 3000～2 万元（22.0％）、2 万～5 万元（13.0％）、5 万～10 万元（11.4％）、10 万～20 万元（6.5％）、20 万元以上（3.2％）。这再一次验证了大多数居民借款是为了日常消费，因此借款金额不会过高。

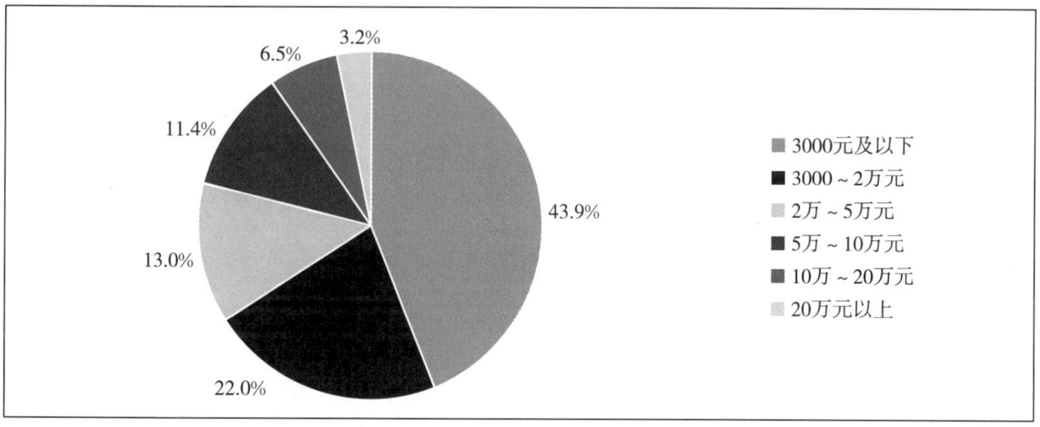

图 10-15　单次借款金额

六、互联网理财功能的使用情况

问卷调查结果（见图 10-16）显示，进行互联网理财与未进行互联网理财的调查对象占比接近 1∶1。同时进行理财的调查对象投资额度依次为 5000 元以下（32.1%）、1 万～5 万元（21.4%）、5000～1 万元（18.8%）、10 万元以上（16.3%）、5 万～10 万元（11.4%）。由此可见，互联网理财投资额度具有多样性，因此银行在提供理财服务时，应当针对不同的用户提供不同的理财产品，精准销售。

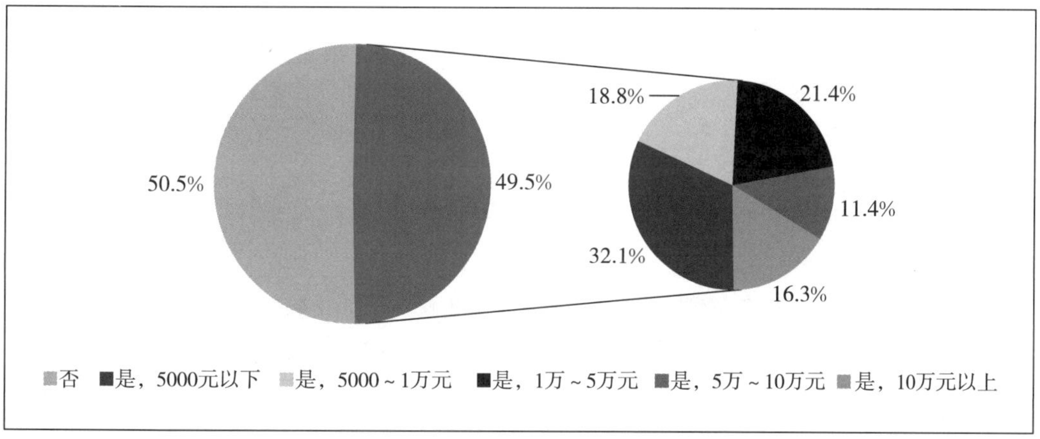

图 10-16　互联网理财使用情况及投资情况

问卷调查结果（见图 10-17）显示，进行互联网理财的调查对象中有 76.0%使用支付宝理财，其余理财渠道依次为手机银行 App（42.6%）、微信（35.4%）、证券/基金公司 App（27.0%），使用京东金融进行理财的调查对象较少，占理财人数总比例不到 5%。由此可见，在互联网理财方面，手机银行 App 使用比例是高于微信的，但与支付宝相比还有很大差距。这一方面源于人们的习惯，另一方面是因为支付宝提供的优质且成熟的服务吸引消费者。京东金融则不能为消费者提供便捷安全的服务，用户体验较差而饱受诟病，从而导致使用京东金融进行理财的比率较低。

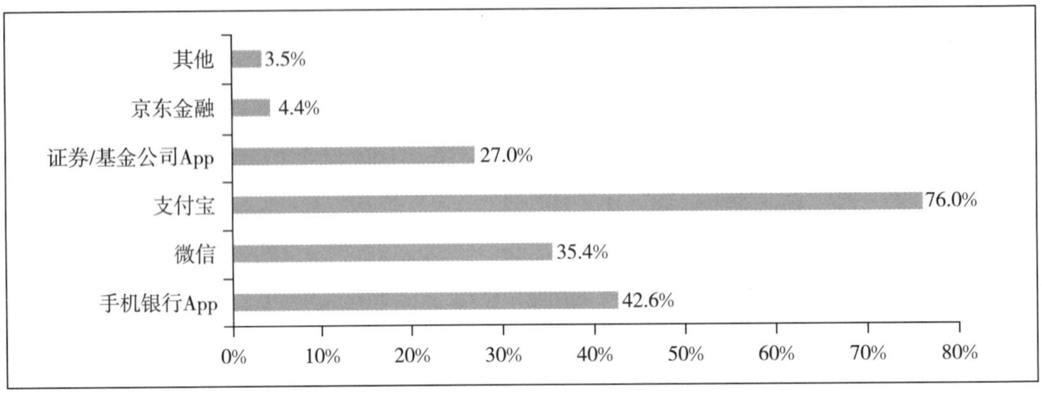

图 10－17　互联网理财渠道

七、互联网保险功能的使用情况

问卷调查结果（见图 10－18）显示，放置闲置资金最多的前四个选项依次是银行存款（54.1%）、余额宝（43.2%）、微信（36.9%）、银行理财（29.6%），而以现金形式放置闲置资金的不到 15%。这说明银行存款仍是目前安徽省城乡居民放置闲置资金的主流选择，但余额宝、微信的吸款能力也不容小觑。

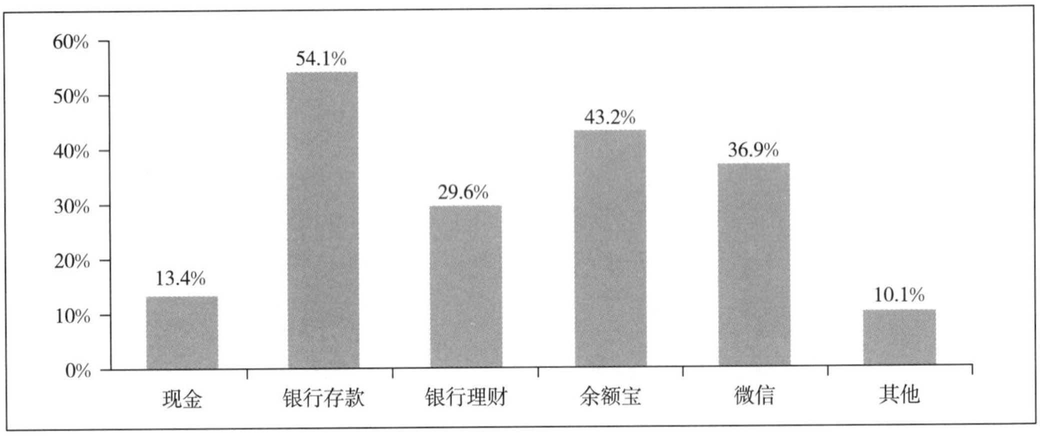

图 10－18　闲置资金放置处

问卷调查结果（见图 10－19）显示，70%以上的调查对象没有在线上购买过保险。线上购买保险的三大渠道分别是支付宝（48.4%）、保险公司的网络平台（39.9%）和微信（27.5%），而通过手机银行 App 购买保险的约有 10%。由此可见，线上保险有较大的发展空间。

问卷调查结果（见图 10－20）显示，80%以上的居民在网上购买过健康险（如医疗、重疾）这一险种，远远超过其他险种，其余险种依次为意外险（32.2%）、车险（28.7%）、财产险（10.8%）、寿险（10.5%）、分红险（7.4%）。而购买农业保险的比例不足 1%，这一方面可能是由于此次调查对象中务农的比例较低，另一方面是由于农民保险意识较弱，对线上保险更是知之甚少。健康险的超高购买比例说明各平台的线上保险应着力于发展健康险，丰富其种类并创新与时俱进的险种。

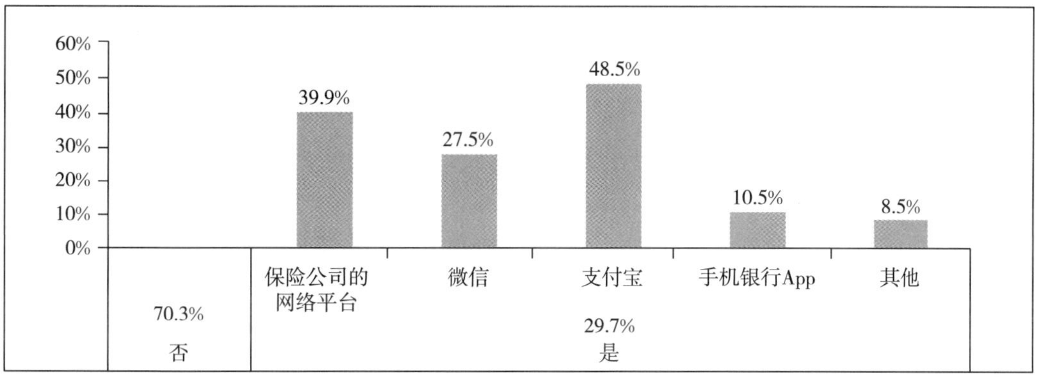

图 10－19 线上保险购买情况

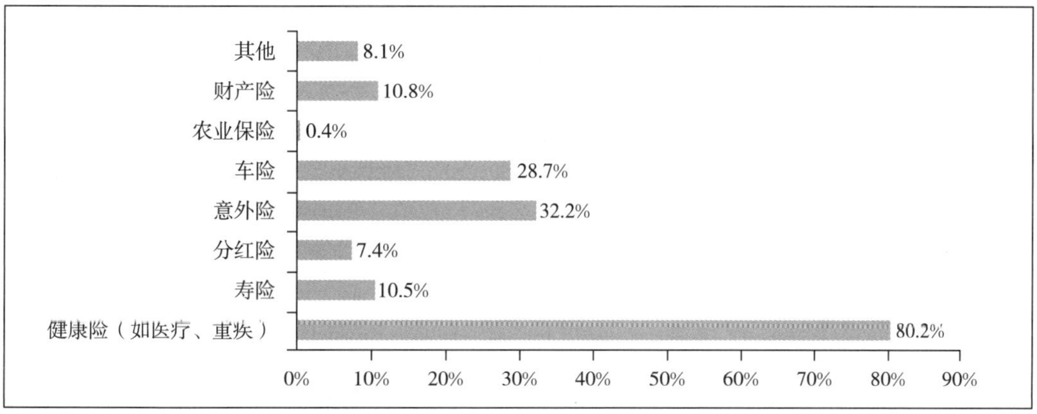

图 10－20 互联网保险产品购买情况

问卷调查结果（见图 10－21）显示，有 67.0%的居民选择在网上购买保险的最重要的一个原因是时间、地点自由，其余原因依次是产品选择多（28.7%）、有优惠（22.5%）、可货比三家（21.3%）、受别人影响（17.4%）、保险员推销（13.6%），还有其他一些原因。由此可见，线上购买保险的原因是多种多样的，但消费者最看重的是不用受到时间和地点的限制。

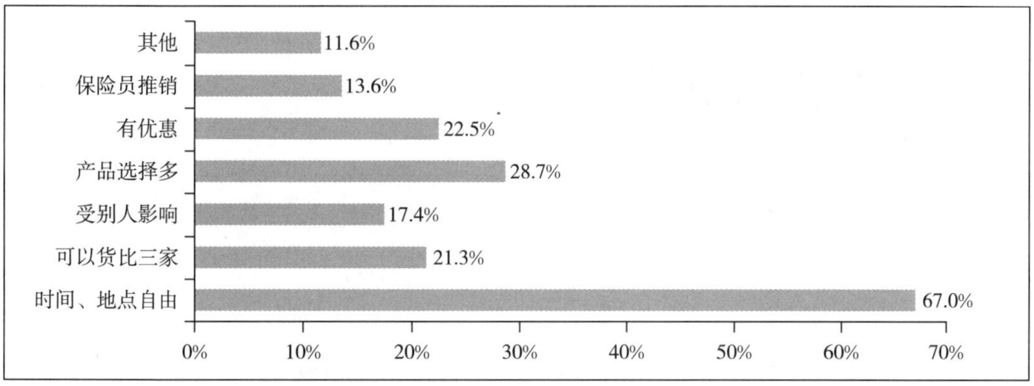

图 10－21 网上购买保险产品原因

问卷调查结果（见图10-22）显示，网上购买保险的保费范围依次是100～1000元（32.6%）、100元及以下（24.0%）、1000～5000元（22.1%）、1万元以上（11.2%）和5000～1万元（10.1%）。由此可见，大多数居民不会在线上购买保费过高的保险。

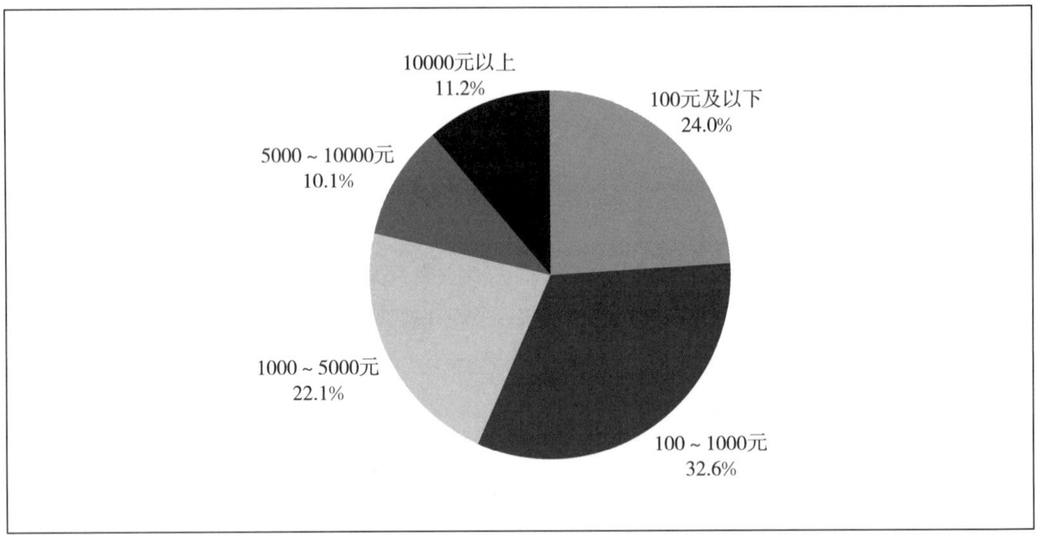

图10-22 网上购买保险保费情况

八、居民满意度评价

问卷调查结果（见图10-23）显示，安徽省城乡居民对手机银行App、支付宝和微信提供的金融产品的满意度呈现一致性，45%以上的居民选择比较满意，仅1%左右的居民选择不满意，不到0.5%的居民选择非常不满意。这说明居民对手机银行App、支付宝和微信提供的相应服务还是较为满意的。

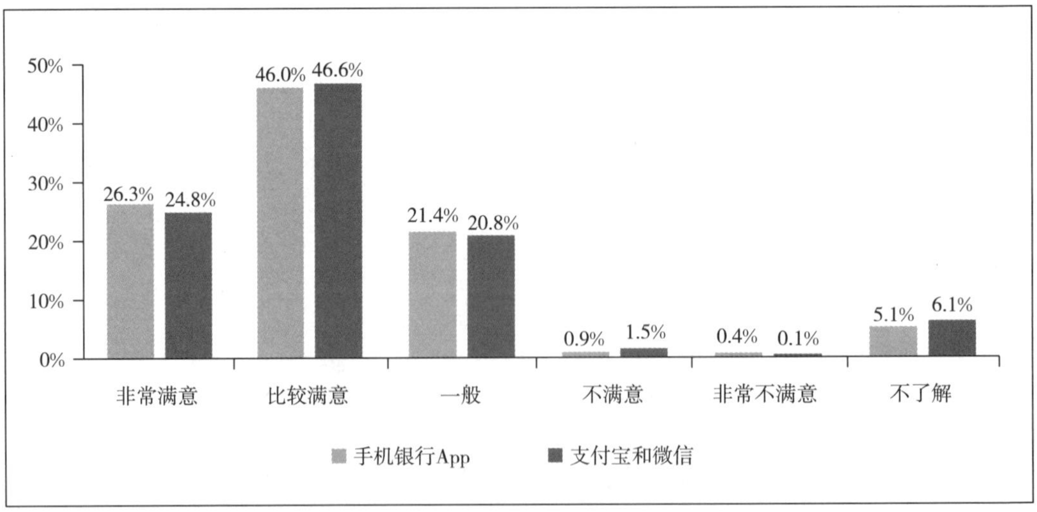

图10-23 对手机银行App、支付宝和微信提供的金融产品的满意度评价

九、线上办理业务的主要优势

问卷调查结果（见图 10－24）显示，90％以上的居民认为与传统的银行网点相比，线上办理金融业务最突出的优势在于方便快捷，其余优势依次为获取信息更容易（37.7％）、产品选择多（19.6％）、线上优惠多（14.2％）、服务体验好（12.7％）。由此可见，服务的方便快捷是安徽省城乡居民选择的重要标准之一，因此提高线上产品与服务的便捷性是增加线上业务办理率的必要条件。

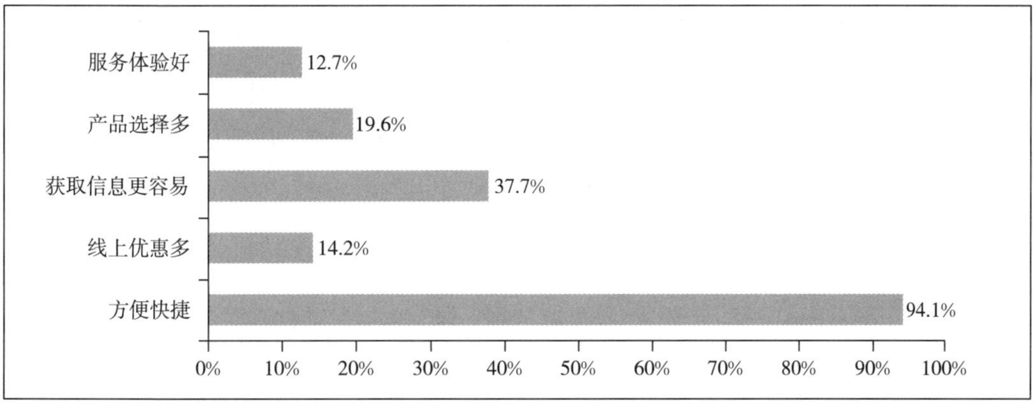

图 10－24　线上办理金融业务优势

十、改善线上金融服务的建议

问卷调查结果（见图 10－25）显示，居民期望线上金融服务改善的方面依次为简化手续（69.8％）、降低手续费等费用（54.0％）、提高服务意识（42.5％）、丰富产品种类（38.0％）、缩短评审时间（24.6％）、其他（7.2％）。这再一次体现出安徽省城乡居民对服务便捷性的追求和降低各项费用的期望，同时也对银行机构的服务意识与产品创新提出了更高的要求。

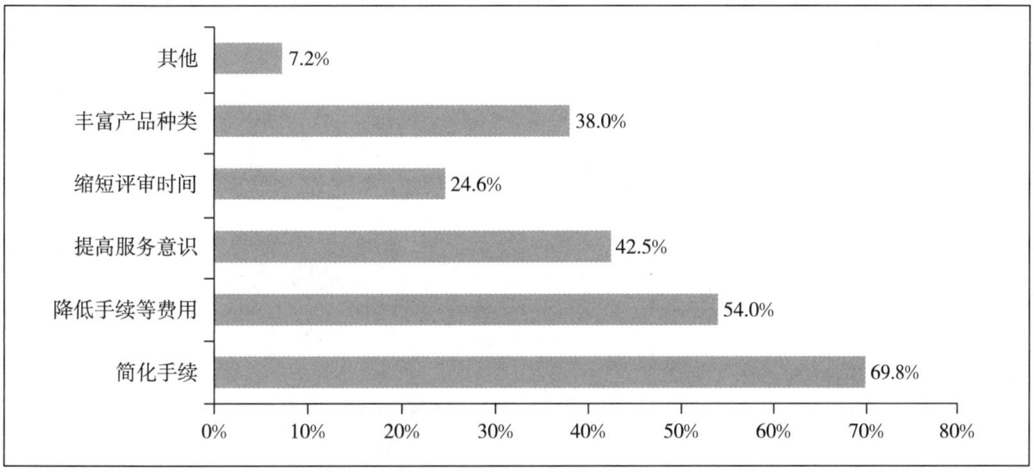

图 10－25　改善线上金融服务的建议

第三节　本章小结

目前数字金融正处于加速发展阶段，线上办理金融业务已成为趋势，但仍有很大发展空间，网络借款、互联网保险以及互联网理财用户还有待进一步扩展。居民主要在日常消费中使用手机支付、消费信贷等服务，并且较为看重业务办理的方便快捷程度。银行仍是大多数居民选择存放闲置资金的地方，但不可否认，微信、支付宝相比银行有其特定的优势。在数字金融不断发展的过程中，传统金融机构面临着重大的机遇与挑战，要紧紧抓牢此次契机，坚持以客户为中心，完善线上金融服务与产品，切实提升用户使用的便捷性和有效性。

第十一章　安徽省商业银行数字化转型进展情况问卷调查分析

第一节　问卷调查说明

近年来，随着人工智能、区块链、大数据、生物识别技术等科技应用的成熟与普及，我国数字经济蓬勃发展。党的十八大以来，党中央高度重视发展数字经济，将其上升为国家战略，从国家层面部署推动数字经济发展。统计数据显示，我国数字经济增加值规模已由2005年的2.6万亿元扩张到2020年的39.2万亿元，在GDP中的占比为38.6%。2020年，数字经济核心产业增加值在GDP中的占比达到7.8%，数字经济为经济社会持续健康发展提供了强大动力。以银行为代表的金融业作为数据密集型行业，历来是各行业中数字化、信息化建设起步较早、成熟度较高的代表性行业之一。自电子计算机应用普及以来，银行业的数字化能力建设从未间断过，数字化是银行业最重要的基因之一。多年来，伴随着科技的进步、经营环境的变化、客户诉求的升级，银行业不断推动数字化边界的扩展。从最早的业务经营电子化，到后来的管理流程信息化，再到最近几年的客户交互移动化，数字化的定义正在持续扩展，向数字化转型也逐渐成为商业银行的共识。

2020年，在新冠肺炎疫情倒逼之下，我国商业银行数字化转型步伐加快，越来越多的商业银行开始利用金融科技重塑自身的业务运营管理体系。国有银行、全国股份制商业银行等大型商业银行依托自身资源重塑技术架构布局数字金融；中小银行则借助与科技公司或大型商业银行合作，通过差异化和本地化实现数字化转型。科技与金融已从互相“补台”转向深度融合，从金融服务延伸至非金融服务，涵盖生产、生活的多元金融生态，打造数字化时代的核心竞争力，商业银行数字化转型取得阶段性的成效。与此同时，随着商业银行数字化转型的不断推进，思想意识跟不上、复合型人才短缺、组织架构不匹配、数据应用不充分、业务转型配套和风控不到位等问题也一一凸显。尽管可能还存在诸多问题，但商业银行数字化转型的根本趋势不会改变。商业银行只有深刻理解数字化转型的本质，顺势谋变，才能在数字化大潮中立于不败之地。

为更好地了解安徽省商业银行数化转型的进展情况，2021年1—3月，随机选择安徽省16个地级市部分银行的从业人员，开展了关于安徽省商业银行数字化转型进展情况的问卷调查活动。综合考虑样本分布合理性的要求及疫情影响等因素，此次调查采取了线上和线下结合的方式，其中线下调查对象侧重于县域银行业机构的从业人员。本次调查共收回有效样本 352 份。

本次调查对象中半数来自大型商业银行，24.2%来自股份制商业银行。样本来源的构成与我国银行从业机构的市场结构基本吻合，同时也在一定程度上匹配了现阶段商业银行数字化转型的差异化情况。总体来看，大型银行与股份制银行分别处于数字化转型的第一、第二梯队，引领我国银行业数字化转型的方向，如图 11-1 所示。

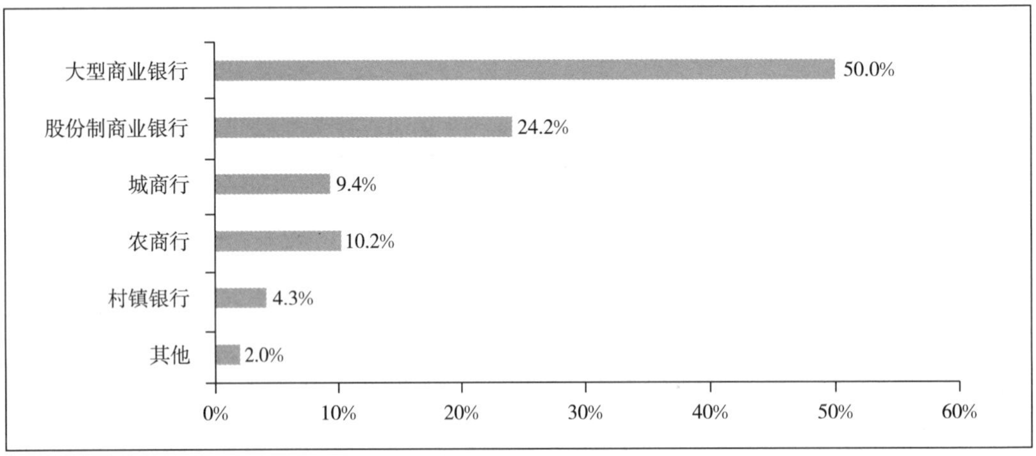

图 11-1 调查对象所在单位的分布

问卷调查结果（见图 11-2）显示，本次问卷的调查对象有 65.3%来自支行，13.9%来自分行，10.0%来自总行，9.4%来自二级分行/分理处/储蓄所，剩余的来自其他层级。这与安徽省商业银行的总体层级分布情况相适应。

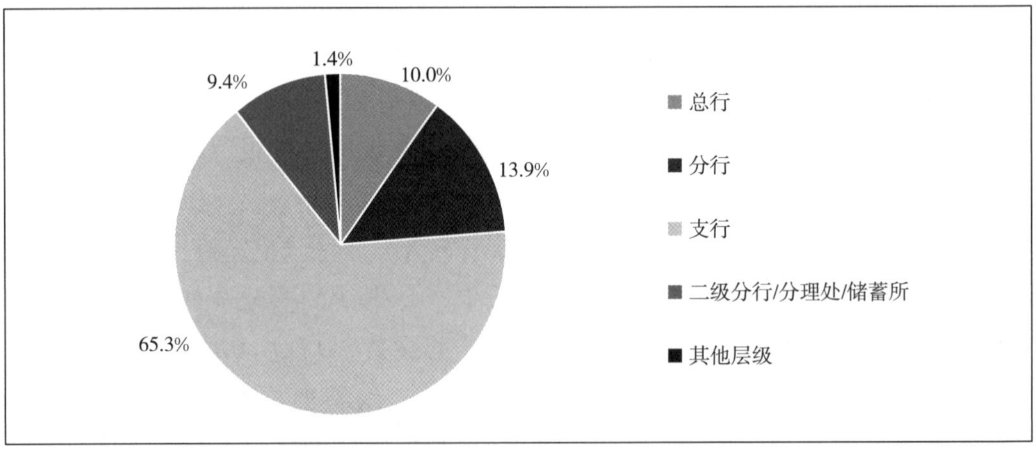

图 11-2 调查对象所在单位层级的分布

从岗位分布来看（见图 11-3），调查对象中有 62.8%是一线员工，20.7%是中后台员工，11.1%是管理人员，仅有 5.4%是专业技术人员。这与商业银行人员组织架构分布相适应，说明样本选取是合理的。

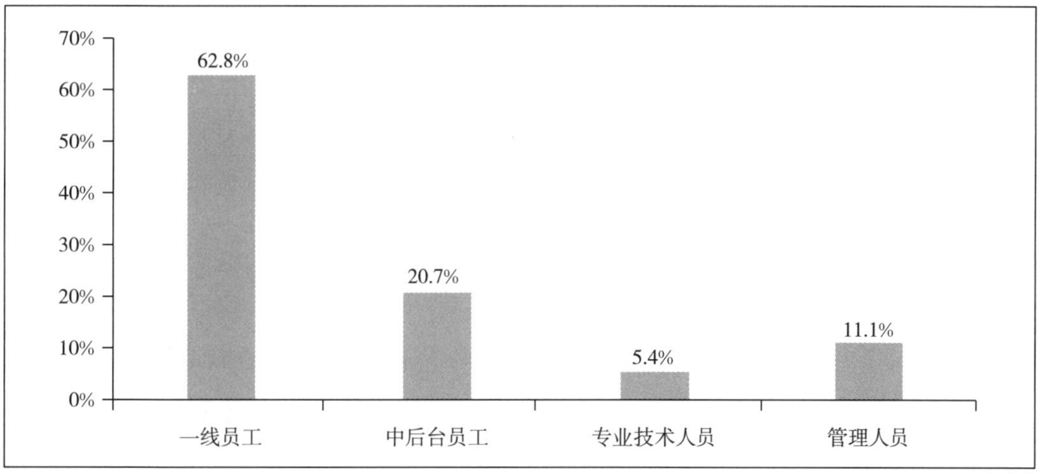

图 11－3　调查对象的岗位分布

第二节　问卷调查结果分析

此次问卷共设计了 21 个问题，主要围绕银行从业人员对所在银行数字化转型的认知、参与和评价，金融科技应用情况和产生的冲击等方面，综合调查安徽省商业银行数字化转型的进程情况。具体结果分析如下。

一、对数字化转型的认知和参与情况

问卷调查结果（见图 11－4）显示，超过 98％的调查对象感受到了来自数字化的冲击，仅有 1.7％的调查对象表示完全没有感受到来自数字化的冲击。这说明商业银行数字化转型已形成了普遍的影响力。进一步来看，感受到较大和非常大冲击的调查对象分别占比 41.8％和 7.4％，两者总和不足一半。仍有近一半的调查对象表示虽然感受到了冲击，但程度非常有限。由此可见，安徽省商业银行数字化转型还需要加快推进。

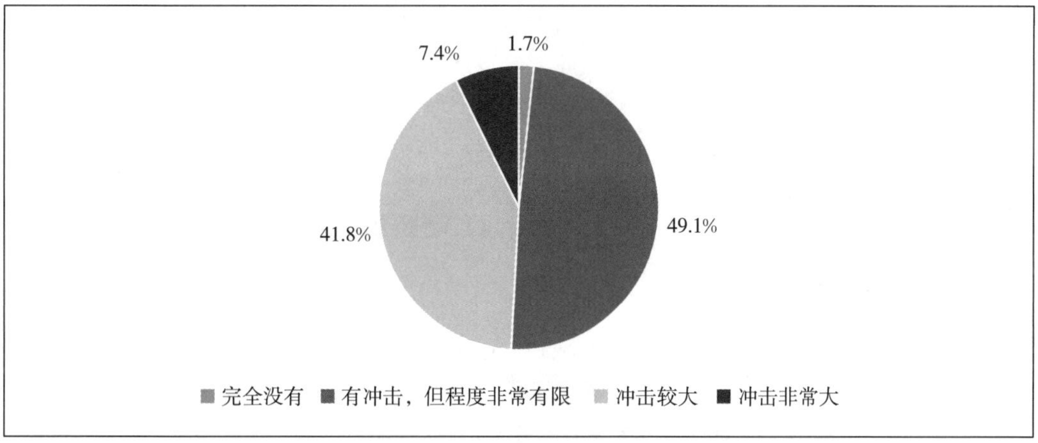

图 11－4　数字化冲击感受程度

通过数字化冲击主要表现的调查结果（见图 11－5）可知，对工作技能的要求显著提高、工作内容较多及要求更多的跨部门合作这三项选择的人较多，分别占比 64.5％、54.8％和 51.7％。另外，工作节奏变快和工作压力增大分别占比 49.7％、34.7％，而有 32.1％的调查对象觉得原有的理念和思维方式难以适应，说明银行从业人员前期需要一定的时间学习、吸收新技术。管理层需要引导经营机构转变工作思路，及时更新工作方法，树立数字化转型的“信心”，否则会导致员工愈加难以适应节奏变快的工作。

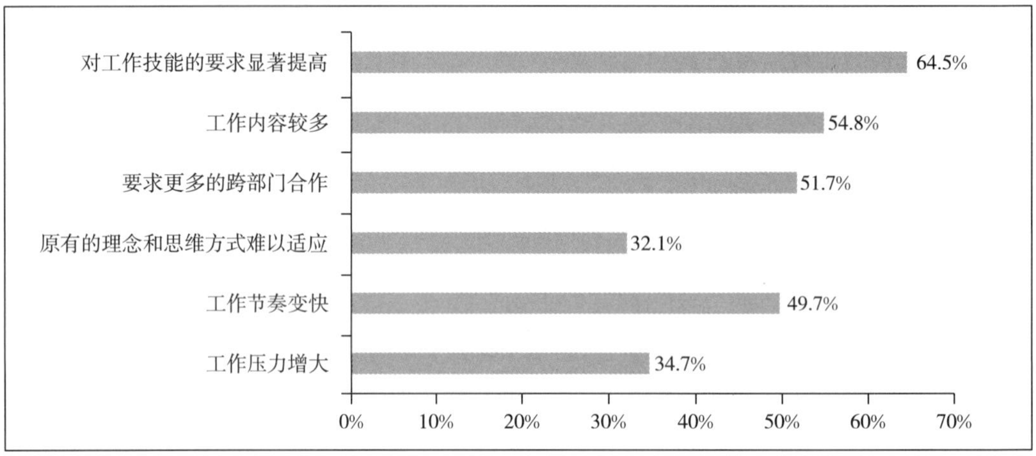

图 11－5 数字化冲击主要表现

问卷调查结果（见图 11－6）显示，银行从业人员对数字化转型的理解更多表现在建立数据库，应用大数据分析等技术为客户精准画像，实现营销数字化、风控数字化，这一选项的占比达到 31.8％，侧面反映出商业银行主要通过构建数字化、生态化的业务体系，为客户提供一揽子个性化的金融解决方案，实现客户需求与金融产品服务实时匹配和对接。有 20.4％的调查对象理解的数字化转型是指通过金融科技与传统银行业的深度融合，对现有的商业模式、运营方式进行全方位创新和重塑，实现价值提升，强调商业银行借助金融科技搭

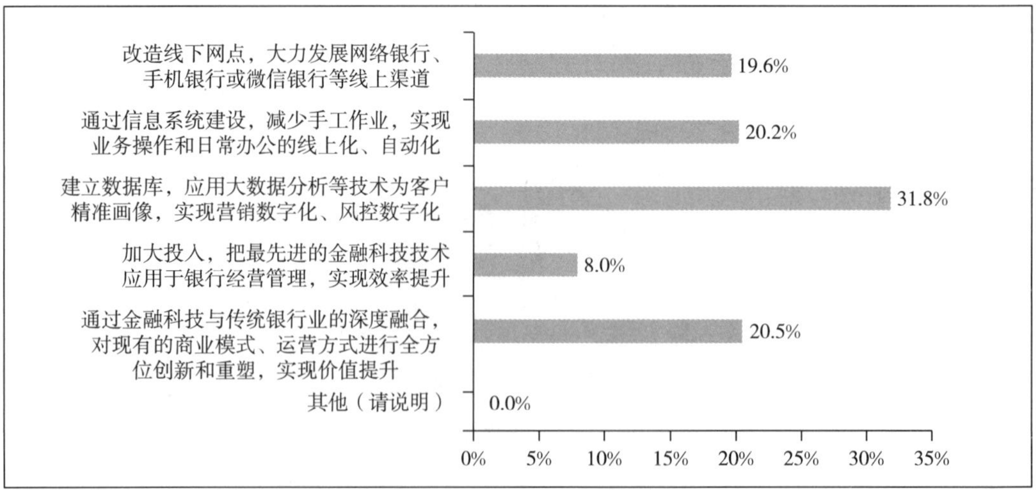

图 11－6 最符合自身对数字化转型认知的说法

建多功能综合服务平台，确保业务高效可持续运营。有19.6%的调查对象认为数字化转型是通过改造线下网点，大力发展网络银行、手机银行或微信银行等线上渠道进行。有20.2%的调查对象认为数字化转型是通过信息系统建设，减少手工作业，实现业务操作和日常办公的线上化、自动化，强调数字化转型有利于商业银行节能减排，优化金融服务终端，提高银行运营效率。而仅有8.0%的调查对象选择“加大投入，把最先进的金融科技技术应用于银行经营管理，实现效率提升”这一选项。这说明改变传统“部门银行”模式、打造数字化经营管理新范式的理念尚未深入银行内部管理。

问卷调查结果（见图11－7）显示，认为有必要进行数字化转型的从业人员占比高达96.6%，其中有61.7%的调查对象认为“很有必要，且势在必行”，说明商业银行数字化转型已被绝大多数从业者所接受。与此同时，也有近35%的调查对象关注到了数字化转型可能带来的风险问题，认为应该慎重推进。这反映从业人员对商业银行数字化转型的认知较为成熟。

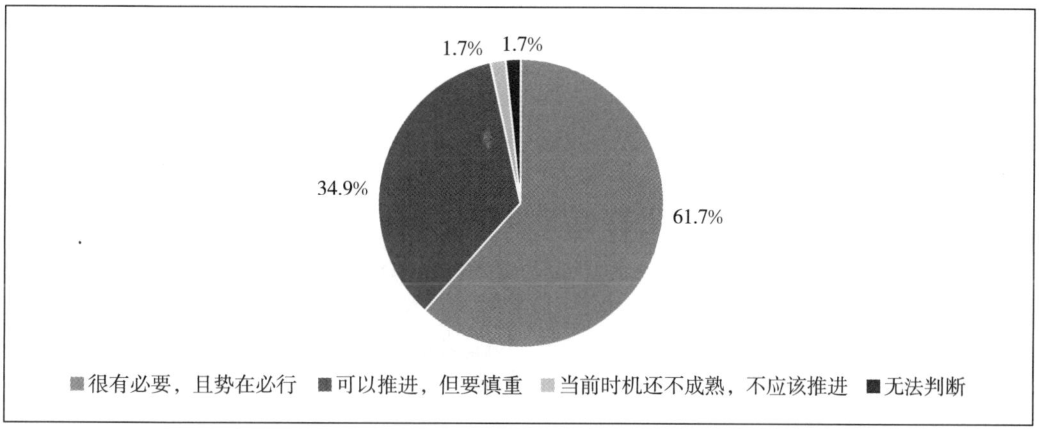

图11－7　数字化转型的必要性

问卷调查结果（见图11－8）显示，从业人员认为数字化转型给银行带来的价值主要体现在更好地服务于客户（71.9%）、提升市场竞争力（51.4%）、打造新的商业模式

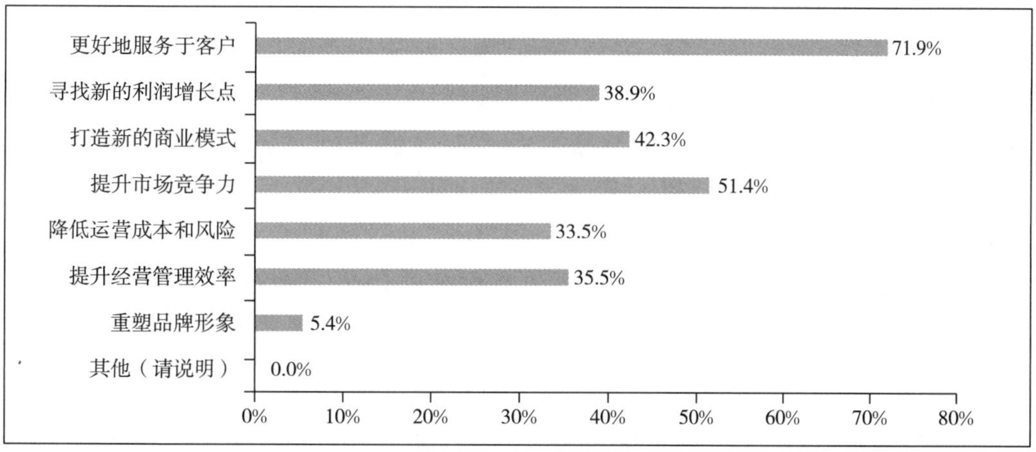

图11－8　数字化转型的价值体现

（42.3%）、寻找新的利润增长点（38.9%）、提升经营管理效率（35.5%）及降低运营成本和风险（33.5%），仅有5.4%的调查对象认为数字化转型价值体现在重塑品牌形象。总体来看，以客户为中心，通过数字化转型更好地服务于客户，已成为从业人员的基本共识。

二、本单位数字化转型的进展情况

问卷调查结果（见图11－9）显示，有45.2%的调查对象认为本单位数字化转型刚刚启动，有36.9%的调查对象认为本单位数字化转型已进入深入推进阶段，有8.2%的调查对象认为本单位数字化转型进入了全面转型阶段，但仍有9.7%的调查对象表示本单位尚未启动数字化转型或者无法判断是否已经推进数字化转型。总体来看，安徽省商业银行的数字化转型已在较大范围内启动，部分商业银行数字化转型已取得阶段性成果，但总体仍处于初级阶段，有待于进一步深入推进。

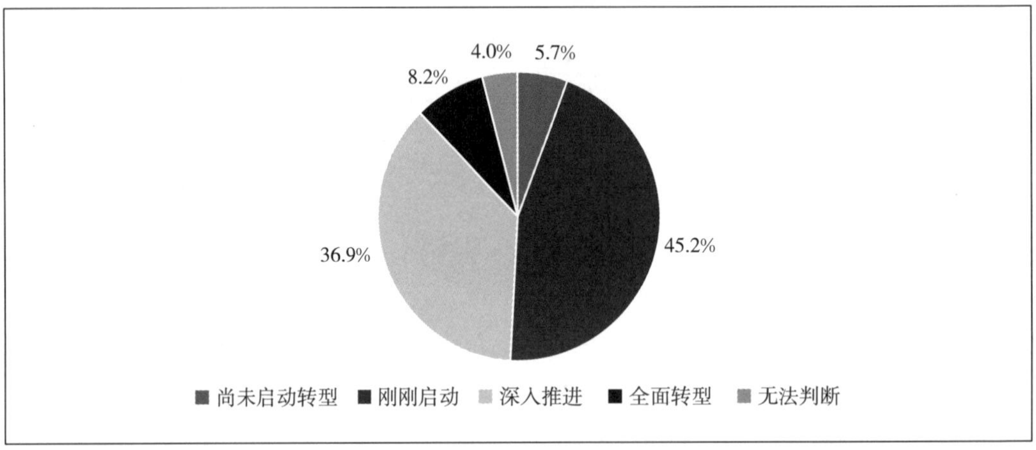

图11－9 本单位数字化转型阶段

从图11－10可以看出，有59.1%的调查对象表示本单位已经制定了明确的数字化转型战略，另有8.8%的调查对象表示本单位还没有制定战略，值得注意的是，不清楚是否制定了战略的调查对象占比高达32.1%。这说明安徽省商业银行在推进数字化转型过程中存在一定的发展政策不透明、发展理念没有渗透到内部员工等问题，顶层化设计及战略实施还需要进一步落实。另外，有57.7%的调查对象表示本单位已配备了专业人员或团队负责推动数字化转型，有58.5%的调查对象表示本单位为员工举办过数字化方面的专题培训，有57.1%的调查对象表示本单位向员工征求过数字化转型及相关主题的建议。总体来看，安徽省商业银行在战略制定、人员配备、专题培训及建议征询等方面都采取了相应的举措来推进数字化转型。

问卷调查结果（见图11－11）显示，营业网点设备布放排行前三的分别是自助存取款机ATM、网银/手机银行体验机和智能柜台STM，分别为96.3%、66.2%和66.2%，其余依次是回单机（53.1%）、发卡机（48.9%）、远程视频柜员机VTM（22.7%）、迎宾机器人（6.5%）。由此可见，安徽省内商业银行营业网点布放设备的品种较为丰富，除了传统的

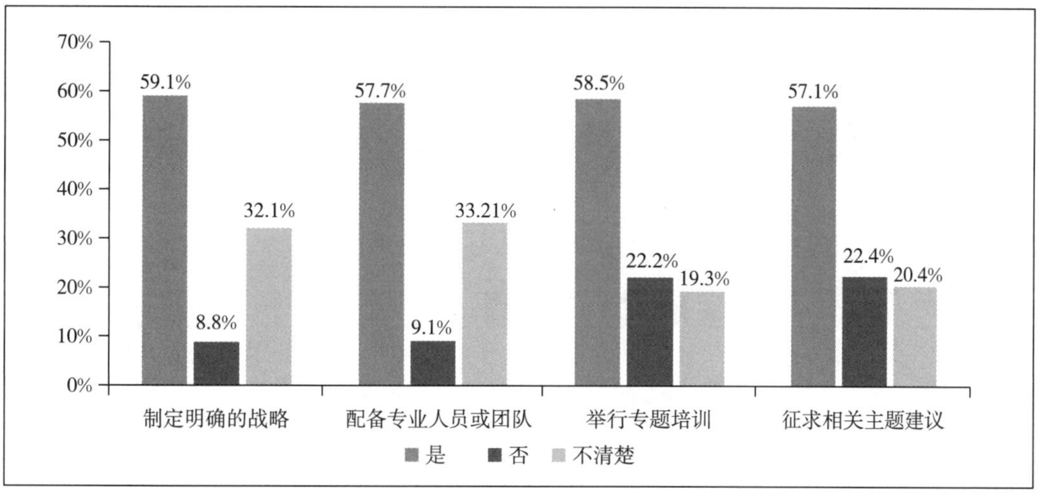

图 11－10 本单位采取的数字化转型措施

ATM 机以外，智能柜台、迎宾机器人等智能设备已有较为普遍的应用，商业银行正在通过布局线上服务平台等形式创新经营业态，让客户在网络覆盖的地方随时随地办理金融业务。

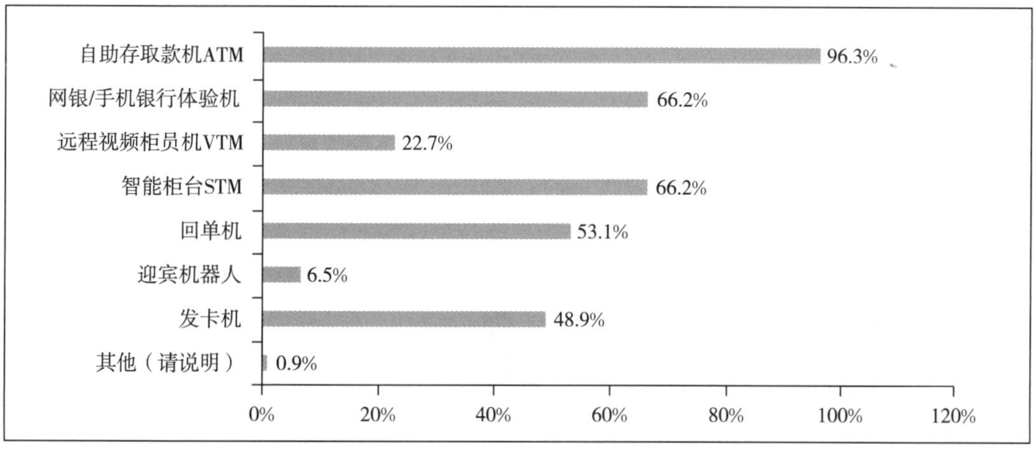

图 11－11 本单位营业网点数字化设备的布放情况

三、对线上渠道和线上产品的评价

问卷调查结果（见图 11－12）显示，通过对网银、手机银行 App 和微信银行这三种广泛使用的线上渠道的综合比较可以看出，银行从业人员对手机银行 App 的满意度最高。银行从业人员对本单位网银感到满意和非常满意的占比超过 82%，对手机银行 App 感到满意和非常满意的占比近 90%，而对微信银行感到满意和非常满意的占比约为 75%，三者的差异较为显著。值得注意的是，银行从业人员对网银、手机银行 App 和微信银行仍然存在非常不满意的情况，这说明三个线上渠道存在细小但不容忽视的问题，如手机银行页面功能过于杂乱无章，对愈加庞大的老年群体不够友好等。

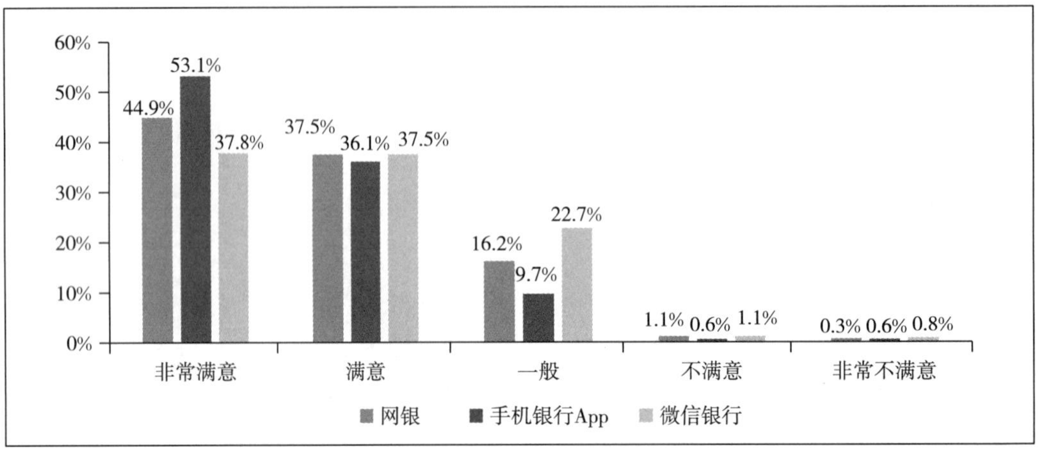

图 11－12 对本单位线上渠道的评价情况

对所在单位线上产品竞争力的问卷调查结果（见图 11－13）显示，达到满意程度及以上占比最高的是网银/手机支付结算业务，其次是线上理财产品和线上贷款。值得注意的是，仍有超过 20％的银行从业人员觉得线上理财产品和线上贷款业务的竞争力一般。这是因为线上理财产品和线上贷款刚兴起不久，商业银行在产品设计和推行方面存在一定的问题。因此，商业银行在完善网银/手机支付结算业务的同时要重点研发、完善和推广线上理财产品和线上贷款业务。

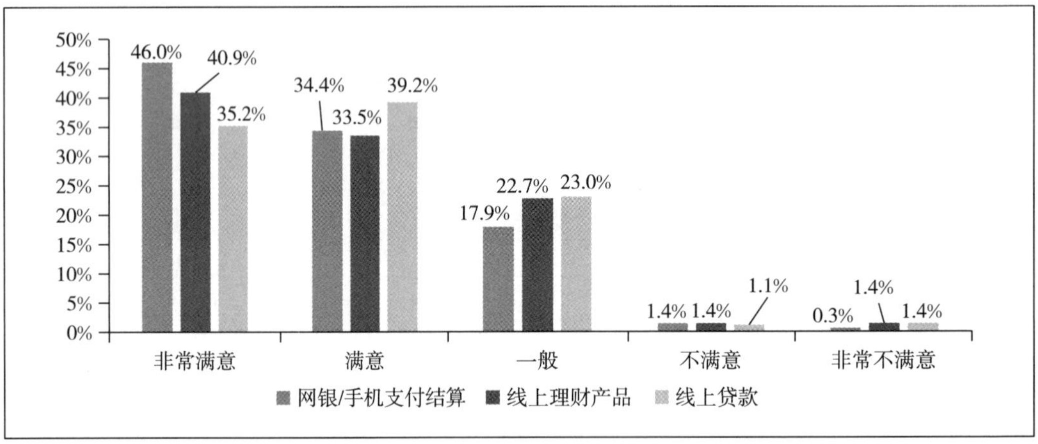

图 11－13 对本单位线上产品竞争力的评价情况

四、对金融科技的相关认知

问卷调查结果（见图 11－14）显示，银行从业人员关注的前沿金融科技应用排行前三的分别是大数据（63.9％）、移动互联网（59.4％）和人工智能（46.3％），这三项应用同样是整个产业运用最多、最广泛的新技术。此外，云计算（42.6％）、生物识别（24.2％）和区块链（21.9％）这三项应用也在不断地被商业银行结合金融业务深度融合。值得注意的是，从业人员对物联网技术的关注度不高，仅占 15.3％。

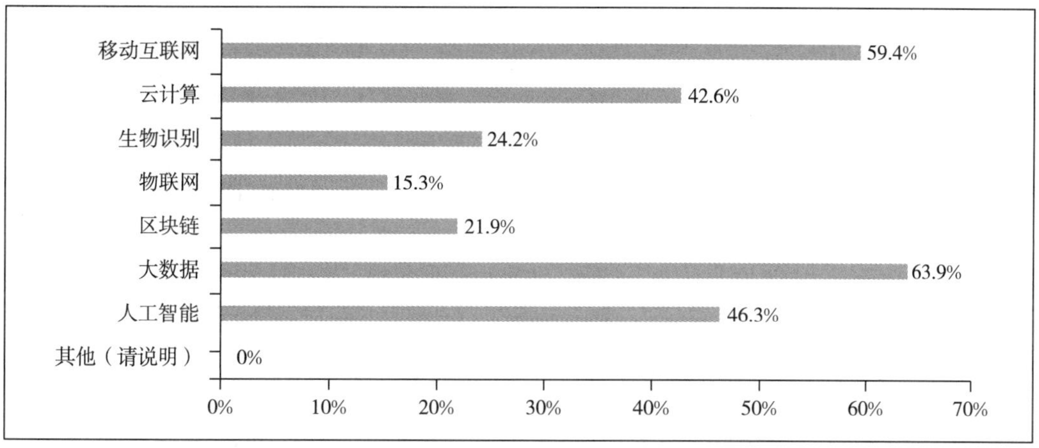

图 11－14　参与调查人员对前沿金融科技应用关注情况

近年来，商业银行不断加大金融科技研发力度，推动数字化转型进入深水区，但是互联网企业的迅速成长使银行业受金融科技冲击的影响巨大。问卷调查结果（见图 11－15）显示，金融科技发展带给银行的主要挑战中排行第一的是客户需求发生改变，对服务和体验的要求不断提升（62.8%）。排行第二的挑战是金融科技发展加剧了行业内的马太效应，中小商业银行的生存压力加大（41.5%）。其余面临的挑战分别是业务竞争加剧，不仅来自同业，还来自金融科技公司（40.9%）；大量应用场景被第三方占据，失去客户接触和数据（40.6%）；客户流失，特别是年轻客户流失严重（38.9%）；针对金融科技的监管规则不明确，合规风险大（20.7%）；线下渠道使用率大减，成本无法被覆盖（14.2%）。

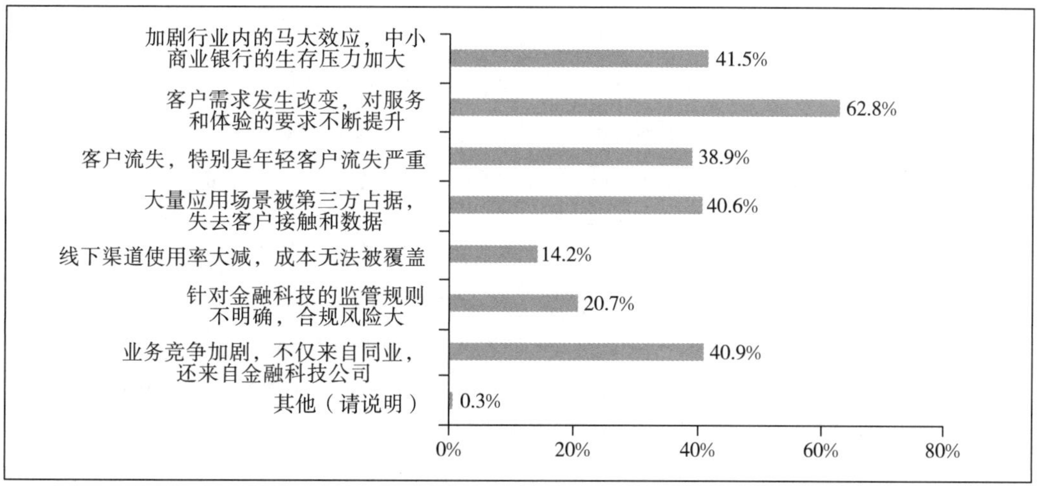

图 11－15　银行面临的主要挑战情况

五、数字化转型面临的障碍与问题

问卷调查结果（见图 11－16）显示，安徽省商业银行在推进数字化转型进程中面临的首要障碍是员工缺乏足够的技能和经验以满足数字化转型的需要（45.2%）；有 36.1%的调查对象认为障碍来自组织的缺陷，即没有专门的人员或组织负责推动数字化转型；有30.4%的调查对象认为障碍来自没有调动员工积极性，态度消极或有抵触情绪，或者认为障碍来自缺乏明确的战略规划，找不准方向。调查对象认为的其余障碍情况：客户对数字化产品和服务没有需求，或接受度不高（29.3%）；需要的投入太大，银行难以支撑（28.7%）；金融监管跟不上，限制过多（18.8%）；领导不重视（9.1%）。由此可见，商业银行数字化转型的主要障碍集中在内部人员和组织方面。

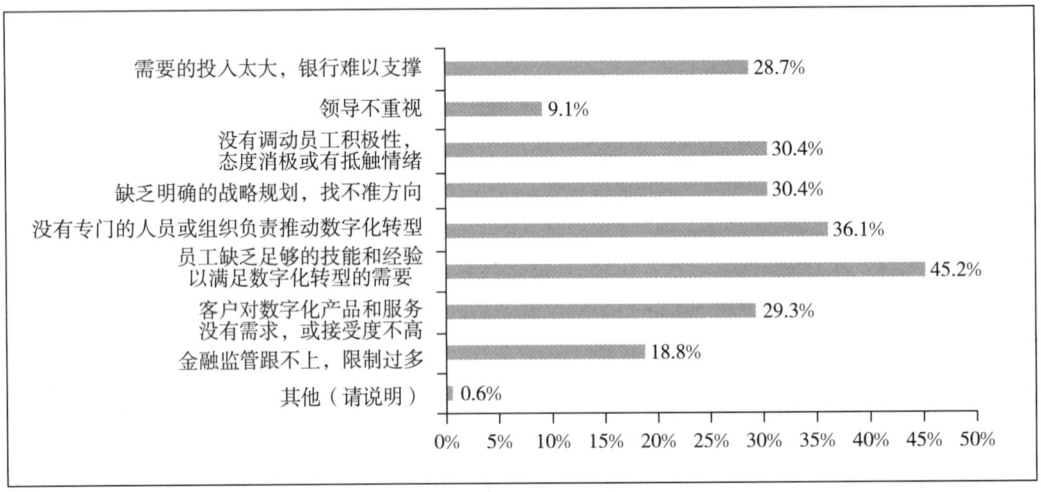

图 11－16　本单位数字化转型面临的主要障碍

问卷调查结果（见图 11－17）显示，调查对象在推进数字化转型首要解决的问题中选择最多的是提升员工数字化能力，打造数字化人才队伍（61.9%）；其次是加大对数字化系统的技术投入（46.0%）；排在第三位的是统一思想，在行内形成数字化转型共识（42.3%）。其他选项还包括制定明晰的数字化转型战略，并确保战略落地实施（35.8%）；以市场和客户需求为驱动，变革组织架构（27.0%）；改革考核体系，建立与数字化相匹配的考核机制（24.2%）；加强合作，开拓场景，打造开放式金融生态圈（24.2%）。

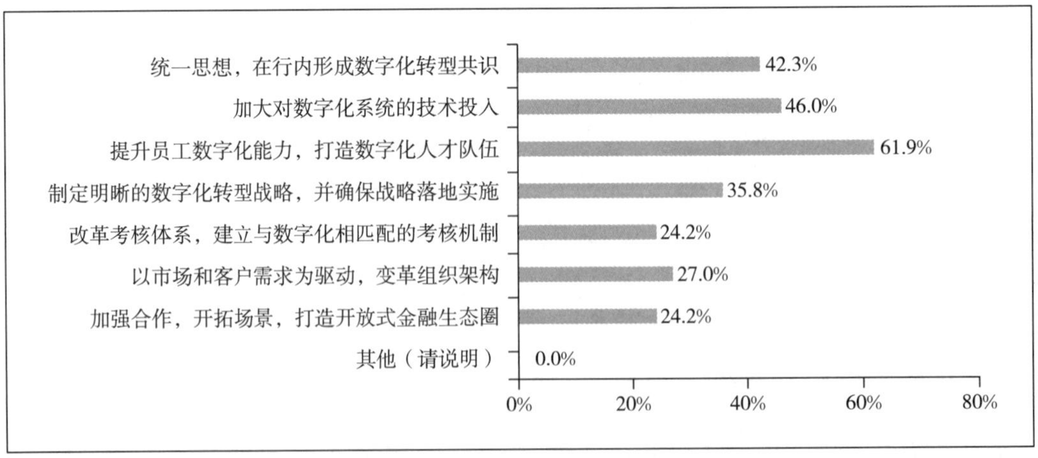

图 11－17　本单位推进数字化转型首要解决的问题

六、银行数字化转型的前景

问卷调查结果（见图 11－18）显示，有 97.7％的调查对象对银行数字化转型的前景表示乐观，有近 30％的调查对象表示非常乐观，有 23.6％的调查对象表示谨慎乐观，仅有不到 1％的调查对象表示不乐观。这表明，从业人员对商业银行数字化转型的前景普遍充满信心。

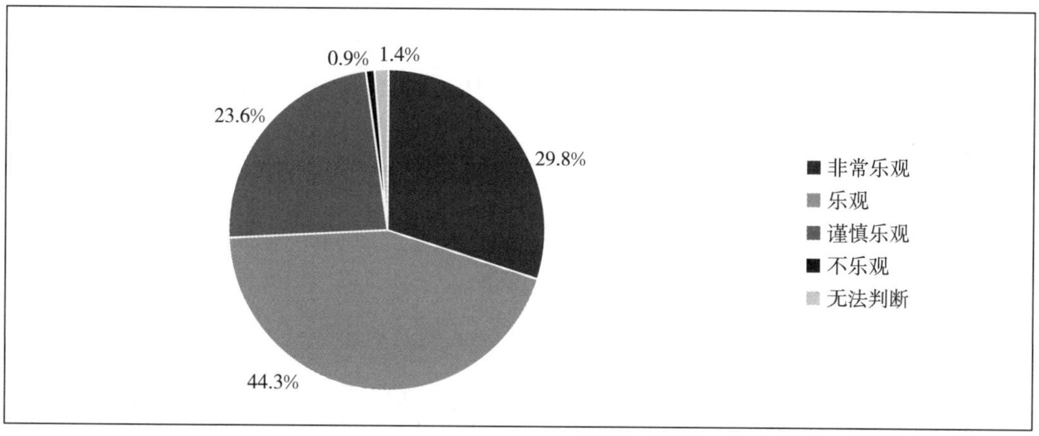

图 11－18　关于数字化转型前景的看法

第三节　本章小结

从以上问卷调查分析可知，安徽省绝大多数商业银行已经进行数字化转型，其中大型商业银行已经深入推进甚至达到全面转型阶段。值得注意的是，安徽省商业银行数字化转型过程中仍然存在不少问题，如线上渠道有待完善管理、缺乏专业人才和团队及数字化转型落实不严谨等。因此，商业银行需要加强完善数字化转型策略、积极引导员工数字化思维及布放基本数字化设备等。同时，引进技术与金融的复合型人才，利用金融科技应用创新组织架构和运营管理，从基础稳固数字化转型发展。此外，大型商业银行应该主动担当作为，发挥自身优势与金融科技“主力军”作用，积极助力中小银行数字化转型升级，从而共建守望相助、协作共赢的金融生态圈。总的来看，安徽省商业银行数字化转型前景是较为乐观的，银行业应该树立数字化转型信心，攻克金融科技和转型过程中的挑战和难关，围绕建设新型能力和数字化思维提升市场竞争力，更好地担当起服务国家战略、支持实体经济的时代使命，实现自身高质量发展。

第十二章　金融业直播营销观察

近年来，5G网络技术的快速发展为超高清视频体验带来强有力的支撑，视频成为信息表达的重要载体。2020年初，新冠肺炎疫情暴发，网络直播凭借其拉近个体间的距离、实时交互等特点持续渗透人们的日常生活，成为2020年热度最高的关键词之一。银行、保险、基金等金融机构纷纷发力线上业务，掀起“金融＋直播”的营销热潮，这意味着金融从业者及金融消费者对网络直播这一新业态的认可。需要注意的是，在金融改革持续推进、各机构都在探索业务转型新模式的大背景下，金融直播能否成功“带货”？新的业务模式是否合规？金融直播隐含的风险是否会成为影响未来行业健康发展的障碍？这一系列的问题值得我们关注。

第一节　金融业直播营销的兴起

一、互联网的普及与网民规模的增加

近年来，我国手机网民规模正逐步扩大。如图12－1所示，截至2020年12月，我国互联网普及率达70.4%，较2020年3月提升5.9个百分点；手机网民规模98576万人，较2020年3月新增8886万人，网民中使用手机上网的比例高达99.7%。与此同时，网民增长的主体由青年群体向未成年和老年群体转化的趋势日益明显，未成年人、“银发”老人群体

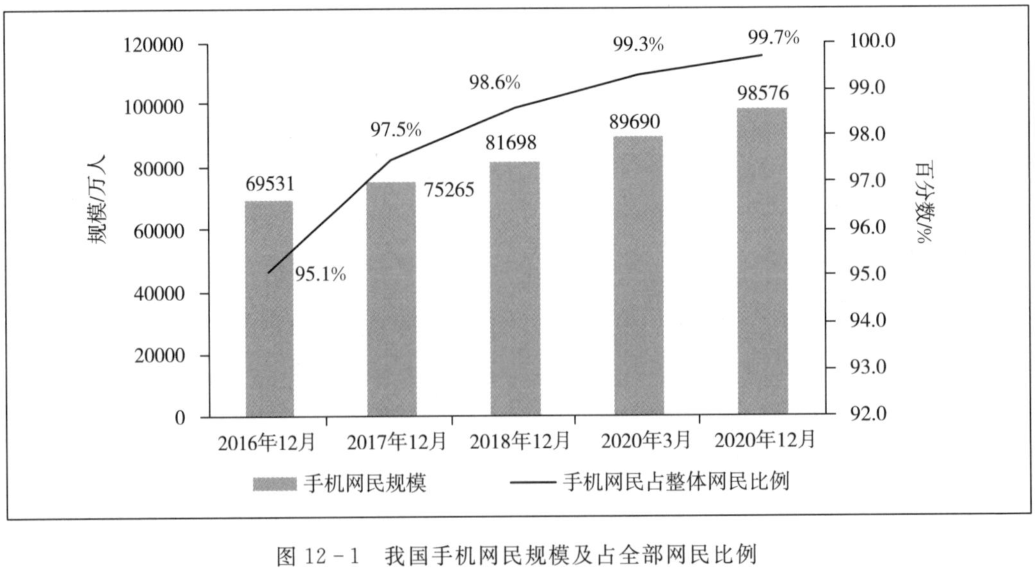

图12－1　我国手机网民规模及占全部网民比例

（数据来源：CNNIC）

陆续“触网”，构成了多元庞大的数字社会。手机网民的大量及上升趋势为手机端直播类App、小程序、H5网站提供了良好的基础。

二、疫情推高了网络直播的用户数量与使用时长

在疫情和决战决胜脱贫攻坚的双重背景下，“跨越信息鸿沟、实现安全交易、形成健康循环”成为政府与企业的重要目标。以电商直播为代表的网络直播行业作为“线上引流＋实体消费”的数字经济新模式，完美契合了上述需求。这使得网络直播在2020年实现了蓬勃发展。一方面，5G网络在技术上的突破为电商直播技术的发展提供强力支撑，使得电商直播在接入速率、流畅程度、延迟水平等方面得以迅速发展；另一方面，在党中央、国务院精准扶贫和乡村振兴战略的指引下，各地方政府高度重视直播行业发展，积极发挥“牵线搭桥”作用，通过成立电商直播协会、建设电商直播基地、培育电商直播人才、打造直播电商产业带等多种方式，促进“电商直播＋”产业发展，助力传统产业振兴。教育、医疗、文旅、演艺等领域纷纷加入网络直播的队伍，通过网络直播方式进行宣传和产品销售，网络直播一度成为拉动经济内循环的有效途径。无论是电商企业，还是短视频平台，甚至互联网社交应用都开始将电商直播作为拉动营收增长的战略重点。除此之外，网民广泛参与也为电商直播行业发展带来强劲动力。疫情期间用户线上消费习惯的快速养成使电商直播成为一种受用户喜爱的新兴购物方式。数据显示，在电商直播中购买过商品的用户已经占到整体电商直播用户的66.2%，其中17.8%的用户电商直播消费金额占其所有网上购物消费额的三成以上。随着网络直播与各领域的广泛结合，我国网络直播用户规模逐年增长，如图12－2所示。截至2020年12月，网络直播用户规模迅速增长至61685万人，较2018年12月增长了55.5%；使用率迅速增长至62.4%，较2018年12月增长了14.5%。网络用户的上网时长也呈逐渐增长趋势，如图12－3所示。2014年12月至2020年12月，网民人均每周上网时长持续上升，截至2020年底人均每周上网时长已经超过30个小时。

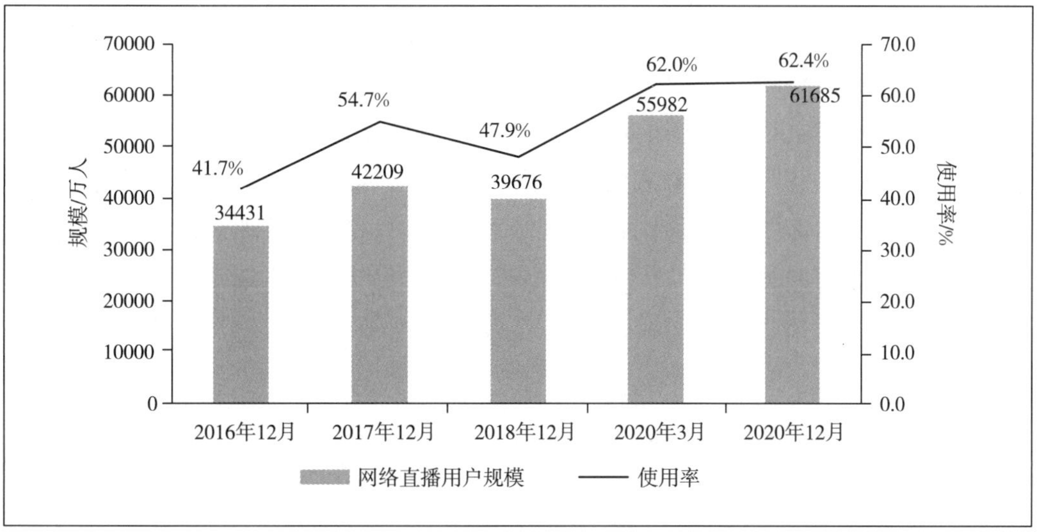

图12－2　2016年12月—2020年12月网络直播用户规模及使用率

（数据来源：CNNIC）

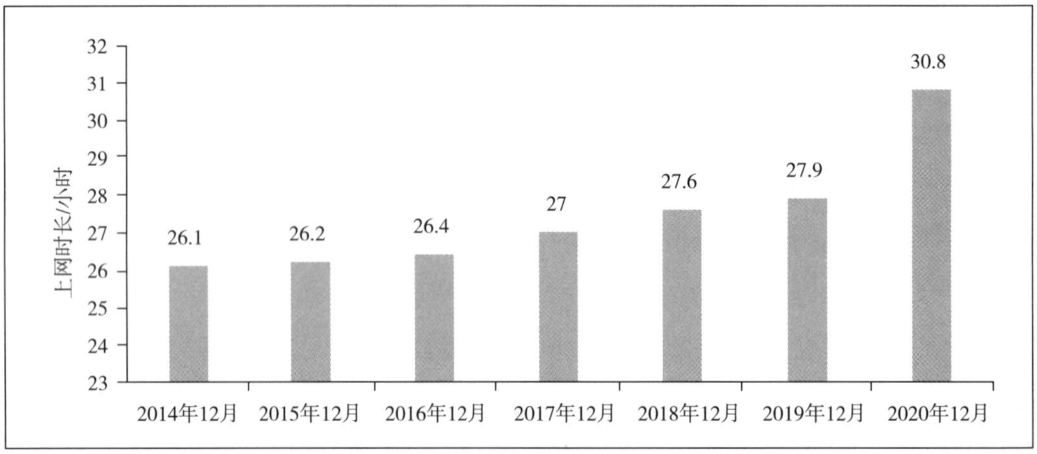

图 12－3　2014 年 12 月—2020 年 12 月网民人均每周上网时长

（数据来源：CNNIC）

三、疫情提高了民众对财富储备的关注程度

后疫情时代，更多家庭开始意识到财富储备的重要性。金融产品作为一个家庭投资、理财、养老、生活、教育、保险、医疗等需求的一个必要组成部分，被挖掘出了更深的市场需求。而在家庭财富管理意识增强的基础上，消费者对专业的金融知识、行业消息、发展趋势等也有了更迫切的学习欲望，这些需求能通过金融直播得到很好的满足。

四、金融直播自身优势增加了用户的黏性

金融直播的优势主要体现在观看方式、观看时间和观看效果三个方面。从观看方式来看，金融直播的观看方式更为生动直观。直播的方式可以为观众直接展示金融产品信息，如借助 PPT 或视频等文件向观众演示金融产品特性、作用以及相关案例等，这种表达方式相较于文字表述更加生动直观，便于用户理解和接受。从观看时间来看，用户直接通过手机等终端设备上的直播平台观看金融直播，不受时间、空间等因素限制，灵活便捷。虽然金融直播节目往往会在事先发出的预告通知上约定直播时间，但部分直播也允许录存以供事后观看，观看时间可根据用户需求灵活安排。从观看效果来看，金融直播能实现实时互动，提高沟通效率。金融直播的形式可以使主持人与客户之间的沟通更加便捷，客户可以随时随地向主持人提出讲解中的疑惑、咨询要购买的金融产品，主持人也可以及时地予以回答，实现了两者间的实时互动，提升了整体沟通效率，带给用户良好的体验，进而较大幅度地提升了用户黏性。

第二节　金融业直播营销的主要内容

2020 年，在疫情＋5G 网络升级的大背景下，银行、保险、基金等金融机构陆续引入“金融＋直播”的营销模式，角逐线上流量，希望能从庞大的线上公域流量中分到一杯羹，

抢占直播营销高地。下面将分领域介绍金融业直播营销的主要做法。

一、银行直播

从2019年开始，国有大行、股份制商业银行和中小银行纷纷试水，掀起“金融+直播”的营销热潮，内容涵盖了理财知识科普、金融产品营销、金融扶贫等诸多方面。

一是理财知识科普。理财知识科普是银行直播最常见的形式。2020年以来，中银理财、建信理财等银行理财子公司相继推出与投资课堂相关的直播活动，在支付宝、淘宝等软件上开播的银行更是络绎不绝，观众数量平均都在2万人以上。具体来看，2020年2月，中银理财、建信理财分别推出直播“小课堂”，内容均是相关投资知识的宣讲；2020年6月下旬，工商银行在支付宝首次直播，主要针对中老年客户进行理财防骗知识的科普。

二是金融产品营销。相较于良莠不齐的快消品市场，金融产品具有更高的行业准入规则。从消费者角度出发，金融产品的背景、资历、口碑至关重要，银行直播的内容更注重专业性，让用户收获真正的干货。因此，银行除了会让客户经理推荐旗下产品、介绍产品特点和优惠活动、实时解答用户疑问，从而实现有效转化，还会邀请资管公司、基金公司等金融机构的高管人士或金融大咖参加线上直播，开展圆桌对话，探讨资本市场走势和展望。例如，2020年12月28日至12月30日，宁波银行私人银行部邀请投资大咖走进直播间探讨2021年资本市场走势，连续3天的专业直播得到了业内的高度关注和认可。对于银行来说，这种形式能够将金融大咖的私域流量吸引到自己的直播间，得到更多的曝光和关注；对于这些经济人士来说，银行强有力的信任背书和曝光机会是不可多得的机会。

三是金融扶贫。2020年初暴发的疫情导致农产品出现大量滞销，直播带货成为解决销售问题的主要手段。但碍于缺乏设备、技术和专业度等，线上销量并未能够取得令人满意的效果。随着中信银行等金融机构与乡村地区实际需求结合，辅以强有力的公信力背书，直播带货成功帮助农产品打开新销路，助力乡村振兴。2020年10月，中信银行在直播间进行了一场扶贫直播，将黔江的农特产品推向全网，在不到2个小时的直播中，吸引了超十万人次观看。在银行扶贫助农直播活动的推动下，消费产业链正迅速缩短，让不少地区的农业经济经过疫情的短暂修整后蓄力待发。

2020年，招行合肥分行的财富顾问、产品经理纷纷化身财经主播，通过直播方式走进上百家代发企业群、客户微信群，及时与客户沟通市场最新消息、充分利用线上平台快速广泛地倾听客户诉求、开展投资者教育、打造财富品牌建设。

二、保险直播

目前主流的保险直播内容包括面向业内人士的内部培训与激励，面向消费者的线上营销两种类型。其中以线上营销占据保险业直播的主要份额。

面向保险业内的培训与激励分为保险企业高管事业说明会和保险业务培训两种。险企高管事业说明会以各企业的代理人为目标受众。疫情期间，险企各渠道无法实地与客户面对面进行展业，需要通过直播维持渠道热度。险企高管作为主播的直播可以带来更高热度，拉近企业高管与代理人之间的距离，同时让制度更简单化、透明化，让代理人真正感受到企业管理者的心声，能更大程度激发代理人的斗志。而通过直播开展保险业务培训的受众对象则是希望能够加入保险业工作的人群及行业内一些渴望提高自身业务能力的代理人，他们需要不断通过培训来提高自身的业务能力，而直播平台可以满足他们足不出户就能接受培训的需求。这类直播内容主要由业内业绩优秀的保险营销人员主讲，通过分析当下行业形势，结合自身经验，对业内人员进行经验分享或技能培训，通过直播帮助业内同行开展工作，一些直播结束后还会开展付费培训课程，将直播流量变现。

面向保险购买者开展直播则是以线上营销为主要目的，其内容：其一，开展保险产品线上发布会。疫情之下线下大型活动无法举办，于是保险产品发布会转至线上，面向保险媒体以及保险消费者进行新产品宣传。消费者仅用一台智能手机就可观看产品发布会，还可以无限回放观看。保险产品线上发布会不仅是线下发布会的"直接"线上化，同时突破了时间和空间限制，减少了传统大型活动中复杂的流程及物资安排，很大程度上降低了保险公司举办发布会的时间、资金等活动成本。其二，开展以留存用户为目的的保险知识普及。保险机构选取当下热点话题，将保险知识与健康、理财教育等领域相结合，以此来激发用户的兴趣，吸引用户观看直播，从而在直播中向观众普及保险理念，介绍相关保险知识。此外，还有部分保险直播内容会采用对当下保险热点话题开展辩论等有趣的形式进一步吸引观众，通过趣味生动的形式向大众普及保险知识。其三，开展以提高保险销量为目的的高管直播。随着直播带货的火爆，保险公司直播带货的浪潮也逐渐兴起。越来越多的保险公司高管上阵直播带货，一场场直播带货过亿元保费的消息也开始频繁出现在我们的视野中，一股销售额的攀比之风也在悄然出现。其四，险企直播带货扶贫。保险机构积极响应国家政策及号召，精准对接脱贫攻坚多元化的保险需求，充分发挥保险机构助推脱贫攻坚主体作用，通过网络直播向网民介绍贫困地区的农副产品，助力解决农副产品滞销难题。

三、证券直播

在机构数字化转型的浪潮之下，沟通投资者与金融机构的网络直播已成券商转型的抓手之一。据易观调查结果显示，近年来证券类应用的活跃用户规模持续稳步增长。截至2021年2月，证券业移动端开户数占比已超过95%，部分头部券商移动端开户占比近100%。在券商App的用户中30岁以下的活跃群体占总用户群体的55.8%，他们对投教、信息获取和学习渠道的需求都是高度娱乐化和社交化。线上直播顺理成章地成为券商开发、服务、维护新老用户的重要形式之一。

目前证券业的直播内容主要由投顾和投教类、产品营销类、证券研究类三部分构成。投顾和投教类直播以新闻政策解读、金融知识普及等内容为主，目的在于帮助广大投资者群体树立理性投资理念，让投资者充分认识和了解金融风险，能够识别和辨别风险，掌握对金融投资骗局的防范措施，增强自我保护的能力；产品营销类直播立足于产品销售，以直播的形式进行产品的介绍、推广及新产品的发布；证券研究类直播则是以行情及市场分析、研究研报、企业年报解读为主，同时结合热点事件进行观点输出。

2020 年，证券业的直播实现了爆发式的增长。以基金直播为例，自 2020 年 5 月 28 日支付宝宣布开放直播平台。由于支付宝代销直播在流量导入、精确定位用户群及基金产品销售转化方面具有优势，基金公司纷纷打开了直播大门，直播场次、参与直播的金融机构持续增加，热度持续攀升，2020 年 12 月突破 906 场次，理财直播周期间单日直播超过 60 场，直播作为一种新型营销形式在基金业已经趋于常态化（见图 12－4）。据支付宝方面的统计，截至 2020 年 12 月底共有 86 家机构开设基金直播，其中包括 77 家基金公司、5 家券商资管公司、2 家券商、1 家银行理财子公司和 1 家银行。

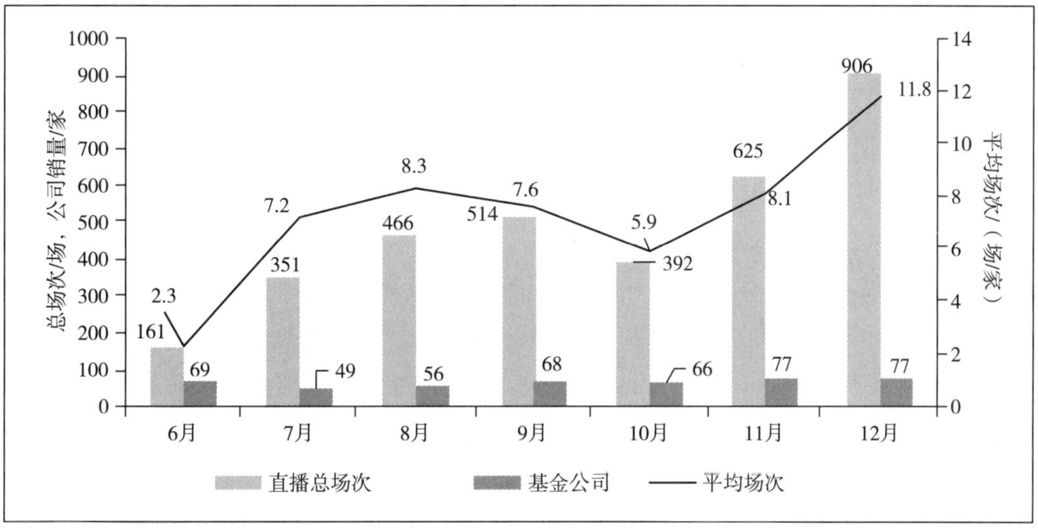

图 12－4　2020 年 6—12 月支付宝理财直播基金直播场次

（数据来源：中国互联网络信息中心）

第三节　金融业直播营销的风险

直播作为一种新型营销手段尽管有其不可替代的优势，但是对于金融产品来说，其业务的复杂性、投资者适当性等特征引发的直播风险仍值得警惕。为进一步规范市场、防范风险，2019 年底央行、中国银保监会、中国证监会和外汇局联合制定并发布《关于进一步规范金融营销宣传行为的通知》（以下简称《通知》），该《通知》对金融营销宣传的资质、行为规范等提出了诸多要求。2020 年 10 月 28 日，中国银保监会消费者权益保护局发布 2020 年第 5 号风险提示，提醒社会公众：应注意甄别金融直播营销广告主体资质，选择正规金融机构和渠道购买金融产品；认真了解金融产品或服务重要信息和风险等级，防范直播营销中可能隐藏的销售误导等风险；树立科学理性的金融投资、消费观念。总体来看，当前金融直播存在以下风险。

一、直播主体不具备金融业务经营资质

根据《关于进一步规范金融营销宣传行为的通知》规定，金融营销宣传是经营活动的重要环节，未取得相应金融业务资质的市场主体，不得开展与该金融业务相关的营销宣传活动。相关主

体应在取得相应金融业务经营资质的前提下自行开展或委托他人开展金融营销宣传活动。

而现实中，由于直播平台开设账号基本无门槛限制，一些无资质主体擅自开展金融产品直播营销，涉嫌非法或超范围开展金融营销宣传活动。近年来有关虚拟币投资、外汇理财、以高收益诱惑消费者在平台充值等诈骗活动层出不穷，其中相当一部分是非法主体借助直播平台进行的。

二、直播中涉嫌虚假或夸大宣传

出于销售的压力，部分直播对专业的金融产品如信贷产品、理财产品等夸大宣传、混淆概念，以事实上难以达到的演示收益作为实际收益诱导消费者；有的直播对贷款类产品的宣传营销弱化年利率概念，片面强调日利息低，易导致消费者对借款成本产生错误认知。除此以外，还存在有不具备资格及专业知识的人士包装为“金融专家”“行业大咖”，对金融产品进行不当解读，导致金融知识薄弱、风险防范能力差的用户被误导或欺骗。

三、信息披露、风险提示等不合规

金融产品线下销售中的信息披露及风险提示等监管要求在直播中往往会被悄悄地隐藏起来，导致消费者无法充分评估金融产品的风险及适用对象。如有些直播平台信息设置混乱，没有清晰展示理财、分期、借贷等金融产品实际提供者，消费者被营销氛围带动，在主体不清、风险不明的情况下冲动消费。在保险产品的营销中，有的直播营销仅对保险产品做局部性描述，只提到保障范围、演示分红收益等内容，而对合同中免责条款、退保条件和责任、投保人与被保险人义务及分红收益的不确定性等重要信息不做提示和说明，可能致使投保人在片面和错误的理解下购买不恰当的保险产品，导致事后的退保或理赔纠纷。

四、直播间用户信息泄露风险

直播中经常使用的发红包、抽奖、让用户填写调查问卷等方式在金融直播中也被频繁使用，以达到引流获客、活跃气氛的效果。然而这些常用手段极易导致消费者的个人信息泄露。很多金融直播是通过第三方平台进行的，其中不乏活动中第三方平台可能利用技术漏洞，在未获得消费者授权的情况下保存消费者信息并向其他机构提供，增加了消费者信息泄露的风险。

第四节　规范金融直播行业发展的政策建议

一、完善外部监管、加大处罚力度

一方面，监管部门需要进一步探索完善金融直播营销规范，推进金融直播活动的规范化、体系化建设。通过设立金融直播行业负面清单及黑名单制度，制定直播营销目录，对禁止销售、禁止网上交易、禁止商业推销宣传及不适宜以直播形式推广的产品和服务类别加以明确，对违反规定的金融直播营销的平台和人员列入黑名单，依法依规从严惩治，引导金融机构在守好底线、不触红线的前提下有序开展相关活动。另一方面，可以在现有监管框架基础之上加大对金融直播违规行为的惩处力度。同时加强对直播平台及主播的资质监管，对平台和主播的资质不定期予以抽查，引导行业以合法合规的形式为投资者推荐优质的金融产品。

二、强化行业协会等外部约束机制

作为自律组织的行业协会及行业媒体应在规范行业发展中发挥自身桥梁作用，上传下达、疏通行业堵点，形成全行业的协同效应。

银行、保险等行业协会组织可以在对行业发展进程充分调研基础之上，制定金融直播行业自律公约，引导参与直播的机构及平台承诺严格规范自身营销宣传行为，增强行业自律意识。同时积极组织开展多种形式的行业研讨、交流、培训等活动，提升从业者金融素养和防风险能力，净化金融直播营销环境。配合监管部门做好金融直播营销行业标准和法规的制定，促进金融业持续健康发展。

行业媒体则可以有针对性地开展金融知识普及和教育宣传活动，提升消费者金融素养和防风险能力；对市场效果良好的案例进行宣传以起到示范效果，同时通过对违法和违规事件的报道加强警示效应。

三、强化金融营销主体责任意识

金融直播为金融机构带来了新的机遇，但金融机构唯有合法合规开展金融直播活动，才能真正有效把握这一机遇。

作为强监管行业，金融机构应加强主体自身责任意识，提升合规经营意识，将金融直播的管理纳入金融风险防控和金融消费者权益保护工作中，对直播内容进行审核与把控，建立与直播特点相适应的事前预防、事中监控和事后追责的管控机制，以保证直播活动能够按照相关法律法规、规章、监管规定和自律组织规则及企业相关制度的要求开展。

四、提升金融消费者素养

金融消费者既是金融直播活动的直接受众，同时也是金融风险的作用对象。金融消费者应该注重提升其金融素养，有意识接受金融风险教育，提升风险防范意识，切实维护自身合法权益。

一方面，金融消费者应树立科学的消费观、投资观，掌握金融常识。在了解金融产品或服务合同内容、息费水平、免责条款及产品风险等重要信息后客观审慎地评估自身实际需求和风险承受能力，选择适当的金融产品，避免因为受煽动、蛊惑而冲动消费和盲目投资。另一方面，金融消费者要能够辨明直播主体资质。观看直播时应注意选择正规金融机构或渠道，弄清发布营销广告、提供金融产品或服务的主体，注意相应金融机构、中介机构或人员是否具备从业资质。不随意点击不明链接，不在正规金融机构销售渠道以外的页面随意提供个人重要金融信息、身份信息，防范欺诈风险和个人信息泄露风险。对产品内容及自身权益充分了解后再决定是否购买。

附录 1

关于安徽省城乡居民对数字普惠金融的认知和参与情况的调查问卷

感谢您参与此次问卷调查。本问卷为不记名调查，调查结果仅限于学术研究，绝不会泄露您个人的任何信息，所以请按照您的实际情况放心作答。完成此问卷需用 5～10 分钟的时间，请您结合自身情况回答以下全部的问题，并在对应题号相应选项处画"√"。再次感谢您的支持与配合!

1. 您的户籍所在地是不是安徽省

A. 是　　B. 否

2. 您的工作或日常居住地是不是安徽省

A. 是　　B. 否

3. 您的性别：

A. 男　　B. 女

4. 您的年龄：

A. 18～25 岁　　B. 25～40 岁　　C. 40～60 岁　　D. 60 岁以上

5. 您的文化程度：

A. 初中及以下　　B. 高中或中专　　C. 大专　　D. 本科及以上

6. 您的职业：

A. 在校学生　　B. 本地务农或务工　　C. 外出务工

D. 公务员或事业单位职工　　E. 自主创业　　F. 其他

7. 您日常办理银行业务最主要的方式：

A. 去银行柜台办理　　B. 在银行自助柜员机办理　　C. 在电脑上办理

D. 在手机上办理　　F. 其他

8. 您是否拥有智能手机：

A. 是　　B. 否

如果是，请问您是否安装了手机银行 App：

A. 是　　B. 否

如果已安装，请问是哪家银行的 App：

A. 农行　　B. 建行　　C. 中行　　D. 工行　　E. 交行

F. 邮储银行　G. 招行　H. 光大银行　I. 徽商银行　G. 农商银行
K. 其他

9. 请问您使用手机银行App的主要原因：
A. 方便快捷　B. 受身边亲朋好友的影响　C. 银行工作人员推销
D. 优惠力度大　E. 业务选择多　F. 业务指定（如发工资等）
G. 个人偏爱　H. 其他

10. 您使用手机银行App最常办理的金融业务有哪些（最多选三项）：
A. 查询信息　B. 转账　C. 收/付款
D. 生活缴费　E. 金融投资理财　F. 借款
G. 信用卡还款　H. 其他

11. 你是否在手机或电脑上办理过诸如收付款、存贷款、转账汇款、购买理财产品、买卖股票、购买保险等网络金融业务：
A. 是　B. 否
如果没有办理过，原因（可多选）：
A. 不会操作　B. 线上操作过于复杂、嫌麻烦　C. 担心安全问题
D. 离网点近，线下办理很方便　E. 对线上金融产品不了解
F. 银行人员没有推销 G. 喜欢网点办业务的体验　H. 其他

12. 下列支付方式中您的使用频率最高的两项：
A. 微信　B. 支付宝　C. 刷银行卡　D. 银行App
E. 现金　F. 云闪付　G. 翼支付

13. 您平均每天使用微信、支付宝或手机银行App等进行支付的笔数：
A. 0笔　B. 1～2笔　C. 3～5笔　D. 5笔以上

14. 您通常在以下哪些场景中使用微信、支付宝或手机银行App等手机支付（最多选三项）：
A. 日常购物　B. 公交地铁　C. 菜市场　D. 餐饮
E. 公共缴费　F. 自助售货　G. 校园　H. 转账
I. 医疗健康　J. 交通罚款

15. 您是否开通了蚂蚁花呗：
A. 是　B. 否
如果是，您的花呗消费额度是多少：
A. 2000元以下　B. 2000～5000元　C. 5000～10000元　D. 10000元以上

16. 您是否使用过网络借款：
A. 是　B. 否
如果是，请问您的网络借款渠道有哪些（可多选）：
A. 手机银行App　B. 信用卡透支　C. 支付宝借呗
D. 京东白条　E. 微粒贷　F. 其他

17. 您选择网络借款的原因是（可多选）：

A. 利率低　B. 流程简便　C. 放款速度快

D. 贷款金额门槛较低　E. 申请条件低　F. 其他

18. 您网络借款资金的主要用途（可多选）：

A. 日常消费　B. 医疗健康　C. 教育支出

D. 买房　E. 买车　F. 创业

G. 生产经营　H. 其他支出

19. 您单次借款的金额大致是多少：

A. 3000 元及以下　B. 3000～2 万元　C. 2 万～5 万元

D. 5 万～10 万元　E. 10 万～20 万元　F. 20 万元以上

20. 您是否使用过互联网理财：

A. 是　B. 否

如果是，请问您进行互联网理财的主要渠道：

A. 手机银行 App　B. 微信　C. 支付宝

D. 证券/基金公司 App　E. 京东金融　G. 其他

21. 您平时的闲置资金放在哪里（可多选）：

A. 现金　B. 银行存款　C. 银行理财

D. 余额宝　E. 微信　F. 其他

22. 您在手机银行、支付宝、微信等平台进行投资的金额是多少：

A. 5000 元以下　B. 5000～1 万元　C. 1 万～5 万元

D. 5 万～10 万元　E. 10 万元以上

23. 您是否在线上购买过保险：

A. 是　B. 否

如果是，您线上购买保险的渠道是什么：

A. 保险公司的网络平台　B. 微信　C. 支付宝

D. 手机银行 App　E. 其他

24. 您买过下列哪些互联网保险产品（可多选）：

A. 健康险（如医疗、重疾B. 寿险　C. 分红险

D. 意外险　E. 车险　F. 农业保险

G. 财产险　H. 其他

25. 您选择网上购买保险产品的主要原因是什么（可多选）：

A. 时间、地点自由　B. 可以货比三家　C. 受别人影响

D. 产品选择多　E. 有优惠　F. 保险员推销

G. 其他

26. 您购买互联网保险的保费是多少：

A. 100 元及以下　B. 100～1000 元　C. 1000～5000 元

D. 5000～1万元　　E. 1万元以上

27. 您对手机银行App提供的金融产品的满意度如何：

A. 非常满意　　B. 比较满意　　C. 一般

D. 不满意　　E. 非常不满意　　F. 不了解

28. 您对支付宝和微信提供的金融产品的满意度如何：

A. 非常满意　　B. 比较满意　　C. 一般

D. 不满意　　E. 非常不满意　　F. 不了解

29. 与传统的银行网点相比，您认为在线上办理金融业务的最主要的优势：

A. 方便快捷　　B. 线上优惠多　　C. 获取信息更容易

D. 产品选择多　　E. 服务体验好

30. 您期望银行能从哪些方面改善它的线上金融服务（可多选）：

A. 简化手续　　B. 降低手续等费用　　C. 提高服务意识

D. 缩短评审时间　　E. 丰富产品种类　　F. 其他

附录 2

关于安徽省商业银行数字化转型的调查问卷

当前，数字化转型已经成为银行业的共识。为了更好地了解安徽省商业银行数字化转型的进展情况，安徽大学经济学院课题组设计了此问卷。感谢您参与此次问卷调查。本问卷为不记名调查，调查结果仅限于学术研究，绝不会泄露您个人及单位的任何信息，所以请您放心作答。完成此问卷需用 5～10 分钟的时间，请您结合实际情况回答以下问题，并在相应选项上画“√”。再次感谢您的支持与配合！

1. 您所在机构的类型？（注：机构类型按中国银保监会的分类，大型商业银行包括工行、农行、中行、建行、交行、邮储银行六大银行，股份制商业银行包括招行、中信、兴业、浦发、光大等 12 家商业银行）

A. 大型商业银行　　B. 股份制商业银行　　C. 城商行
D. 农商银行　　E. 村镇银行　　F. 其他

2. 您所在的单位层级？（单选）

A. 总行　　B. 分行　　C. 支行
D. 二级支行/分理处/储蓄所　　E. 其他

3. 您现在从事的岗位？（单选）

A. 一线员工　　B. 中后台员工　　C. 专业技术人员　　D. 管理人员

4. 您所在的工作岗位是否感受到来自数字化的冲击？（单选）

A. 完全没有　　B. 有冲击，但程度非常有限
C. 冲击较大　　D. 冲击非常大

5. 您所在的工作岗位感受到数字化的冲击主要表现在哪些方面？（可多选）

A. 对工作技能的要求显著提高　　B. 工作内容变多　　C. 要求更多的跨部门合作
D. 原有的理念和思维方式难以适应　　E. 工作节奏变快　　F. 工作压力增大

6. 下列说法中，最符合您对银行“数字化转型”理解的是（单选）

A. 改造线下网点，大力发展网络银行、手机银行或微信银行等线上渠道
B. 通过信息系统建设，减少手工作业，实现业务操作和日常办公的线上化、自动化
C. 建立数据库，应用大数据分析等技术为客户精准画像，实现营销数字化、风控数字化
D. 加大投入，把最先进的金融科技技术应用于银行经营管理，实现效率提升

E. 通过金融科技与传统银行业的深度融合，对现有的商业模式、运营方式进行全方位创新和重塑，实现价值提升

F. 其他(请说明)

7. 结合贵行的实际情况，您认为当前是否有必要推进数字化转型？(单选)

A. 很有必要，且势在必行　B. 可以推进，但要慎重

C. 当前时机还不成熟，不应该推进　D. 无法判断

8. 您认为银行数字化转型的价值主要体现在哪些方面？(可多选，不超过三项)

A. 更好地服务于客户　B. 寻找新的利润增长点

C. 打造新的商业模式　D. 提升市场竞争力

E. 降低运营成本和风险　F. 提升经营管理效率

G. 重塑品牌形象　H. 其他(请说明)

9. 您认为贵行现在处于数字化转型的哪个阶段？(单选)

A. 尚未启动转型　B. 刚刚启动　C. 深入推进

D. 全面转型　E. 无法判断

10. 贵行是否制定了明确的数字化转型战略？(单选)

A. 是　B. 否　C. 不清楚

11. 贵行是否配备专业人员或团队负责推动数字化转型？(单选)

A. 是　B. 否　C. 不清楚

12. 贵行是否为员工举办过数字化方面的专题培训？(单选)

A. 是　B. 否　C. 不清楚

13. 贵行是否向员工征求过关于数字化转型及其相关主题（如战略规划、操作系统、线上产品与服务等）的意见建议？(单选)

A. 是　B. 否　C. 不清楚

14. 贵行营业网点布放的设备主要有（可多选）

A. 自助存取款机 ATM　B. 网银/手机银行体验机

C. 远程视频柜员机 VTM　D. 智能柜台 STM

E. 回单机　F. 迎宾机器人

G. 发卡机　H. 其他(请说明)

15. 您对贵行线上渠道的评价如何？(单选)

(1) 网银：A. 非常满意　B. 满意　C. 一般　D. 不满意　E. 非常不满意

(2) 手机银行 App：A. 非常满意　B. 满意　C. 一般　D. 不满意　E. 非常不满意

(3) 微信银行：A. 非常满意　B. 满意　C. 一般　D. 不满意　E. 非常不满意

16. 您对贵行线上产品竞争力的评价如何？(单选)

(1) 网银/手机支付结算：A. 非常满意　B. 满意　C. 一般　D. 不满意　E. 非常不满意

(2) 线上理财产品：A. 非常满意　B. 满意　C. 一般　D. 不满意　E. 非常不满意

（3）线上贷款：A. 非常满意　B. 满意　C. 一般　D. 不满意　E. 非常不满意

17. 您最关心的与银行数字化转型有关的前沿金融科技应用有哪些？（可多选，不超过三项）

A. 移动互联网　B. 云计算　C. 生物识别　D. 物联网

E. 区块链　F. 大数据　G. 人工智能　H. 其他(请说明)

18. 您认为金融科技发展带给银行的主要挑战是什么？（可多选，不超过三项）

A. 加剧行业内的马太效应，中小商业银行的生存压力加大

B. 客户需求发生改变，对服务和体验的要求不断提升

C. 客户流失，特别是年轻客户流失严重

D. 大量应用场景被第三方占据，失去客户接触和数据

E. 线下渠道使用率大减，成本无法被覆盖

F. 针对金融科技的监管规则不明确，合规风险大

G. 业务竞争加剧，不仅来自同业，还来自金融科技公司

I. 其他(请说明)

19. 您认为贵行推进数字化转型过程中面临的主要障碍是什么？（可多选，不超过三项）

A. 需要的投入太大，银行难以支撑

B. 领导不重视

C. 没有调动员工积极性，态度消极或有抵触情绪

D. 缺乏明确的战略规划，找不准方向

E. 没有专门的人员或组织负责推动数字化转型

F. 员工缺乏足够的技能和经验以满足数字化转型的需要

G. 客户对数字化产品和服务没有需求，或接受度不高

H. 金融监管跟不上，限制过多

I. 其他(请说明)

20. 您认为贵行当前推进数字化转型首要解决的问题应该是（可多选，不超过三项）

A. 统一思想，在行内形成数字化转型共识

B. 加大对数字化系统的技术投入

C. 提升员工数字化能力，打造数字化人才队伍

D. 制定明晰的数字化转型战略，并确保战略落地实施

E. 改革考核体系，建立与数字化相匹配的考核机制

F. 以市场和客户需求为驱动，变革组织架构

G. 加强合作，开拓场景，打造开放式金融生态圈

H. 其他(请说明)

21. 您如何看待贵行数字化转型的前景？（单选）

A. 非常乐观　B. 乐观　C. 谨慎乐观　D. 不乐观

E. 无法判断

参 考 文 献

[1] 罗葛妹．惠民保元年，缘何“超常”发展［J］．上海保险，2021（01）：8－12.

[2] 中国人民银行．中国普惠金融指标分析报告（2020年）［R/OL］．（2021－09－08）［2022－06－08］．https：//finance. sina. com. cn/china/gncj/2021－09－08/doc－iktzqtyt4808428. shtml.

[3] 于朝晖．CNNIC发布《第45次中国互联网络发展状况统计报告》［J］．网信军民融合，2020，（05）：26－27.

[4] 郭峰，王靖一，王芳，等．测度中国数字普惠金融发展：指数编制与空间特征［J］．经济学（季刊），2020，19（04）：1401－1418.

[5] 朱光．后疫情时代科技助力金融的价值体现［J］．清华金融评论，2021（01）：89－90.

[6] 杜晓宇．金融抗疫彰显科技力量——兼评新冠肺炎疫情背景下金融科技的发展机遇［J］．中国信用卡，2020（04）：39－42.

[7] 吴奇峰．智能化支付变革下我国居民消费意愿感知的差异化分析［J］．商业经济研究，2021（10）：53－57.

[8] 许恋天．互联网金融“信息服务型”监管模式构建研究［J］．江西财经大学学报，2021（03）：138－148.

[9] 清华大学学生“经智风行”实践支队课题组．聚焦银行系金融科技公司助力银行数字化转型［J］．银行家，2021（10）：123－125.

[10] 钱斌．新形势下商业银行数字化转型的探索与思考［J］．新金融，2021（10）：4－7.

[11] 江小涓，黄颖轩．数字时代的市场秩序、市场监管与平台治理［J］．经济研究，2021，56（12）：20－41.

[12] 郝鸿曦，姚阳．把握数字化转型趋势　打造普惠金融发展新模式［J］．农银学刊，2021（04）：4－8.

[13] 蔡普华，汪伟，郑颖，等．金融科技发展与商业银行数字化转型：影响与建议［J］．新金融，2021（11）：39－44.

[14] 方翔．网络支付相关市场界定困境纾解［J］．北京理工大学学报（社会科学版），2021，23（04）：145－153.

[15] 杨涛，章苠今．金融科技创新与监管再认识［J］．中国金融，2021（22）：44－45.

[16] 清华大学中国经济社会数据研究中心课题组，许宪春．长三角高质量一体化发展的现状与挑战［J］．统计科学与实践，2020（11）：4－6.

[17] 中国人民银行合肥中心支行课题组，王均坦．长三角一体化视角下金融协同发展研究［J］．金融发展评论，2021（11）：81－94.

[18] 李梦雨，彭传旭，魏熙晔．数字金融能否促进经济高质量发展——来自我国275个城市的经验证据［J］．金融监管研究，2021（11）：97－114.

[19] 房真．开发性金融支持长三角经济一体化发展对策研究［D］．合肥：安徽大学，2021.

[20] 许珊珊．金融如何支持长三角一体化战略落地［J］．中国农村金融，2021（03）：55－56.

[21] 朱铭来，王本科，陈召林．“惠民保”的价值评估和监管模式［J］．保险理论与实践，2021（10）：12－29.

[22] 张正平，王琼．数字普惠金融发展对农业生产有资本替代效应吗？——基于北京大学数字普惠金融指数和CFPS数据的实证研究［J］．金融评论，2021，13（06）：98－116＋120.

[23] 廖妍雯．“惠民保”发展存在的问题及对策建议［J］．上海保险，2021（03）：45－47.

[24] 赵丹丹．国内外领先银行数字化转型的实践与启示［J］．新金融，2021（10）：15－20.

[25] 安徽省互联网金融协会，安徽大学经济学院，合肥工业大学经济学院．安徽省互联网金融行业发展报告（2020）［M］．合肥：合肥工业大学出版社，2021.

[26] 安徽省互联网金融协会，安徽大学经济学院，合肥工业大学经济学院．安徽省互联网金融行业发展报告（2019）［M］．合肥：合肥工业大学出版社，2020.

[27] 安徽省互联网金融协会，安徽大学经济学院，合肥工业大学经济学院．安徽省互联网金融行业发展报告（2018）［M］．合肥：合肥工业大学出版社，2019.